深圳市慈善事业发展蓝皮书

(2018—2019)

深圳市慈善事业联合会 编

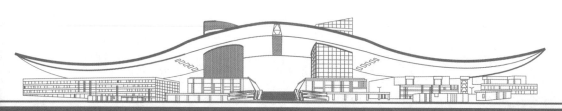

SHENZHEN SHI CISHAN SHIYE FAZHAN LANPISHU

·广州·

版权所有　翻印必究

图书在版编目（CIP）数据

深圳市慈善事业发展蓝皮书. 2018—2019/深圳市慈善事业联合会编. —广州：中山大学出版社，2021.4
ISBN 978 - 7 - 306 - 06958 - 0

Ⅰ. ①深… Ⅱ. ①深… Ⅲ. ①慈善事业—发展—研究—深圳—2018—2019 Ⅳ. ①D632.1

中国版本图书馆 CIP 数据核字（2020）第 170171 号

出 版 人：	王天琪
策划编辑：	金继伟
责任编辑：	周　玢
封面设计：	曾　斌
责任校对：	陈　霞
责任技编：	缪永文
出版发行：	中山大学出版社
电　　话：	编辑部 020 - 84110771，84110283，84111997，84110779
	发行部 020 - 84111998，84111981，84111160
地　　址：	广州市新港西路 135 号
邮　　编：	510275　　传　真：020 - 84036565
网　　址：	http://www.zsup.com.cn　E-mail: zdcbs@mail.sysu.edu.cn
印 刷 者：	广州市友盛彩印有限公司
规　　格：	787mm×1092mm　1/16　21 印张　352 千字
版次印次：	2021 年 4 月第 1 版　2021 年 4 月第 1 次印刷
定　　价：	68.00 元

如发现本书因印装质量影响阅读，请与出版社发行部联系调换

本书编委会

顾问：李罗力

编委会主任：刘国玲　周如南

编委会副主任：郭云霞

编委会成员：聂蔚琳　耿　伟　许　宁　宋宇翔
　　　　　　袁雅晴　陈菁菁　费世蔓　冼栩晴
　　　　　　霍英泽　严　芳　刘　钊　陈火星
　　　　　　景　欣　刘康婷　黄浩明　曾伟玲
　　　　　　吴艾思　夏　璇　郭卫欣

序　言

深圳市慈善事业联合会（以下简称"深慈联"）作为深圳慈善枢纽平台，开设了"深圳慈善蓝皮书"的科研课题，目的是记录深圳慈善年度大事，总结慈善事业成绩和经验，反思尚存的不足和缘由，寻找解决痛点难点的路径。如今，该课题研究已成为深圳慈善事业的一个重要品牌。值得一提的是，深慈联在2020年研究"深圳市慈善事业发展（2018—2019）"这一课题，这个时间节点非同寻常。

第一，从全国来看，研究"深圳市慈善事业发展（2018—2019）"这个课题，恰逢将要全面建成小康社会的重要历史契合点，这让该课题研究视野更广阔、格局更高远。

第二，从深圳来看，2020年正值深圳经济特区建立40周年的特殊时刻，此时对2018—2019年的深圳慈善事业建设成果进行总结与反思，具有厚重的历史价值和鲜明的时代特色，将为深圳"双区建设"和继续打造"慈善之城"，提供经验借鉴与前行动力。

正如习近平总书记在深圳经济特区建立40周年庆祝大会上发表的重要讲话所强调的那样："中国共产党根基在人民、血脉在人民。人民对美好生活的向往就是我们的奋斗目标"，"生活过得好不好，人民群众最有发言权"。这就要求我们的慈善事业发展必须坚持人民至上，兜牢民生底线，创新城市治理。为此，研究"深圳市慈善事业发展（2018—2019）"这个课题具有明显的重要性和紧迫性。

党的十九大报告明确指出，中国特色社会主义进入了新时代，我国社会主要矛盾已经转化为人民日益增长的美好生活需要和不平衡不充分的发展之间的矛盾。随着这种重要改变的产生，党和国家针对新的社会发展阶段提出了国家治理体系现代化的新目标。作为社会治理的重要组成部分，慈善事业的建设与发展有着重要意义。特别是我国慈善事业步入后慈善法时代，深圳市正在紧紧抓住"双区驱动"重大历史机遇，为建设粤港澳大湾区和中国特色社会主义先行示范区凝心聚力。此时研究"深圳市慈善事业发展（2018—2019）"这一课题，破解深圳慈善事业发展的一个个密码，就是在为深圳经济特区的新突破提供更多慈善方面的鲜活经验，从而"让人民群众的获得感成色更足、幸福感更可持续、安全感更有保障"。

2018—2019年期间，深圳市继续加大对慈善事业的投入力度，深圳慈善事业呈现出了持续蓬勃发展的势头，主要体现在三方面：一是发挥党建工作在慈善组织治理中的重要作用，打造党建引领下的多元主体在慈善领域的共建共治共享机制。党组织、政府、企业、慈善组织、媒体、学界以及公众积极参与慈善事业建设，深圳市慈善事业日趋多元化、专业化、生态化、信息化以及社会化。二是通过积极落实《中华人民共和国慈善法》（以下简称《慈善法》）及配套法律法规，深入推动慈善管理体制与运作机制的改革创新，逐步建成慈善事业在国家治理现代化体系中的机制，为全国慈善事业的进步发展提供更多鲜活案例。三是深圳凭借自身在粤港澳大湾区国家发展战略中的城市区位优势，逐步实现慈善事业的组织化、社区化、规模化、跨界化，特别是慈善文化活动日趋多元，激发了这座城市的慈善活力，不断深化着慈善事业的国际化程度。

深圳作为中国改革开放的先锋城市，在建设粤港澳大湾区与中国特色社会主义先行示范区的大背景下，不断汲取优秀的慈善事业发展经验，让深圳慈善事业敢于走在全国前列。本书多维度系统地阐述了2018—2019年深圳慈善事业的发展状况，为全国各地的慈善事业发展提供了深圳模式，为我国现代化社会治理体系建设提供了更多成功样本。

摘　　要

《深圳市慈善事业发展蓝皮书（2018—2019）》一书，对深圳慈善事业在2018—2019年的发展做了全面描述和分析。在后慈善法时代，作为中国改革开放前沿阵地的深圳市，承担着粤港澳大湾区以及中国特色社会主义先行示范区的建设重任。深圳市2018—2019年紧跟党和国家对慈善事业发展的要求和目标，逐步推进完善深圳慈善事业管理体制改革以及运作机制提升。政府、企业、社会、媒体、学界以及公众在党的领导下，多元参与，共谋慈善事业的新发展。创建全国"慈善之城"行动计划持续推进，深圳公益慈善事业整体继续保持良好快速发展态势。

本书正是对这两年深圳慈善事业发展的记录、梳理和分析。

全书主要分为总报告、领域报告、专题报告和附录四大部分。

总报告部分将深圳慈善事业的发展放在社会治理现代化格局以及中国特色社会主义先行示范区的重要背景和分析框架下来解读，强调深圳慈善事业发展的主要方向与目标。该部分重点阐述政府、企业、社会多元主体如何在党的领导下共建深圳"慈善之城"，包括政府对慈善事业的一系列改革措施和重要成绩，以及企业与社会力量和其他多元主体如何共同推动深圳慈善事业发展，从而构建出共建共治共享的"慈善之城"文化。该部分还深入分析了深圳慈善事业发展中存在的问题，并且提出了解决问题的建议和未来的发展方向。

领域报告部分主要是深圳慈善事业各领域的工作总结和分析。该部分具体包括深圳慈善事业人才发展、慈善捐赠、慈善助力脱贫攻坚、志愿服务发展、企业社会责任发展、社会工作服务发展以及社区慈善发展等。

专题报告部分主要关注深圳慈善事业的特色领域。该部分包括深圳市慈善会以及各区慈善会的发展、慈善信托发展、粤港澳大湾区视野下的慈善创新、深圳慈善国际化专题、"互联网+"慈善专题以及社会企业专题。

附录部分对2018—2019年深圳市十大慈善重要事件以及其他慈善大事进行了整理，并收录和整理了部分2018—2019年的中国慈善公益政策法规、文件，还收录了深圳市 5A 级（社会组织评估等级最高级）慈善公益组织、FTI（China Foundation Transparency Index，中基透明指数）满分慈善组织（2019 年）以及第四届鹏城慈善奖获奖名单，为深圳慈善事业未来的发展留下了宝贵的记录。

目 录

第一章 总报告 ·· 1
    创新引领 跨界协同——2018—2019 年深圳市慈善事业
        发展综述 ·· 3

第二章 领域报告 ·· 33
    深圳市慈善公益行业从业人员发展状况——薪酬调研报告 ··· 35
    2018—2019 年深圳慈善捐赠报告 ·· 58
    发展慈善事业 助力脱贫攻坚 ·· 72
    2018—2019 年深圳志愿服务发展报告 ····································· 85
    2018—2019 年深圳企业社会责任发展报告 ····························· 97
    2018—2019 年深圳社会工作服务发展报告 ··························· 112

第三章 专题报告 ··· 137
    2018—2019 年深圳社区慈善发展报告 ··································· 139
    深圳市慈善会及各区慈善会发展观察 ···································· 153
    深圳慈善信托发展报告——如何为全国发展慈善信托
        "破难题、探新路、做示范" ··· 168
    粤港澳大湾区视野下的深圳公益慈善创新发展报告 ············· 183
    深圳社会组织"走出去"——深圳参与国际化慈善的
        发展经验 ·· 206
    "互联网+"公益，创新推动慈善发展 ································· 222
    深圳社会企业发展概述 ··· 232

附录 ··· 247
 2018—2019年深圳十大慈善重要事件 ················· 249
 2018—2019年深圳慈善大事记 ······························ 256
 中国慈善（主要）政策法规、文件列举及搜索指引 ········ 295
 2018—2019年中国慈善公益政策法规、文件摘要 ········ 302
 深圳5A级慈善公益组织名单 ···································· 313
 深圳慈善公益组织FTI指数满分名录（2019年）········ 316
 深圳市第四届鹏城慈善奖获奖榜单 ··························· 317

结语 ··· 323

第一章 总 报 告

创新引领 跨界协同

——2018—2019 年深圳市慈善事业发展综述

周如南[*]

摘要： 作为国家治理现代化的重要支撑，社会治理现代化进程是一个不断提升的历史进程。在这个演进过程中，社会治理面临一系列社会问题，必须形成现代化的社会治理体系和治理能力，才能真正解决新时代的新问题。在党和国家的高度重视下，慈善事业作为社会治理现代化的重要一环，其发展深刻影响着我国社会治理格局。同时，深圳作为改革开放前沿阵地，是我国最发达的城市之一，在建设中国特色社会主义先行示范区和粤港澳大湾区的政策引导下，深圳市慈善事业的快速发展格外引人注目。本文对 2018—2019 年深圳市慈善事业发展的总体状况，包括慈善政策制定、慈善经验总结、慈善党建创新以及慈善文化建设等方面进行了全面系统的描述，同时，结合深圳市地方的慈善环境和实际情况，为深圳市慈善事业的进一步发展提供建议。

关键词： 社会治理现代化；慈善事业；深圳

一、社会治理现代化中的深圳慈善事业发展

中国经过改革开放 40 多年以来的经济与社会发展，综合国力得到了极大提升，各个领域发生了翻天覆地的变化。随着经济的高速发展，中国也步入了社会体制改革的关键期和深水区。党的十九大报告明确指出，我国社会的主要矛盾已经从"人民日益增长的物质文化需要同落后的社会生产之间的矛盾"转变为"人民日益增长的美好生活需要和不平衡不充分的发展之间的矛盾"。在这一社会主要矛盾发生转变的深刻背景下，党的十九大报告提出了社会主义现代化的新目标，要求加快推进国家治理体系和治理能力现代化。党的十九大报告揭示了中国未来发展的主要问题，对中国的未来发展做出了新的要求，为今后的发展指明了新的方向。

---

[*] 周如南，中山大学传播与设计学院副教授，广州市社会创新中心理事长。

慈善事业作为社会治理现代化的重要一环，其在中国社会治理格局中地位的加强，其在现代社会治理中作用的提升，以及其进一步的发展，是解决中国转型关键时期问题的重点。改革开放以来，我国慈善事业取得了长足发展，不仅作为"第三次分配"支持和协调经济良性运行，在社会建设和社会治理中也发挥着越来越大的作用。2016年，第十二届全国人民代表大会第四次会议审议通过《中华人民共和国慈善法》，中国慈善事业的发展自此步入了有法可依的新时代。随着慈善法治的逐步完善，我国慈善事业也迈向了慈善现代化新格局。党的十九大报告中明确提出，慈善事业的发展是打造共建共治共享社会治理格局的重要组成部分，是社会救助与社会福利服务制度的重要补充，是进一步平衡地区差异、城乡差距和贫富差距的重要力量。党的十九届四中全会发布的《中共中央关于坚持和完善中国特色社会主义制度　推进国家治理体系和治理能力现代化若干重大问题的决定》中进一步明确指出，要"完善覆盖全民的社会保障体系，……统筹完善社会救助、社会福利、慈善事业、优抚安置等制度"，"重视发挥第三次分配作用，发展慈善等社会公益事业"。人民福祉、社会治理以及社会和谐都与慈善事业的发展息息相关。

公益慈善组织的兴起是21世纪中国市场经济改革带来的最重要的社会影响。如果说，社会体制改革的关键环节是要逐步实现政社分离，开放社会活动空间，以最大限度地激发社会活力、释放社会能量，那么，正在兴起的公益慈善组织和基层社区便构成了当前社会活力的主要源泉。进入21世纪以来，尤其是经历2008年汶川地震救灾以后，我国公益慈善组织领域的发展取得了长足进步，特别是大量民间背景、公民自发成立的公益慈善组织和社会服务机构积极涌现，逐渐在社会基本公共服务补充供给及相关社会问题解决等方面发挥出越来越重要的作用。

习近平总书记在参加第十三届全国人民代表大会第一次会议广东代表团审议时指出，广东是改革开放的排头兵、先行地、实验区，在我国改革开放和社会主义现代化建设大局中具有十分重要的地位和作用。习近平总书记充分肯定了党的十八大以来广东的工作，要求广东的同志们进一步解放思想、改革创新，真抓实干、奋发进取，以新的更大作为开创广东工作新局面，在构建推动经济高质量发展体制机制、建设现代化经济体系、形成全面开放新格局、营造共建共治共享社会治理格局方面走在全国前列。慈善事业作为形成有效的社会治理、良好的社会秩序，促进社会公平正义，让人民群众安居乐业，使获得感成色更足、幸福感更可持续、安全感更有保障的重要工作抓手，在新时代的作用日益凸显。

2019年，中共中央、国务院发布了《中共中央 国务院关于支持深圳建设中国特色社会主义先行示范区的意见》（以下简称《意见》）。《意见》提出，到2025年，深圳将建成现代化国际化创新型城市；到2035年，深圳将成为我国建设社会主义现代化强国的城市范例；到21世纪中叶，深圳将成为竞争力、创新力、影响力卓著的全球标杆城市。深圳要实现《意见》所赋予的五个战略定位，尤其是建设城市文明典范和民生幸福标杆，离不开深圳慈善事业的发展和支持。近年来，深圳市紧跟国家深化改革的大背景，充分发挥地方先行先试的积极性，在慈善事业发展和制度改革创新方面做出了大量有益的探索，稳步推进慈善管理体制改革、慈善运作机制创新，使慈善事业的发展走在全国前列，为各地慈善事业发展提供了宝贵的经验。其中，深圳市政府通过不断落实和出台一系列政策来推动《慈善法》的落地实施，推动深圳慈善事业信息公开制度的完善，强化深圳慈善事业的公信力建设，做出了地方性制度创新。深圳积极推动《深圳经济特区慈善事业促进条例》的制定工作，努力为深圳慈善事业的进一步发展奠定制度创新基础。自2012年以来，由民政部、国务院国有资产监督管理委员会、中华全国工商联合会、广东省人民政府、深圳市人民政府、中国慈善联合会共同主办的中国公益慈善项目交流展示会（以下简称"慈展会"）都在深圳举行，至今已经成功举办了七届。中国慈展会是国内唯一的国家级、综合性、国际化的慈善行业盛会，七届中国慈展会共覆盖了31个省、自治区、直辖市以及港澳台地区，吸引了9064家机构参展，举办了各类公益慈善活动1300多场，参与展会近119万人次，对接项目2367个，对接金额达529亿元。深圳作为举办慈展会的重要城市，体现了国家对深圳慈善事业发展成果的认可，表明了深圳在中国慈善事业中的重要地位。因此，深入挖掘深圳慈善发展经验模式，能够为中国特色的慈善体系在社会治理现代化建设中的发展提供宝贵的经验。

二、深圳善治：创新引领"慈善之城"建设

慈善行为是精神文明建设的重要内容，是国民素质提高的反映，也是社会财富再分配的一种方式，有利于促进社会公平。在推进慈善事业的发

展中，我们必须以政策规范慈善、以创新引领慈善。党的十八大以来，深圳市的慈善事业取得了极大进步，在前五届的"中国城市公益慈善指数"中，深圳市综合指数四次位列前三名，摘得最高级别的"七星级慈善城市"称号，被称为全国最具爱心和最慷慨的城市，这些都离不开政策对慈善事业的助力。其中，在2018—2019年，深圳市慈善事业相关政策在落实法规规范、培养专业人才、构建多元主体生态链三方面取得了阶段性成果。

（一）配套法规制度促进深圳慈善事业发展

法规规范对人们的行为具有较强的约束作用，对社会的发展具有指导性意义，与慈善相关的法规规范对深圳市慈善事业的发展具有重要作用。2018—2019年上半年，深圳市将全国性的法律法规与符合深圳特色的相关规定配套实施，将宏观与微观相结合，有力地推动了深圳市慈善法治的规范化、体系化进程。

第一，深入贯彻落实《慈善法》与《慈善组织信息公开办法》。2016年9月，《慈善法》的正式实施标志着我国慈善事业全面进入法治轨道，进入了依法行善新时期。深圳市全面贯彻落实《慈善法》，坚持党建引领慈善事业发展，立足于深圳市市场经济发育早、经济社会基础成熟、改革创新环境好、国际化地缘优势独特等实际情况，创新慈善发展思路，构建"大慈善"体系，加大慈善文化宣传，大力推进志愿服务，营造全民慈善氛围，初步建立制度完善、依法治理、作用明显、管理规范、健康有序的现代慈善生态体系。2018年7月27日，民政部部务会议通过了《慈善组织信息公开办法》，该办法自2018年9月1日起施行。《慈善组织信息公开办法》是《慈善法》的配套规定，对慈善组织信息的公开做出了详细规定，并且在《慈善法》的基础上有所创新，明确了慈善组织应重点公开的财产活动信息，以及有公募资格的慈善组织要公开的募捐信息。未依法履行信息公开义务且逾期不改正的，民政部门将可以依据《慈善法》责令其限期停止活动。这有利于加强对慈善组织的管理。深圳市委、市政府坚定推动《慈善组织信息公开办法》在深圳的推行，这对规范慈善组织、推进慈善组织信息公开化、保障民众对慈善事业的知情权有重要影响。贯彻落实《慈善法》与《慈善组织信息公开办法》的行动彰显深圳市对法治慈善建设的重视和推动。

第二，不断探索建立适合深圳特色的本土慈善事业相关规章制度体系。具体包括不断推动与完善《深圳经济特区慈善事业促进条例》的立法工作，进一步完善登记管理制度，深入开展慈善信托备案工作，优化财税服务。自2012年着手制定《深圳经济特区慈善事业促进条例》以来，相关部门结合深圳的实际情况，多次对其进行修订。同时，深圳还研究制定了《关于促进我市慈善事业健康发展的若干措施》和《关于促进慈善信托事业发展的若干措施》，力求在放开公募权利、慈善资产保值增值、规范行业自律服务、创新开展公益信托等方面，突破现代慈善事业发展的制度瓶颈，为促进深圳慈善事业的发展提供坚实的法律保障。

自《慈善法》实施以来，慈善组织登记认定制度依然面临很多的阻碍与问题，例如，"自由裁量权问题""制度落地滞后问题""工作属性认知问题""申请机构权益保障问题"以及"制度激励不足问题"。[①] 这些问题不仅违背了《慈善法》立法的原意，甚至还阻碍了慈善事业的进一步发展。深圳市对这些问题保持着清醒的认识，因此，在《深圳经济特区慈善事业促进条例》的修订工作中，慈善组织认定制度是该条例修订工作的重中之重。在立法议程中，已经出现了针对这一问题的积极探讨，深圳为此展开了多次跨部门以及由学界与慈善主体代表参与的立法论证工作，力图通过修订《深圳经济特区慈善事业促进条例》来解决慈善组织登记认定制度所存在的问题，为我国后慈善法时代的慈善发展建设提供深圳经验与深圳智慧。

慈善信托具有自身的优势，它可以保障捐赠人的知情权和撤销权，捐赠人可以根据情况解任受托人、可以要求变更财产管理方式，这可以增强捐赠人对捐赠行为的信心，有利于更多热心的民众参与到慈善事业之中。自2016年9月1日《慈善法》实施以来，深圳市积极推进慈善信托备案工作，截至2019年12月底，共备案9单慈善信托（含注册地在深圳的慈善组织在广东省民政厅备案），资金累计10310.45万元。2018年，深圳市市政府指导完成了"平安信托·成都－壹基金青少年与未来防灾体验馆设备设施维护与更换基金慈善信托""华润信托和园文化保育慈善信托计划""壹基金公益基金会－林氏家族慈善信托"三家慈善信托备案，其中

---

① 参见俞祖成《慈善组织认定：制度、运作与问题——基于深圳实践的观察》，载《浙江工商大学学报》2017年第3期，第107～114页。

"壹基金公益基金会－林氏家族慈善信托"是深圳市首家由慈善组织作为受托人的慈善信托。由深圳市社会公益基金会担任受托人的"大鹏半岛生态文明建设慈善信托"成功备案，成为全国首个由政府委托、慈善机构受托的慈善信托项目。同时，深圳注重做好慈善信托权责清单管理系统维护工作，将慈善信托备案工作（设立备案和变更备案）纳入网上办事大厅，使其实现网上办理。进一步规范慈善信托活动，做好信托备案工作，让捐赠人的权益得到更多保障，是推动慈善事业发展的重要举措。

除此以外，优化慈善组织的财税服务是促进慈善事业发展的重要一环。深圳根据《中华人民共和国企业所得税法》《中华人民共和国企业所得税法实施条例》（以下分别简称《企业所得税法》《企业所得税法实施条例》）的相关规定，《财政部　国家税务总局　民政部关于公益性捐赠税前扣除有关问题的通知》及《财政部　国家税务总局　民政部关于公益性捐赠税前扣除资格确认审批有关调整事项的通知》《广东省财政厅　广东省国家税务局　广东省地方税务局　广东省民政厅关于公益性捐赠税前扣除资格确认有关事项的通知》的相关要求和工作规程，将符合条件的深圳市2018年度具有公益性捐赠税前扣除资格的社会组织名单进行公示，积极协调财政、税务等部门，完善基金会财政支持和税收优惠政策，探索建立全市统一的慈善捐赠税收优惠服务平台和非营利组织税务专管员制度，推动出台基金会接收非货币性资产捐赠的相关税收优惠细则。同时，深圳在财税方面给予慈善组织便利条件，以有效减轻慈善组织的负担，扶持慈善组织发展。

（二）专业人才提升深圳慈善事业实施水平

培养公益慈善专业人才是发展慈善事业的必然选择。一方面，从传统慈善向现代慈善过渡的过程中，公益慈善专业人才十分匮乏、慈善组织内部治理能力弱及公益慈善事业发展的专业化和职业化水平较低等问题严重制约了慈善事业的发展；另一方面，《慈善法》及相关顶层设计要求对公益慈善人才进行培养，力推慈善事业发展。《慈善法》第八十八条明确规定，"国家鼓励高等学校培养慈善专业人才，支持高等学校和科研机构开展慈善理论研究"，这为公益慈善人才培养和专业建设提供了法治保障。

为此，深圳市正积极主动地推进公益慈善行业的人才培养工作，以此使深圳公益慈善事业的发展迈上新台阶，争取建立以品德和能力为导向，具有标准化、社会化、专业化的公益慈善行业人才培养体系，对接公益慈善行业的人才需求，探索创新公益慈善行业的人才培养新模式。2018年至2019年上半年，在深圳市民政局的推动下，深圳在打造专业人才队伍培育机构，推动慈善事业向现代化、专业化方向发展方面取得了一定成果。

第一，推出"深圳市公益慈善专业人才培养计划"。为推动深圳慈善事业发展，提升深圳公益慈善组织专业化水平，建立深圳公益慈善专业人才标准化培养体系，2018年5月，在深圳市民政局的指导下，深圳市慈善事业联合会与南京工业大学浦江学院合作，联合推出"深圳市公益慈善专业人才培养计划"。截至2019年11月，"深圳市公益慈善专业人才培养计划"已经进行了3期培训，共招收了106名学员，为深圳市公益专业人才培养提供了示范。此外，2019年，深慈联举办了一期秘书长培训班，邀请12位慈善领域的专家，为47位深圳慈善组织秘书长、总干事提供培训，为他们提供丰富的理论知识。同时，深慈联还搭建平台让他们对慈善事业进行深入探讨，从而为他们运营与管理慈善组织的实践带来重要的理论指导。

第二，举办"我的公益之路比赛"，遴选"公益达人"，推荐优秀者入选长江商学院公益奖学金计划。在深圳市民政局的指导下，深圳市慈善事业联合会高度重视遴选推荐优秀者入选长江商学院公益奖学金计划。2018年，长江商学院多个课程项目首次全面推出公益奖学金，面向全球非营利组织管理人才开放，邀请致力于公共服务领域的具有领导力和社会影响力的候选人，与富有创新精神及人文情怀的企业家相互切磋学习。作为长江商学院公益奖学金计划在深圳地区的推荐单位，深圳市慈善事业联合会通过为其推选深圳公益优秀人才来培养公益领袖，从而把更多高端的慈善公益人才挖掘出来、聚拢起来，形成深圳市慈善事业发展的一支中坚力量。

第三，推动公益慈善专业人才队伍教育和培育机构发展。深圳市民政局关注专业人才队伍培育机构的发展，在其关注与指导下，深圳经济特区社会工作学院和深圳国际公益学院得到了快速发展。

深圳经济特区社会工作学院是在深圳市党政主管部门的推动与统筹下，由深圳市社会工作者协会、市慈善会、市创新企业社会责任促进中心共同发起成立的公益性社会组织，成立于2015年。学院以实务培训为基础，以高等学历教育为台阶，以公益项目为设计目标、以实务赋能为培养目标、以金融创新为运营目标，旨在培养社会建设和社会工作领域的实务型人才，推动政府、企业、社会的跨界合作，研究解决社会问题的新路径，探索教育改革的新模式。2018年，深圳经济特区社会工作学院在市委、市政府及市民政局领导的深切关怀下、在社会机构和群众对社工工作的大力支持下、在学院所有员工们的不断努力下发展壮大，学院业务范围进行了相应的变更。

深圳国际公益学院由比尔·盖茨、瑞·达利欧、牛根生、何巧女、叶庆均5位中美慈善家联合倡议发起。学院采用"理论引导、实践深化、行动至上"的教学模式，形成以全球善财领袖计划（Global Philanthropy Leaders Program，GPL）、国际慈善管理（Executive Management of Philanthropy，EMP）和公益网校为核心，以专题课程、公益认证课程及公益奖学金课程为补充的多元架构，为中国公益行业提供全球顶级慈善学习平台和资源。2018年12月2日，学院首期毕业典礼在深圳举行，共57名同学经过2年的系统学习后毕业，他们将成为更为高效的公益慈善从业者。2019年，学院将继续提升慈善知识体系，以慈善引领社会文明为愿景，以培育全球公益典范为使命，继续为中国公益慈善行业提供高质量的教育服务。

通过对专业人才的培养，这两所院校将为慈善事业、为社会持续不断地注入新鲜血液。

（三）多元主体构建深圳慈善事业生态链

习近平总书记在党的十九大报告中指出："打造共建共治共享的社会治理格局。加强社会治理制度建设，完善党委领导、政府负责、社会协同、公众参与、法治保障的社会治理体制，提高社会治理社会化、法治化、智能化、专业化水平。"从总书记的话中可以看出，现代社会治理的主体正从政府"单中心"模式向多元治理主体格局转化。慈善事业的建设也不能总是政府"一枝独秀"，而少了社会组织及民众的参与。为了推动深圳市慈善事业的长足发展，构建深圳慈善事业生态链是必由之路。

2019年，深圳市组织体系多方共建、"人人慈善"的协同联动机制正在形成。在党委、政府的领导下，深圳市出台了多项慈善政策，推动政府、慈善组织、企业、市民之间的合作平台的搭建，充分发挥各主体的积极性，致力于打造党委领导、政府引领、法治保障、社会协同、公众参与的深圳慈善事业生态链。

深圳全方位营造崇德向善的社会氛围，开设报刊专栏，推出"慈善大讲堂"系列活动，设置2018年度深圳慈善捐赠榜和鹏城慈善奖。为了在全社会营造慈善氛围，深圳市政府推动在《深圳特区报》开设《大爱深圳》专栏、在深圳广播电台开设《公益民心桥》专题节目，充分发挥媒体聚焦效应和扩展优势，广泛传播慈善理念。深圳市慈善事业联合会以深圳慈善事业良好的基础为依托、以贯彻落实《慈善法》为契机，在市民政主管部门、各类慈善公益组织和爱心企业的支持下，于2017年9月5日第二个中华慈善日正式推出"慈善大讲堂"系列活动，旨在聚焦中国慈善事业，梳理发展脉络、纵观古今中外、汇聚行业先锋，用慈善文化的力量推动深圳市慈善事业的改革与发展。2018—2019年，深圳共举办7次"慈善大讲堂"系列活动，有效地在广大民众中普及了慈善知识。并且，深圳在全市搭建了5个慈善教育基地，开展"慈善行""慈善学校""学生慈善一元捐"活动，创建"社工+义工"模式，为西藏、贵州、新疆援建"深圳青少年希望小学"，创建社工服务站，等等，推进慈善教育进校园、进社区、进企业，以培育全民的慈善意识和社会责任感。

我国慈善事业自20世纪90年代中期开始得到了蓬勃发展，随着社会主义市场经济的繁荣，慈善事业方兴未艾，作为一项社会化事业，需要所有公民具有强烈的参与意愿，公民个人所具有的高尚人道主义情怀是发展慈善事业的本源。同时，在对全民慈善意识的倡导和知识普及之下，慈善的星星之火才得以燎原。作为深圳慈善组织的枢纽，深圳市慈善事业联合会以倡导和推广慈善文化为己任。慈善文化是社会文化的重要组成部分，深厚的慈善文化对社会良性运行具有独特而重要的作用。我国自古讲求仁爱、利他主义、扶危济贫、和睦共处和互助友爱，这是慈善文化悠久的沉淀，诠释了我国慈善事业发展的进程与特点。对慈善能力、慈善体制、公民慈善意愿的培育和倡导，将对构建和谐社会起到至关重要的作用，有利于现代化国家中公民社会意识的培育和形成。

根据《慈善法》和深圳市委、市政府《关于加快我市慈善事业发展的意见》中关于建立慈善表彰制度、进行捐赠信息公开、营造捐赠光荣氛围的精神，深圳市民政局主办、深圳市慈善事业联合会承办，于2019年5月启动了2018年度深圳慈善捐赠榜编制工作。2018年度深圳慈善捐赠榜共设置3个榜单，即慈善捐赠个人榜、慈善捐赠企业榜和社会组织慈善捐赠收入榜。榜单经接受申报、推荐并对捐赠数据进行搜集、挖掘、整理、核对而形成。深圳还设立了"鹏城慈善奖",表彰慈善先锋,树立慈善榜样,四届以来共有494个机构、个人和项目荣获鹏城慈善奖。慈善捐赠榜的创立有利于更好地激励积极投身于慈善捐赠事业的民众,从而吸纳公众的力量,推动深圳慈善事业稳步向前。

创建"慈善之都"联动机制主要涉及四个方面。一是在党委的大力支持下,由民政部门牵头,会同宣传、统战、台办、市直机关工委、教育、民宗、卫计、国资、体育、工商联、工青妇等部门和各区政府建立了创建"慈善之都"联动机制,保障各项政策措施落到实处、产生实效。二是发挥行业枢纽型社会组织作用。充分动员引导深圳市慈善事业联合会、深圳市慈善会等枢纽型社会组织发挥支持作用和平台功能,形成"多方共建、协同联动"的运作机制。三是鼓励企业履行社会责任。引导企业积极参与"广东扶贫济困日"暨"深圳慈善日慈善月"活动启动仪式和爱心企业家座谈会。四是大力发展慈善组织、培育社会组织、动员志愿组织,对提供扶贫、济困、扶老、救孤等服务的公益慈善类社会组织,实行直接登记制度,并予以一定的开办资金资助。深圳汇聚社会各方公益慈善资源,推动慈善事业社会化参与、精细化管理、精准化实施。除此以外,深圳还打造了多个平台助力深圳慈善事业进步。平台可以汇聚慈善力量,为不同主体提供参与慈善事业的机会,对推动深圳慈善事业具有极其重要的作用:

第一,成功举办第七届中国慈展会,将慈善项目引入会展业,通过展会的形式,开辟了一条开放共享、合作共赢的慈善发展新路径,填补了中国慈善领域的一项重大空白。中国慈展会是国内唯一的国家级、综合性、国际化的慈善行业盛会。从2012年开始,慈展会每年一届,在深圳举行。目前,慈展会已成功举办七届。第七届慈展会于2019年9月20—22日在深圳会展中心成功举办,以"聚焦脱贫攻坚、共创美好生活"为主题,重点围绕深度贫困地区的脱贫需求,通过展示交流、会议研讨和资源对接等内容设置,引领和带动社会资源向深度贫困地区倾斜,激发政府、企业、社会组织和公众四个层面的供给侧叠加效应,促成深度贫困地区脱贫需求与社会资源的有效对接。

第二,"中华慈善日"创新慈善参与形式和渠道。"中华慈善日"于2015年11月在审议《中华人民共和国慈善法》草案时被提出。2016年3月16日,第十二届全国人大第四次会议表决通过了《中华人民共和国慈善法》，该法将每年9月5日定为"中华慈善日"。2018年9月5日，2018年"9·5中华慈善日"暨第二届"公众开放日"系列活动成功举办。本次公众开放日活动以"慈善聚焦精准扶贫，携手共创美好生活"为主题，包括公众开放日、"大爱深圳情系粤东"爱心接力动员会、"党员+公益"聚焦精准扶贫、慈善文化长廊巡讲、慈善观察团建议征集、"99公益日"动员大会和大病救助共建平台项目发布仪式等多项主题内容。"公众开放日"组织媒体现场参访，解答了公众关心的问题，广泛宣传了《慈善法》引领慈善事业发展的重要意义。活动也邀请了政协委员、人大代表、爱心人士、社工代表、新闻媒体、师生校友等社会各界代表，组成慈善观察团，与广大市民互动，凝聚多方力量，助力慈善事业发展。

第三，组织开展深圳市2018年"广东扶贫济困日"活动。2018年，深圳市按照省扶贫办公室的有关要求，紧紧围绕"关爱贫困人口，助力攻坚脱贫"的活动主题，大力推动深圳市2018年"广东扶贫济困日"暨"深圳慈善日慈善月"活动启动仪式活动。6月29日，深圳市2018年"广东扶贫济困日"暨"深圳慈善日慈善月"活动启动仪式和爱心企业家座谈会成功举办，中共广东省委常委、深圳市委书记王伟中，深圳市委副书记、市长陈如桂等市四套班子领导共6人在市委贵宾厅会见了万科集团、腾讯公益慈善基金会等的20名爱心企业家和爱心人士代表并与他们座谈。随后，深圳市政府副市长、党组成员黄敏出席启动仪式并做动员讲话，市直机关、爱心企业家和市民代表、慈善组织代表、志愿者代表等约200人参加了启动仪式。在启动仪式上，万科集团、越众投资、心理程控股集团、博林集团等30家爱心企业进行了举牌捐赠。截至2018年10月底，深圳市各届人士共为"广东扶贫济困日"认捐善款逾13.13亿元，其中向省级捐赠接收机构认捐8.8亿元，向市、区两级捐赠接收机构认捐4.33亿元，市、区两级到账金额5824.79万元。

第四，深入开展2018年深圳慈善月活动。深圳围绕"广东扶贫济困日"活动主题，结合本市实际，制定《2018年深圳慈善日慈善月和中华慈善日系列活动实施方案》，发动社会各界共同行动，通过互联网等媒介，以线上线下的多样化形式，开展一系列丰富多彩的公益慈善活动，为慈善事业注入新的活力和生机，树立深圳创新型城市标杆，努力营造人人参与慈善的良好氛围。2018年深圳慈善月期间，各公益慈善组织及社区围绕"关爱贫困群体，共创美好生活"的主题设计慈善月活动方案，开展各种形式的公益慈善活动173项，其中募捐类27项，义卖、义捐、义诊类35项，慈善文化宣传类33项，社区服务类32项，讲座培训类18项，创意生活类17项，其他类11项。活动让中华慈善日宣传活动发动更充分、形式更多样、参与范围更广泛、活动效果更显著。9月5日，深圳在市民中心举行以"慈善聚焦精准扶贫，携手共创美好生活"为主题的第三届中华慈善日暨2018年深圳慈善月总结及成果展。慈善月活动的开展，能够大力推动慈善组织和民众对慈善事业的关注。

第五，探索建立与我国港澳台地区基金会及国外基金会的交流合作平台与长效交流机制。2018—2019年，深圳市推动基金会不断发展，支持基金会有序开展交流合作，鼓励基金会与企业合作开展募捐活动，探索建立相关交流合作平台与长效交流机制，引进别的基金会运作的先进理念、管理经验，促进建设深圳慈善事业生态系统的发展。

第六，大力培育发展社区基金会。深圳探索支持区级民政部门将社区基金会纳入社区社会组织进行登记管理，降低准入门槛。深圳还整合社区党群服务中心、社会组织服务中心等平台资源，为社区基金会提供办公场地、组织运作、活动经费、人才队伍等支持；还支持社区基金会发挥枢纽型社会组织作用，积极参与"民生微实事"项目，为社区居民、社区基层治理提供服务。

第七，打造"互联网＋"慈善，书写互联网慈善的"深圳样本"。在政府的大力推动下，联合民间公益组织力量，深圳市"互联网＋"慈善发展迅速，逐渐书写出互联网慈善的"深圳样本"。如2018年3月28日，以"预见智慧慈善"为主题的2018年深圳市慈善会春茗会在深圳市举行。该活动由深圳市慈善会主办，深圳市创新企业社会责任促进中心、中国建设银行深圳市分行、深圳市国际交流合作基金会、深圳经济特区社会工作学院协办。会上，由"互联网＋"领域新锐团队"公益啦"为深圳市慈善会全新打造的网络平台正式上线。该平台根据市慈善会战略规划进行模块调整，重点组建"透明慈善和信息公开""有效公益和战略板块""益起捐""走进慈善会"四大核心模块，为充分利用"互联网＋"智慧工具在公益慈善领域的广泛运用和规范运行，提供了行业标杆蓝本。

三、深圳行动：实践推动"慈善之都"完善

深圳市是中国较早发展公益组织的城市之一，在漫长的慈善活动实践

中，由于市场经济发育早、经济社会基础成熟、改革创新环境好等优势，深圳市慈善组织积累了丰富的经验，对经济和社会做出了巨大贡献。党的十八大以来，深圳市全面贯彻落实《慈善法》，创新慈善发展模式，大力推进全民慈善事业健康快速有序发展，完善慈善组织认定方法，积极促进社区慈善发展，持续加强品牌活动规模化，完善跨部门协同合作机制，构建现代慈善生态循环，为社会民生保障提供了大力支持。

（一）组织化：大力推动深圳慈善组织发展

慈善组织是慈善事业和慈善活动的重要载体，是推动慈善事业不断前进的重要前提和发展基础。慈善事业组织化是深圳慈善组织多年实践发展的必然结果，落实《慈善法》中的慈善组织认定办法、建设慈善组织公信力是深圳市回应社会慈善需求、促进慈善事业健康快速发展的有效途径。

在一系列改革和政策的支持下，深圳慈善组织蓬勃、有序发展，涌现了一大批推动社会慈善事业繁荣发展的组织，创造了"深圳速度"和"深圳质量"。截至2019年10月30日，深圳市社会组织数量达10733家。其中，社会服务机构5715家，社会团体4632家，基金会386家。经认定和登记的慈善组织共261家，总量排名全国前三，其中有65.5%是《慈善法》实施之后直接登记成为慈善组织的。经认定和登记的慈善组织里包括200家基金会、27家社会团体以及34家民办非企业单位。（见图1）随着深圳深入社会组织管理体制改革，慈善组织在总量上呈现出快速增长的态势，尤其是2018—2019年，深圳市新增的认定通过的慈善组织共103家，包括90家基金会、8家社会团体以及5家民办非企业单位。

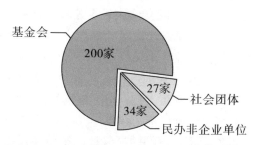

图1　深圳市2019年经认定和登记的三大类型慈善组织数量

阳光、透明、诚信是慈善事业可持续发展的保障，为取得公众的信任，推动"人人慈善"的新秩序，深圳市强化了慈善组织的规范运作和公开透明意识。深圳在近年的实践中摸索出了"精细管理+透明公开+监事会监督"的组合模式，不断完善内部监督管理，保证经费的规范使用并加强对外信息透明化，缩小慈善组织和民众之间的信息差，从而提高民众对慈善组织的信任度。这些措施主要有三方面：一是完善财务管理制度，规范项目运作，严格按照项目计划及捐赠方意愿专款专用。二是建立健全信息公开制度，定期向社会公布组织内部的治理结构、特定活动或者募款活动以及善款使用情况。精细化、规范化管理的体制和公开透明的信息处理方式能让民众了解捐献资金的去向，大大增加了民众的荣誉感、幸福感和信任感，有效提高了民众继续参与捐赠、共同维护组织声誉的积极性。三是优化监事会成员的组成，充分发挥监事会的作用。宝安区慈善会以第三届理事会换届为契机，优化监事会成员的组成，区慈善会坚持执行每季度向监事会报告慈善资金收支情况的会议报告制度。深圳市从制度上进一步对慈善组织的工作、信息进行合理监督审查，切实保障了慈善工作的真实性和有效性，强化了慈善组织公平、公正、公开的服务理念，不断促进着慈善组织公信力的提升。

（二）社区化：走进社区公益孵化社区慈善样本

社区慈善是深圳慈善事业的重要样本。深圳在一系列政策的推动下，不断深入社区发展慈善组织，培育社区资本，开展社区慈善服务，完善公共服务和救助帮扶模式。

1. 社区慈善组织不断发展

深圳是中国内地最早发展社区基金会的城市。2014年，深圳市把培育发展社区基金会列入了《2014年全市社会建设工作要点》，大力推动社区基金会的试点工作。深圳陆续出台了《深圳市社区基金会培育发展工作暂行办法》《社区基金会培育孵化规范监管的管理办法》《深圳市慈善会社区冠名基金管理办法》及《深圳市社区基金会发展指南》等系列文件，为社区基金会的成立提供了政策支持，指导社区慈善组织进一步完善内部治理结构、规范运营管理、加强能力建设。

在一系列政策的推动下，深圳的慈善社区基金会蓬勃发展。2014年，深圳牵头成立了"社区基金会事业部"，设立专项社区冠名基金，为深圳社区基金会的孵化、培育、规范、监管等工作提供支持。在此契机下，坪山社区基金会在政府推动下成立，向社区民众弘扬慈善精神，促进社区慈善事业发展。2015年9月30日，深圳市南山区蛇口社区基金会在蛇口成立，这是全国首个由社区居民自发成立的社区公益基金会，在中国慈善事业的发展史上具有里程碑式的意义。深圳市南山区蛇口社区基金会通过整合社区资源，资助社区公益事业，开展社区帮扶、救助，为社区居民民主自治提供了参考范本，也为基层社会治理创新和加快现代慈善事业发展找到了可行的路径，推动了深圳社区发展和社区治理模式创新。

深圳市社区慈善组织发展快速，组织规模不断扩大。截至2019年10月，深圳市已有九个区成立慈善会，各区慈善会在宣传人人慈善理念、实施慈善项目救助、全面发展区级慈善事业、汇聚区域内爱心善心等方面都发挥了重要作用。除此之外，深圳市共有12家慈善类社区基金会，携手社会各界爱心企业或人士共同资助和发展社区志愿服务，支持、促进改善治安、邻里关系、环境、教育、卫生、文化、体育事业的慈善项目有序发展。深圳还建立了社区慈善帮扶会，构建"街道慈善帮扶促进会 + 社区慈善帮扶协会 + 基金会""冠名基金会 + 公益慈善品牌项目"的现代慈善帮扶模式。深入社区基层发展、培育慈善样本为国内社区慈善组织的培育发展积累了初步的经验，在动员社区资源、解决社区问题、促进社区居民参与社区治理、推动社区自治、完善社区慈善体系等方面形成了一系列可供借鉴的经验，对深圳基层自治和社区治理模式创新产生了深刻的影响。

2. 社区慈善活动日益丰富

深圳慈善社区基金会通过开展具有社区特点的活动引导居民主动参与、营造社区归属感和慈善氛围，推进深圳社区慈善救助体系的发展。深圳南山区蛇口社区基金会每年资助举办"蛇口无车日"社区嘉年华活动，倡导"绿色环保"的理念；以"为社区做一天公益"为主题，以"益起善行，幸福社区"为口号，联合各公益伙伴，在蛇口举办美好社区公益项目大赛、幸福蛇口论坛等一系列的公益活动，让公益理念走入社区、走入居民生活。深圳市盐田区沙头角街道社区基金会2018年开展和谐街道·快乐公益项目，包括"老人饭堂""爱心时间银行"等，开展专项基金，用来定项帮扶需要帮助的人，这有利于培养全民慈善意识，增强公民社会责任感，促进慈善事业发展。

作为走在全国前列的社区基金会发展城市，深圳探索了社区基金会多元化模式，为其他地区培育发展社区基金会提供了借鉴经验，社区基金会开展特色活动的尝试和经验也为构建共建共治共享的社区治理新格局提供了思路。

（三）品牌化：开展品牌活动扩大慈善事业规模

随着慈善组织的日益发展，慈善品牌活动越来越影响慈善组织的社会认知度、社会信任度和社会满意度。深圳通过不断推动特色品牌活动的开展，提高品牌活动的影响力，吸引更多企业和社会组织参与慈善活动，逐渐扩大慈善事业规模。深圳市每年举办的"广东扶贫济困日"活动、中国慈善项目交流展示会活动以及各级慈善会和其他慈善组织开展的系列品牌活动，擦亮了七星级"慈善之城"品牌。

第一，品牌慈善组织的品牌慈善项目在不断创新中擦亮"牌子"，扩大影响力。如由腾讯公益联合数百家公益组织、知名企业、明星名人、顶级创意传播机构共同发起的"99公益日"已经成为一年一度的全民公益活动，其参与人数、筹款规模和社会影响力在类似活动中首屈一指，成为深圳慈善乃至全国慈善创新的一个标杆。壹基金深耕灾害救助、儿童关怀与发展和公益支持创新三大领域，通过其专业运作，塑造了"净水计划""海洋天堂计划""壹乐园计划""温暖包计划"等公众熟悉的知名公益项目品牌。

第二，随着慈善事业的不断发展，深圳市慈善会及各区慈善会每年开展各类品牌慈善活动，增强了慈善会系统品牌活动的规模和影响力，创新了特色慈善项目。如2018年4月，宝安区慈善会、"义工联"等单位联合开展第三届"与爱同行"慈善微跑活动，在慈善中融入绿色健康的生活方式，谨记慈善为民，以播种爱心和希望为初心。坪山区慈善会持续开展爱心帮困助学活动，构建"慈善+教育"模式，在青少年中传播慈善助人的种子。深圳市慈善会在实践中不断探索，开展"慈善+医疗""慈善+助老"等各个领域的救助帮扶慈善活动，积极发挥区域性枢纽型社会组织作用，以社区品牌活动推广"人人慈善"的理念，采用专业运作模式为爱心企业、基层社区、社会组织及个人提供慈善服务，通过慈善品牌活动调动社会各方的参与积极性，充分发挥社会力量参与社会建设及对口扶贫事业，不断夯实和扩大慈善事业。

（四）跨界化：联合部门机构共建慈善事业基础

在一个完善的社会治理结构中，社会组织、政府、企业等治理主体应该做到各司其职，发挥优势，合作共赢。深圳积极引导多元主体的跨部门、跨界别合作,创新"战略慈善"思维,优化"服务慈善"能力。

一方面,深圳市充分调动社会组织间沟通合作的积极性。深圳慈善会充分发挥重点慈善组织、各区慈善会的引导作用,动员深圳慈善基金会、社会团体、民营非企业单位等社会组织发挥支持作用和平台功能,形成"多方共建、协同联动"的运作机制。深圳坪山区慈善会积极探索"冠名基金"的慈善发展模式,联合区内社会组织培育了深圳市坪山区慈善会·大同基金、深圳市坪山区慈善会·彩虹之路基金,用于资助区内社工及来深建设者子女和18周岁以下患重大疾病的青少年儿童及其家庭。跨组织的合作为困难群体带来了更多慈善资源,为深圳慈善事业注入新的活力,并且促进了深圳社区慈善文化的形成及和谐社会的发展。

另一方面,深圳市积极推动慈善组织与企业跨界合作。企业为社会组织提供资金或人力支持,解决了社会组织的资源问题,社会组织透过服务也为企业践行社会责任提供了专业的解决方案和慈善平台。2019年5月启动编制的2018年度深圳慈善捐赠榜显示,企业捐赠榜上榜的企业共581家,捐赠总额为56.2亿元。此外,在深圳市委、市政府的政策扶持和带动下,深圳积极推动"慈善+金融"模式,引入金融资源,以商业投资的方式提升解决社会问题的效益,并引导和规范在解决社会问题过程中的商业行为。在《慈善法》的指导下,市民政局按照民政部、银监会《关于做好慈善信托备案有关工作的通知》精神,积极开展慈善信托备案工作,并对国内首个慈善信托计划——"中国平安教育发展慈善信托计划"进行备案。首个慈善信托以自有资金为主探路,为更多企业及慈善组织参与慈善信托提供经验借鉴,也将使人们的行善方式更加多元。

(五)生态化:沟通互联共促城市慈善生态循环

深圳通过促进慈善组织、政府部门、企业、个人等主体的相互交流、联动互通,完善综合监督体系,设置联合监督制度,加强城市慈善事业的活力,促进形成发展有序、合理分工、体系完整的慈善生态循环。深圳通过推动慈善事业相关各部门、组织、企业、个人之间的沟通互联,完善政府公共服务,塑造良好的企业形象,为需要帮助者获取社会援助资源,逐渐形成发展有序、联通互动的慈善生态系统。

一方面,加强信息交流。深圳发展"线上+线下"的交流模式,在线上建立网络信息交流平台,让公众通过微信群交流讨论与慈善公益相关的意见和建议，加强慈善公益信息宣传交流。比如在线下，南山区慈善会走访了10多家会员单位或兄弟单位，举行第三届理事会、新年度公益慈善工作调研座谈会等会议，加强了会员单位之间的相互了解、沟通与交流，畅谈公益慈善工作经验，共商公益慈善发展举措。

另一方面，构建慈善监督共治。人人慈善的公信力需要深圳市各慈善主体共同配合监督，联合政府部门、组织、企业、社会构建综合监督体系，保障深圳市"生态慈善"的未来。2014年以来，深圳市社工委与深圳市民政局先后联合出台了《关于构建社会组织综合监管体制的意见》《关于构建社会组织综合监管体制的实施方案》，明确了各部门的监管职责，梳理形成了监管责任清单，并建立了社会组织综合监管工作联席会议制度。2018年，龙岗区建立了行政监管、行业自律、社会监督、党组织保障"四位一体"监管体系，完善综合监管联席会议制度等协调机制，形成各司其职、协调配合、分级负责、依法监管的社会组织监管格局。除此之外，深圳积极推动社会监督，将慈善事业纳入城市廉政建设的组成部分，通过政策引导慈善组织主动公开信息，组织第三方监督机构或内部监事会等监督慈善组织工作，全力打造城市廉洁慈善品牌，守护城市慈善的公信力。

四、深圳经验：党建引领深圳慈善发展

2015年，中共中央办公厅印发了《关于加强社会组织党的建设工作的意见（试行）》，从社会组织的政治方向保证、群众工作开展、先进文化建设、服务人才培养等多个方面提出了规范意见。社会组织是参与社会治理的重要组织部分之一，在社会组织规模急速扩大的时代背景下，社会组织党建是新时代基层党组织建设和社会治理的重要议题。长期以来，由于慈善类社会组织中的中小型组织占主流，专业从业人员少，专职人员中党员少等原因，社会组织中的基层党建一直进展缓慢、缺乏突破。而深圳在推进社会组织管理体制改革的进程中，始终以党建工作为主要抓手，在实践中积累出党建引领深圳慈善事业发展的宝贵经验。

（一）培养人才优势，建设服务型党组织

专业化程度是制约慈善事业可持续发展的重要因素。从2015年起，

深圳打造专业人才队伍培育机构，推动慈善事业向现代化、专业化方向发展。深圳经济特区社会工作学院在深圳市党政部门的推动下，成为全国首家社工学院。学院课程与基层党建紧密相连，为提升党员志愿者队伍党建课程开发与授课的能力，在课程中邀请专业讲师进行授课，助力提高党建工作整体水平。

人才培养是深圳在基层工作中积极探索"党建+公益"模式的实践方式之一。主要培养方式有以下三种：一是在日常工作中，注重将党员培养成慈善组织的骨干，通过骨干人员推动慈善组织的发展。二是把慈善组织的负责人发展为党员，强化基层社会组织中党的领导。同时，依托地方党校，定期对社会组织的党支部书记和党员进行培训。通过这样的办法，扶持一大批扎根基层、服务群众的社区型社会组织，同时提升社区组织及党组织的服务能力，发展壮大党在基层治理中的力量。三是通过"党员志愿者+社工"的结合，深入各社区及各个基层社会组织，将党建工作广泛铺开，打下基础。

慈善组织专业人才是建设服务型党组织的基础，人才质量影响着组织开展活动、提供服务的质量。专业化的人才能够推动慈善行业建立统一的行业认知及行业标准，人才培养能够激发党员服务基层公益机构的活力，切实提高党员的服务技能和服务技巧。在"党建+公益"的模式运营下，人才输送创新党建载体，增强党建活力，同时，党建工作又给予专业党员人才身份认同感，激发他们奉献社会、服务群众的自觉意识，为公益慈善事业做出贡献。

深圳经验告诉我们，培养人才不仅为慈善组织专业化人才的来源问题提供了解决之道，也为慈善组织自治、开展日常活动提供了方向性的指引。党员参与到了慈善组织的队伍中来，不是由党员代替居民、志愿者来参与，而是发挥党建引领的优势，在正确的方向下促进组织自治的繁荣。

（二）依靠资源优势，构建资源整合平台

长期以来，慈善组织因其组织规模小、社会影响弱、活动资金少等原因，阻碍了慈善组织的健康发展。加强党建工作，是激发慈善组织内在活力、引领组织健康发展的重要途径。深圳市充分利用慈善组织中党组织的资源优势与群众工作优势，引导慈善组织补充社会公共服务，促进社会事务的解决。一方面，公益慈善类社会组织的资金来源于政府，将公益项目

与党建活动结合，双方进行了沟通合作，为政府进行日常党建服务购买提供了一条新的渠道。另一方面，对于公益慈善组织来说，它们提供的服务需要落脚到社区，而正好为社区党建工作提供了新的活动方案。双方共同的需求也充分说明基层党建嵌入组织治理有一定的逻辑自洽性。

深圳慈善组织党组织的资源优势还在于对慈善组织在信息提供、政策倾斜和资源链接多方面给予支持。深圳市委于2017年提出构建"1+10+N"三级资源整合的支撑平台，即1个市级党群服务中心、10个区级党群服务中心，以及一大批社区、产业园区、商务楼宇、商圈市场和大行业系统部门、大型企业、大型社会组织等党群服务中心，以系统建设和整体建设为党建资源有效整合搭建平台。各社区的党群服务中心有丰富的社区服务中心、图书室、活动中心等阵地资源，将党群中心变成救助点、捐助站，让社区慈善与党建结合形成聚善空间，形成慈善网络，与更多的慈善资源对接，直接接受捐助。这能为慈善组织提供活动场地和服务，实现资源共享、场所共用。党建资源与慈善的结合是基层治理体系的重要探索路径之一，能够为社区慈善开辟道路，使慈善组织的慈善行为规范化。

"深圳智慧党建"共享平台是深圳市委推出聚焦互联互通的信息化平台，平台采用信息管理、业务交互、督办指挥、党群服务四大系统，实现了党建数据全面化、精细化、体系化的呈现。平台提供了每个党群服务中心的运营情况，慈善组织与党群服务中心进行信息互联，找到了相匹配的救助对象，形成了公益信息系统。通过党建建设，深圳对党建信息资源进行了合理运用，慈善组织也能为自身活动策划的开展进行统筹规划。

（三）凭借组织优势，党建嵌入组织治理

周庆智[①]、陈家喜[②]、张平、隋永强[③]等认为，当前的社区治理结构是"一核多元"而非多元合作，党组织是社区治理的"元主体"，发挥着领导核心与政治保障作用。完善和强化基层党组织的建设和领导作用，是基

---

① 参见周庆智《权威主义基层治理——以深圳罗湖"质量党建"为例》，载《求实》2016年第10期，第4～14页。
② 参见陈家喜《反思中国城市社区治理结构——基于合作治理的理论视角》，载《武汉大学学报（哲学社会科学版）》2015年第1期，第71～76页。
③ 参见张平、隋永强《一核多元：元治理视域下的中国城市社区治理主体结构》，载《江苏行政学院学报》2015年第5期，第49～55页。

层治理的头等大事，也是未来的发展方向。

这就要求在慈善组织工作中，重视党的建设工作，坚持党建引领的原则。从"完善社区服务体系建设、创新服务模式"入手，着力推进党组织职能由管理向服务转变。坚持以党建带动慈善组织建设，让党组织成为公益服务的领路人，是深圳强化社会组织党建引领，推动形成共建共治共享格局的核心。2018年9月，经中共深圳市社会组织委员会批准同意，中共深圳市慈善行业联合委员会成立。它不仅是全国首个慈善行业党委，同时，该党委负责统筹指导深圳市慈善行业和各会员的党建工作，这样的管理模式为全国首创。

为了解决社会组织党建工作中的问题，避免基层党组织科层制的管理结构不能适应社会组织与社会治理中扁平化的需要，转变基层党建中简单的二元治理思维，促进党务与现实情况紧密结合，解决社会事务中最迫切的问题，深圳市委办公厅正式印发《关于推进城市基层党建"标准+"模式的意见》。该意见提出，在标准化的基础上，社会组织的党建工作应避开只抓典型不推广的雷区，将各级各类党组织联合起来，形成开放互融、资源共享的党建共同体。深圳市通过重点推进"标准+服务阵地"的管理模式，将党建嵌入组织治理，大大推动了公益慈善类社会组织的党建工作进展。党组织嵌入组织治理，能够充分发挥其政治引领作用。深圳对党建工作在慈善组织登记管理中进行了全流程的领导，在组织重大事项决策、日常检查评估中都起到了监督作用。

（四）扩大影响优势，实现党建广泛覆盖

近年来，"加快培育发展和规范管理社会组织"成为深圳社会建设的重中之重。而深圳作为经济特区，也是改革开放的"窗口"，社会主义市场经济发展较快，新经济组织和新社会组织（以下简称"'两新'组织"）也随之发展迅速。新时代进一步加强"两新"组织的"两个覆盖"（党的组织覆盖和党的工作覆盖）工作，让党建广泛覆盖到组织工作的方方面面，能够促进社会组织的长远发展。

深圳市自2015年开始，就开展了以提高党组织覆盖率为主线的"燎原计划"，全面铺开党建覆盖工作，让党在社会组织中的覆盖范围不断扩大，影响力大幅度提升。党的社会组织领域所管理的党组织数及党员数逐年攀升，截至2018年7月，管属基层党组织1071个（其中，党委41个，

党总支 34 个，党支部 996 个），党员 9808 名。"两个覆盖"实现了明显跃升。

慈善组织属于社会组织的一部分，也是打造共建共治共享的社会治理新格局下社会治理的关键突破点。在我国经济、政治形势一片向好之际，以及面临国家转型的重要节点，公益慈善类社会组织作为深圳市发展社会组织的重点，党组织的全面覆盖不仅能链接公益价值链，为社会治理、社会服务提供支持，也能为深圳慈善事业的发展开辟新道路，创新发展方式。

（五）发挥政治优势，引领慈善组织发展

深圳始终坚持把发挥党的领导作用作为慈善组织党建工作的出发点和落脚点，积极引导党组织在慈善组织领域发挥其政治核心和政治引领作用。

（1）推动"3+2"工作模式。深圳将党建工作作为党组织建设的核心，将工作要求及党建的组织架构写入慈善组织章程。慈善组织工作与党组织建设相互融合，慈善组织的重大事项决策、管理人选换届等重要活动都有党组织成员参与。深圳通过推动"3+2"工作模式，保障党建在慈善组织中的顺利开展，让党建嵌入慈善组织内部组织管理，发挥党组织的政治核心领导作用，实现长远发展。

（2）党建加强慈善组织自律。近年来，深圳市持续强化政策创制力度，市委、市政府以"两办"名义印发《深化社会组织管理制度改革促进社会组织健康有序发展的若干措施》《关于鼓励和规范社会组织积极有序参与社会治理的意见》，以党内法规形式出台《深圳市社会组织党的建设工作规定（试行）》；在全国率先探索建立行政司法监管、社会公众监督、社会组织自律、社会组织党建"四位一体"的综合监管体系，建立"阳光慈善"信息公开平台和社会组织信息公开平台；全面加强社会组织党的建设，建立"三同步"、"五嵌入"、选派"第一书记"和党建组织员等机制，以党建引领带动慈善事业、社会组织健康发展；引导各类社会组织完善内部治理结构，规范运营行为，加强自身建设。

（3）培养慈善组织骨干成为党员。深圳通过支持党员成为慈善组织骨干、把慈善组织骨干发展成党员的办法，扶持了一批服务群众、坚持为民的社会组织，发展壮大了党推进基层治理的重要力量。

五、深圳文化：全民向善打造"慈善之都"

经过多年的不懈努力，在近年来由中国慈善联合会发布的年度"中国城市公益慈善指数"排行榜中，深圳市都名列前茅。"中国城市公益慈善指数"的指标体系中，关于慈善文化指数的二级指标包括：慈善倡导活动、慈善事业媒体报道力度、地方性慈善交流展示活动数量指数、慈善文化活动多样性指数、慈善活动场所数量指数、地方性慈善表彰活动数量指数。经过不懈的努力，深圳市慈善事业大力开展慈善活动，呈现出了蓬勃向上的新气象，成果显著。深圳市大力弘扬具有本市特色的慈善文化，引导全民向善，打造"慈善之都"，让慈善、助人成为每个深圳市民的理念。

（一）慈善公益活动丰富多样

长期以来，深圳为普及慈善文化举办了多个大规模公益盛典，在社会各界的广泛参与下，深圳慈善文化活动的规模及影响力不断扩大。

（1）"中国公益慈善项目交流展示会"。其作为唯一的国家级、综合性、国际化的慈善盛会，为全国慈善项目交流展示提供了舞台，也为地区需求与社会资源对接提供了平台。深圳慈展会已成为全国最具影响力的慈善发展成果展示平台、慈善资源对接平台和现代慈善文化传播平台。其打破了传统、单一、封闭式的公益模式，开辟了一条开放式的、资源共享的、多方交流的公益发展新路径。

（2）"广东扶贫济困日"活动。深圳结合本市各区的不同情况，制定深圳慈善日、慈善月和中华慈善日系列活动实施方案，通过发挥领导干部、企业公司、社会机构的带头作用，联合社会各方力量，共同行动，采取"慈善+互联网"的新型方式，在线上线下共同开展一系列丰富多彩的公益慈善活动，树立深圳创新型城市标杆。拓宽了慈善募捐的资金渠道，让社会各界代表共同响应号召，也营造了慈善互助的社会氛围。

（3）"中华慈善日"与"公众开放日"系列活动。深圳创新透明慈善参与形式，计"慈善在阳光下运行"，通过开放公众公益参与渠道，在活动中与民众进行沟通互动，对各项问题进行统一的回应及解答。同时，其邀请各界代表组成慈善观察团，凝聚多方力量解决问题，为深圳慈善未来共谋发展，扩大深圳慈善事业发展的社会化参与基础。

（二）慈善激励机制成果颇丰

慈善激励与表彰是助推慈善事业发展的重要举措。近年来，深圳不断建立健全慈善激励与表彰机制，逐步树立了"深圳慈善捐赠榜"和"鹏城慈善奖"等本市慈善公益新标杆。

一方面，深圳设立了深圳慈善捐赠榜。该榜作为国内第一个地方慈善榜，已成为深圳最具权威性的捐赠榜单。深圳慈善捐赠榜以宣传慈善典型为目的，以弘扬慈善为民理念为初衷，为深圳树立更加直观更有责任感的慈善榜样。榜单包括：慈善捐赠个人榜、慈善捐赠企业榜、社会组织慈善捐赠收入榜。

由图2可见，深圳慈善募捐情况呈现出良好的态势，进一步步入正轨。随着互联网时代的到来，整个慈善生态也发生了变化。特别是近年来一些慈善募捐平台的兴起，互联网筹款日渐流行。深圳是华南互联网产业的中心，加上经济特区的政策倾斜，带动许多社会企业、慈善机构纷纷加入到慈善捐赠中来。

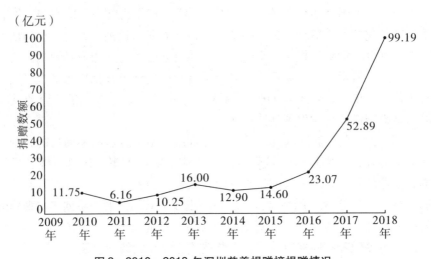

图2　2010—2018年深圳慈善捐赠榜捐赠情况

另一方面，深圳设立了鹏城慈善奖。鹏城慈善奖以"政府推动、民间运作、社会参与"的慈善工作方针为指导，凝聚政府、社会组织、企业、民众及媒体等多种社会力量进行评选。奖项设立覆盖范围广，类目繁多。第四届鹏城慈善奖主要分为七个奖项，分别是鹏城慈善捐赠个人奖、鹏城慈善捐赠企业奖、鹏城慈善感动人物、鹏城慈善典范项目、鹏城慈善典范机构、鹏城慈善推动者、鹏城慈善典范区，其中鹏城慈善推动者奖项又细分为公益支持奖、公益创新奖、公益传播奖。第四届鹏城慈善奖共有107个机构、个人和项目获奖。

"鹏城慈善奖"评选表彰活动和深圳慈善捐赠榜编制工作的开展，健全了慈善荣誉回馈机制，大力褒奖和肯定了社会各界的慈善行为，使其不仅成为激励与褒奖机构和个人慈行善举的重要标杆，更成为增强社会慈善意识、强化企业和市民社会责任感的重要平台，对弘扬慈善文化，带动更多社会力量参与慈善公益事业意义重大。

（三）慈善宣传力度不断强化

深圳以推进全民慈善事业发展为契机，不断强化慈善宣传力度。通过向社会公开征集慈善公益项目等方式，从城市与社区可持续发展、精准帮扶、健康福祉、优质领域等多个方面开展了"梦飞行""小心愿·微慈善"等系列慈善公益活动，极大地调动了社会各界的慈善参与热情。

同时，深圳市各级慈善组织不断增进与社会各界的协作与配合，充分吸纳社会优势资源开展慈善拍卖、义演义赛、慈善沙龙、慈善晚宴等形式多样、内容丰富的慈善公益活动，以主流媒体、网站、微信等自媒体为宣传阵地，充分利用各类媒体进行全方位报道。例如，宝安区与宝安日报社合作创办了26期"慈善周刊"，打造文化宣传品牌；龙岗区在《深圳侨报》设立《慈善周刊》专栏，关注公益慈善典型；光明区发放宣传资料45000份、环保袋等宣传物品5000多份，张贴宣传海报近1000张，提升社会对慈善公益的认知度；南山区开辟南山慈善公益广告栏目，创办《南山慈善汇》专刊，展示南山公益慈善新风采。各区与辖区内各类媒体合作，通过市民喜闻乐见的方式开展各类慈善教育、慈善文化宣传，宣传乐善好施的先进典型，让城市慈善深入每个市民的心中。

（四）慈善活动场所与日俱增

慈善活动的开展需要慈善公益场地资源，公益场地是指以免费或极低的爱心价格，支持社会组织开展各类活动的个案工作室、小组活动室、多功能室、户外广场、步行街等。为解决慈善组织开展慈善活动缺场地、缺资金租赁场地的问题，深圳联合社会组织培育平台及多家枢纽型社会组织，发起深圳公益场地资源整合，将社企各界场地进行资源共享。

同时，深圳以慈善劝募为契机，将慈善活动场所扩大了到各个大型商场及多个社区，既为慈善活动提供了场所，又提高了市民活动参与度。在2019年"99公益日"期间，市慈善会与卓越intown、宝能allcity、龙华九方、卓悦汇、海雅缤纷城、Kkone、华强北九方等10多个大超市、70多个社区合作，开展丰富多彩的线下活动，让市民在乘坐公交、地铁、电梯时或走在街上就能参与慈善，为深圳慈善做出一份贡献。

（五）慈善文化氛围日益浓厚

"慈善之城"的创建离不开全体深圳市民的参与，深圳市通过创新"慈善+法律""慈善+环保""慈善+健康""慈善+教育""慈善+科技""慈善+社区"以及"慈善+文化"等多种慈善模式，不断深入开展慈善进机关、社区、家庭、学校、企业等系列活动，为想参与慈善的社会各界人士提供渠道。深圳市在全市范围内搭建慈善参与平台，普通市民参与慈善主要有三个途径：一是深圳市组织的形式多样的各项慈善活动，如爱心义卖、一元捐、随意捐等方式。二是参与志愿者活动，深圳是全国志愿服务的发源地之一，深圳市民可通过网上注册形式参与到志愿者服务当中。截至2019年8月，深圳已有165万名注册志愿者，占常住人口的比例达到13%。深圳"志愿者之城"建设进入新阶段，推动志愿服务从最初的提供基础性社会服务向纵深参与社会治理、凝聚社会共识转化。三是参与慈善募捐，居民不仅可以在线下参与活动时随手捐赠，也能通过线上募捐平台，查看相应的慈善项目介绍，捐献爱心。

六、存在的问题和不足

（一）慈善组织登记与认定制度有待提升，限制了慈善组织的进一步发展

近年来，深圳市积极落实《慈善法》，积极推动配套政策与法规的制定，但是深圳市认定的慈善组织数量仍然较少。目前，深圳市、区级社会组织共有10733家，而被认定为慈善组织的只有261家，占社会组织总数仅约2.4%。造成这一问题的原因主要有三个：一是慈善活动界定存在实

践问题，尽管《慈善法》第三条已经详细列出了六大慈善活动，但是慈善活动的认定标准存在巨大的模糊性和不确定性，这导致进行慈善活动认定的民政部门在实际操作中存在众多困难。二是慈善组织认定的制度限制大，慈善组织认定过程复杂、申请机构权益保障不到位、慈善组织约束多以及慈善组织章程的业务范围限制这四大因素，阻碍了慈善组织登记与认定。三是慈善组织制度激励机制不足，与其他社会组织不同的是，慈善组织可以获得公募权资格，这也是慈善组织被认定后所能获得的唯一优惠。这与深圳市的现状相脱节，部分组织不需要开展公募活动，因此，也不需要公募权资格，而另一些希望获得公募权的组织又因为组织年限或能力不足而无法开展公募活动，事实上，慈善组织获得公募资格的也只有16家，占总体慈善组织的6.1%。因此，目前所存在的慈善组织登记与认定制度并不能有效地带动慈善组织的建设与发展，一定程度上阻碍了慈善事业的发展。

（二）慈善信托发展政策法规支持力度不足

慈善信托的建立与发展需要建立受托人与捐赠人、委托人之间的长期永久的信任关系，这一关系的建立主要依托健全的法律制度。然而目前慈善信托发展的主要阻力来自政府尚未出台关于慈善信托的利好政策法规和其他规范性文件：一是从目前慈善信托的状况来看，慈善信托的备案繁杂，未能独立进行，涉及跨部门的认定，备案周期较长，成本高，运作难，导致慈善信托公司内耗严重，阻碍了慈善信托的进一步发展。二是慈善信托的保管成本较高，对于慈善信托而言，银行保管的目的在于确保资金的独立性和安全性，但由于银行保管制度缺乏针对慈善信托的低金融风险元素的设计，导致慈善信托保管需要付出极高的成本。三是慈善信托管理制度与慈善信托的实际运作中存在不匹配的方面。慈善信托在处理实物捐赠、遗产捐赠以及指定受益人等的实际运作情况上都存在着政策法规不完善、不匹配的状况。四是慈善信托监察人缺乏法律政策指引，难以发挥监察效能。因此，如何进一步为慈善信托的发展进行"拆墙松绑"，同样是深圳慈善事业发展的一大重要难题。

（三）深圳市缺乏全市层面的慈善战略规划部署

在深圳慈善事业发展过程中，深圳市缺乏统筹的慈善战略规划部署。

深圳市的慈善发展主要由民政部门主导发展，然而部门间的协调联动作用没有得到有效发挥，慈善事业的数据、信息的对接与共享存在明显的部门壁垒，甚至深圳的民政部门在慈善发展中自身也处于信息孤岛的状态中。在深圳市有关慈善发展的规划中，往往只有简单的工作规划，例如，《深圳市民政事业发展"十三五"规划》中对慈善事业只有小篇幅的说明。这种缺乏慈善战略规划部署所导致的部门间在慈善事业发展中的不协调，阻碍了深圳慈善事业的发展，使深圳市制定与落实的促进慈善事业发展的政策与法规文件屈指可数，因此，深圳的慈善事业发展在政府主导层面仍然需要进行深入的探讨。

七、深圳慈善事业未来发展方向和建议

习近平总书记对慈善事业发展高度认可，指出慈善事业是惠及社会大众的事业，是社会文明的重要标志，是一种具有广泛群众性的道德实践，慈善事业在促进社会和谐中的作用日益显现。大力发展慈善事业，是调动社会资源解决困难群众生产生活问题的一条重要途径，对于促进城乡之间、地区之间、民族之间的和谐发展，促进人与人之间的和谐相处，最终实现全体人民的小康，具有重大的意义和作用。深圳需要建设成为中国特色社会主义先行示范区，就不可以对慈善事业的发展有所懈怠，接下来应当全面深刻地理解党和国家对深圳未来发展的重要指示和精神，加强慈善事业的各方面建设，这是深圳慈善事业未来发展的重要任务。

（一）专业建设，提升慈善事业的服务水平

专业化是慈善事业立足的根本，是在"共建共治共享"多元共治格局中，不同于国家与市场力量的特点，慈善组织能够扎根于不同的社会问题范畴，需要比其他治理主体有更深层次的认知与理解，为受益群体提供专业化的服务。

促进慈善事业的专业程度，需要继续加强三方面的建设：①慈善人才的培养；②慈善组织的规范化；③慈善管理制度的制度保障。慈善人才培养是慈善行业发展的根本，是慈善行业不断进步的必要条件。深圳应继续完善与推动"深圳市公益慈善专业人才培养计划"，积极主动推进公益慈善行业的人才培养工作，以此推动深圳公益慈善事业的发展迈上新台阶，

争取建立以品德和能力为导向，标准化、社会化、专业化的公益慈善行业人才培养体系，对接公益慈善行业的人才需求，探索创新公益慈善行业的人才培养新模式。同时，深圳也需要加强慈善组织的规范化建设，加强慈善组织的制度建设，推动慈善行业自律，促进慈善组织在合理竞争中不断进步，为慈善人才提供组织保障。而慈善管理制度是慈善事业专业化的关键保障，推动慈善管理制度的改革与创新，才能为慈善事业的专业化发展保驾护航。

（二）健全组织，为慈善事业提供社会保障

慈善组织是慈善行业发展的动力源泉，是将零散的个体慈善力量放大的重要力量，同时也是社会力量参与现代社会治理的重要组织力量。因此，推动慈善组织建设，不仅能巩固社会的慈善力量，还可以将各种慈善力量进行整合，从而推动整体慈善事业的发展。

慈善组织要在组织的各个层面加强建设：①加强慈善组织内部人才管理制度建设。慈善人才管理制度有助于慈善人才在慈善行业中的流动，有助于提升慈善人才的积极性，为慈善事业的服务质量、组织发展、创新进步提供坚实的人才保障。②加强慈善组织对外信息公开制度建设。慈善对外信息公开制度建设有助于提升慈善组织的公信力，公信力是慈善组织的生存根本，慈善组织信息公开程度提升有助于社会不同主体对慈善组织的认知，从而进一步提升对慈善组织的信任。③加强慈善组织的组织传播策略建设。强化慈善组织的组织传播策略有助于提升慈善事业在现代化治理中的地位，有利于慈善事业进一步整合社会资源，为社会与国家做出更大的贡献。

（三）扎根基层，强化基层社区治理体系

社区治理是国家治理体系中微观的制度设计，但是"社区虽小，五脏俱全"。作为现代社会治理中的一支重要社会力量，民间社会是慈善组织发展的土壤，因此，慈善事业更应注重社会土壤的保育。目前，深圳的慈善事业正处于基层建设的早期探索阶段，社区基金、社区慈善组织初见端倪，如何进一步巩固与发展基层社区的慈善力量，是深圳慈善事业发展需要解决的重要问题。

（四）形成规模，扩大慈善事业发展成效

除了慈善行业内的合理竞争，慈善组织也应当注重合作。由深圳市民政局主导推动的深圳市慈善事业联合会等慈善枢纽型组织，在慈善事业发展中做出了重要贡献，促进了慈善行业内部之间以及慈善行业与行业外部之间的合作。不过，目前深圳慈善事业内部只是初见规模，如何进一步将慈善规模化后的成效发挥出来，从而带动慈善事业的发展，是深圳慈善事业发展的重大挑战。

（五）跨界共赢，推动慈善行业与社会各界间的合作互利

尽管慈善事业的发展有了长足的进步与成果，然而，慈善力量在现代社会治理格局中仍然属于较为弱小的力量。同时，慈善行业有着其他治理主体所不具备的专业性，加强社会治理主体之间的合作，不仅有助于推动慈善组织的发展，还有助于社会问题的解决。当前，深圳慈善事业已经有了一定的跨界经验，汇集了来自政府、高校、企业等各种机构的资金和资源，取得了一定程度的建设成果，推动了社会各界的互利共赢。然而，目前深圳慈善事业的跨界缺乏经验的梳理，深圳慈善事业需要将跨界经验体系化、规范化，从而长久有效地推动共赢局面。

（六）生态构筑，共促"共建共治共享"新时代治理格局

慈善事业的发展同样需要慈善生态的建设，深圳需要将过往的慈善实践经验归纳与提炼，从而凝练出深圳自身的慈善文化，从而促进慈善文化在社会各个层面的深入认知，带动政府、企业以及社会公众参与慈善、建设慈善、共享慈善，构建慈善事业的"共建共治共享"新时代治理格局。

第二章　领域报告

深圳市慈善公益行业从业人员发展状况
——薪酬调研报告①

深圳市慈善事业联合会　北京明天美好咨询服务公司＊

摘要： 慈善人才作为慈善机构发展的核心力量，是中国慈善事业发展的根本保障。对慈善行业从业人员进行深入了解，方可勾勒出慈善行业在社会中的地位与竞争力，进而了解慈善行业发展所存在的人才短板问题。本报告针对深圳市慈善从业人员的薪酬状况进行调查，从薪酬状况、薪酬制度以及薪酬满意度三大维度分析了慈善从业人员的从业状况，从而更加具体地了解深圳市慈善行业的发展状况，尤其是人才发展状况。并且，本报告对深圳慈善人才发展问题从慈善从业者的角度提供了进一步改进的空间与建议。

关键词： 慈善人才；慈善薪酬；慈善行业认同；慈善行业竞争力

一、慈善人才是新时代中国慈善事业发展的根本

近年来，中国的公益慈善行业发展迅猛。例如，在组织发展领域，根据民政部发布的《2018年民政事业发展统计公报》② 显示，截至2018年年底，中国社会组织数量已达81.7万。在公益慈善机构发展的浪潮中，截至2019年年底，深圳市社会组织数量已破万家，其中社会服务机构5715家、社会团体4632家、基金会386家以及经认定和登记的慈善机构261家。在社会捐赠领域，2018年的捐赠总额达到99.19亿元，自2015年以来，深圳市年度捐赠增长率都超过了100%。除此以外，深圳的企业社会责任、公益创新、公益慈善研究等众多领域都在助力深圳慈善事业的

---

① 本部分数据均来自深圳市慈善事业联合会以及北京明天美好咨询服务公司2019年所撰写的《深圳市慈善行业从业人员发展状况——薪酬调研报告》，数据及报告内容均得到授权使用，本报告数据的统计期间为2018年4月至2019年3月。

＊ 深圳市慈善事业联合会是为深圳市慈善行业服务的枢纽型慈善行业组织和公共服务平台，北京明天美好咨询服务公司是承担组织管理咨询业务的公司。

② 参见中华人民共和国民政部《2018年民政事业发展统计公报》，见http://images3.mca.gov.cn/www2017/file/201908/1565920301578.pdf，最后访问时间：2021年3月22日。

发展。但是，由于我国现代慈善事业发展较慢，慈善行业的人才短缺一直是阻碍慈善事业发展的重要因素。[①]

党和国家高度重视慈善人才短缺的问题，在《慈善法》中明确指出"国家鼓励高等学校培养慈善专业人才"。2016年3月，中共中央印发了《关于深化人才发展机制改革的意见》，明确提出加大包括慈善行业在内的社会组织人才投入的政策。同年8月，中共中央、国务院印发了《关于改革社会组织管理制度促进社会组织健康有序发展的意见》，将慈善人才工作纳入国家人才工作体系，这进一步凸显了慈善人才的重要作用。2016年8月，民政部关于"关于进一步加强公益慈善领域人才队伍建设的提案"的答复函强调，在慈善人才管理与培养发展上加大工作力度，推动慈善专业人才队伍建设，加强慈善人才培训。

"人才是经济社会发展的第一资源"，慈善人才是慈善机构发展的核心力量。在新时代社会治理现代化建设的道路中，慈善人才是推动中国慈善现代化建设的根本保障。一方面，对慈善人才培养的专业化，将为公益慈善行业未来提供重要的人才资源保障，将为公益慈善行业不断提供新的发展动力。另一方面，对慈善从业人员的管理以及慈善的行业的现状是吸引更多慈善人才的关键，慈善从业人员的现状不仅影响当下慈善人才留存，同时，其中积极的因素会成为未来人才流向公益慈善行业的推动力。慈善事业作为社会治理现代化的重要一环，不可忽视慈善人才的发展。为此，本文将分析2018—2019年深圳慈善人才发展的情况。

二、深圳市慈善人才发展状况

为了全面了解深圳市慈善人才的发展状况，本调研按照基金会、社会服务机构以及社会团体三大类别进行抽样，考虑组织难度以及样本有效性因素后，抽取的调研对象所属组织类型以及职级类型基本代表深圳市公益慈善行业情况。关于薪酬数据部分共收集1731条有效数据，共覆盖38家慈善机构；关于薪酬政策数据部分共收集41家慈善机构的情况；关于员工薪酬满意度的数据共收集252条有效数据。（见图1、图2、图3、表1）

---

① 参见卢磊《新时代公益慈善事业需要什么样的人才》，载《中国社会报》2020年3月16日，第2版。

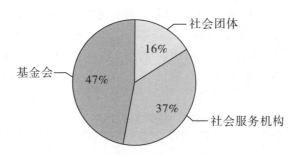

图 1　薪酬数据调研慈善机构分布

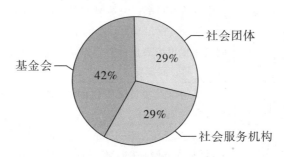

图 2　薪酬政策调研慈善机构分布

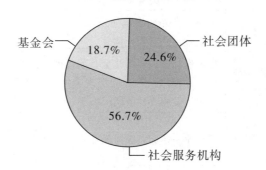

图 3　薪酬满意度调研慈善机构分布

表 1　薪酬满意度样本状况

类别	1 年以下	1～3 年	3～5 年	5～10 年	10 年以上
慈善行业工作经验	15.1%	30.6%	30.2%	17.8%	6.3%
所在机构工作经验	28.6%	42.1%	21.4%	6.7%	1.2%

同时，本报告所指的薪酬是指慈善机构发放的税前薪酬，包括基本薪

酬、总固定薪酬、总现金薪酬三部分。而本报告所指的岗位类别与慈善从业人员的工作匹配，若职责范围覆盖多个岗位，则以占据其最多工作时间的岗位进行匹配，岗位级别采取统一的级别标准匹配各个慈善岗位。具体的薪酬统计口径、慈善岗位类别以及慈善岗位级别如表2、表3、表4所示。

表2 薪酬统计口径

薪酬类别	薪酬科目	说　明	统计口径	
基本薪酬	基本薪酬	为月固定工资乘以支付月数，全员每月固定发放的报酬，包括但不限于基本工资、岗位工资、工龄工资、出勤工资等	基本薪酬	
固定补贴	交通补贴	向员工提供的满足日常工作通勤的现金补贴，每月固定发放		总固定薪酬
	通信补贴	向未申请合约机员工提供的通信补贴，每月固定发放		
	其他固定津贴/补贴	其他固定金额的津贴/补贴，包括固定餐补/饭补、电脑补助、汽油费/停车费补助、艰苦补助等		
浮动薪酬	出差补贴	因员工在外地出差而发放的补贴，通常与实际出差时长挂钩		总现金薪酬
	其他浮动补贴/津贴	如加班补贴、开年礼金、项目推介津贴、员工推荐津贴等非固定现金补贴，通常一次性发放或发放期限小于一年		
	绩效奖金（月度/季度/年度）	根据业务指标完成情况发放的奖金		
	年终奖金	全员根据组织及部门营收等业绩完成情况发放的年度奖金		
	筹款或销售奖金	按照筹款人员或销售人员实际业绩情况，组织根据相关政策给予的经济奖励		
	其他表彰或单项奖励	对员工的良好行为给予现金奖励，或者根据个人年度工作表现整体情况进行评定，对于表现突出的员工单独给予的现金奖		

注：长期激励、福利不包括在本次调研范围内。

表3 慈善岗位类别

岗位类别	包含岗位序列	说　明
高管/全面管理	机构管理层	负责制定机构整体战略、机构未来发展方向、整体业绩目标，如机构负责人、核心管理者、部门管理者
项目管理与执行	项目管理/项目执行	对项目进行前期调查，分析项目需求，制定项目进度计划，参与项目各环节的实施，评估项目结果
项目管理与执行	社会工作	运用个案、小组、社区、行政等专业方法，为服务对象提供全方位的社会工作服务，评估服务效果
项目管理与执行	教师/培训师	承担各类培训教学任务，编制教学计划，进行备课、授课、辅导与答疑、作业布置，设计开发培训或教学课程
项目管理与执行	研究	承担领域内研究工作，开展数据调研，撰写研究报告与政策建议
对外事务/品牌传播	政府事务	与各级政府、公共服务部门、权威机构建立维护积极关系，向政府说明机构立场，跟踪行业政策发展动向，向高层提出建议
对外事务/品牌传播	公共关系	制定和实施公共关系活动，撰写沟通材料，回应公众、媒体或其他利益相关方的询问，维护和提高机构信誉
对外事务/品牌传播	品牌传播/媒体运营	制定和实施品牌宣传推广方案，负责官网、自媒体平台的设计排版、日常运营，出版相关宣传刊物，提高机构的业内影响力
筹资	机构/公众渠道筹资	设计筹款产品，制定筹款策略，编制筹款预算，开发机构和公众筹款渠道，实施筹款活动，协调维护合作方关系，评估筹款效果
筹资	捐赠者服务/筹资支持	捐赠平台管理与维护，捐赠资金核对汇总，解答捐赠人问询并反馈需求，统计分析捐赠数据，提供与筹资相关的支持性工作

续表3

岗位类别	包含岗位序列	说明
财务	财务管理/预算编制	编制机构预算和财务报表，制定财务管理制度，运营和维护财务管理系统，及时提交各类税务申报，分析成本费用
财务	会计/出纳	负责机构应收应付账款、捐赠收入等收支记录，记录与核查员工工资发放、报销等流水明细
财务	审计/风险管理	对重大项目和财务收支进行事前和事后的审查，建立组织整体风险管理策略，帮助组织规避财务、运营等方面的风险
人力行政管理	人力资源管理	制定机构人力资源和薪酬福利政策，组织员工招聘、培训、绩效考核、晋升考核等活动，定期与员工沟通职业发展
人力行政管理	志愿者管理	对志愿者培训，为志愿者创造学习实践机会，组织、协调日常志愿者活动，制定志愿者管理制度
人力行政管理	行政管理/秘书	提供打印复印、办公用品、设备库存、通信系统等行政支持；安排高层会议和行程，协调组织职能部门，准备会议文件
人力行政管理	前台/话务客服	接待来访者，处理一般性行政事务如预定会议室、分发邮件、收发快递；在总机处理和转接电话，响应日常电话征询

注：由于信息技术与法律事务岗位获取样本不足，将不在本调研报告中展示。

表4 慈善岗位级别

岗位级别	说明	常见岗位
机构负责人	组织的最高负责人，制定和诠释组织层面的政策，决定和影响组织总体发展方向	总干事、秘书长、总经理、董事、监事、理事
核心管理者	组织多个职能部门，指导和协调跨部门的活动；对业务领域或多个职能部门的目标实现负有重大责任	副总干事、副秘书长、副总经理、财务总监、运营总监

续表 4

岗位级别	说　　明	常见岗位
部门管理者	管理一个主要部门的活动，制定部门目标、政策、工作程序；或者领导对组织目标实现具有重要意义的重大项目	部长、副部长
主管/高级专员	负责某一团队的日常管理、考核绩效等；或者虽不具备人员管理职责，但能为其他组员提供技术或专业上的指导，能够领导小型项目	财务主管、高级筹款官
专员	独立贡献者，具有某一专业领域的知识技术，能独立完成某一模块工作，尚不具备人员管理职责，受到主管的监管	人力资源专员、会计、筹款官
助理专员	行政及辅助职责的员工，尚不具备独立完成工作模块的能力，需要上一级提供指导	财务助理、行政助理、前台

注：操作人员（如保安、保洁、勤杂工、司机）不包括在本次调研范围内。

1. 深圳慈善行业整体薪酬水平低，行业薪酬竞争力较弱

本次调研发现，深圳市慈善行业整体薪酬水平仍然处于较低水平，年度总现金薪酬的中位数为 65270 元，平均值为 80375 元，超过 80% 的从业人员薪酬位于 100000 元以下，从业人员的薪酬位于 60000～80000 元间的占比约 57%。然而，在深圳市统计局发布的《2018 年深圳市城镇单位就业人员年平均工资数据公报》[①] 中显示，深圳市 2018 年城镇非私营单位在岗职工年平均工资为 111709 元，城镇私营单位就业人员年平均工资为 63635 元。对比来看，深圳慈善行业约 90% 从业人员的年度总现金薪酬低于非私营平均工资，约 35% 从业人员低于私营平均工资，深圳慈善行业薪酬竞争力整体较弱。（见图 4）

在慈善行业内部，不同类型慈善机构的薪酬竞争力也有所不同，总现金薪酬竞争力从高到低依次是基金会、社会团体、社会服务机构。其中，基金会的总现金薪酬水平可达到社会服务机构的 2 倍，差距明显。同时，

---

① 参见深圳市统计局《2018 年深圳市城镇单位就业人员年平均工资数据公报》，见 http://www.sz.gov.cn/sztjj2015/zwgk/zfxxgkml/tjsj/tjgb/201905/t20190530_17744855.htm，最后访问时间：2021 年 3 月 22 日。

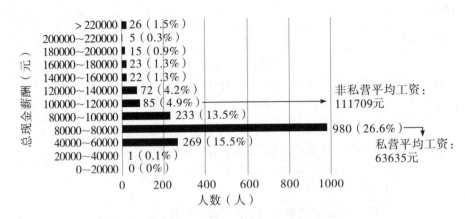

注：①调研总样本为1731人；②为了呈现薪酬调研结果正偏态分布（即右尾部较长，平均值大于中位值）的形态，此处薪酬分档以20000元为标准。

图4　深圳慈善行业整体薪酬水平

基金会的薪酬离散度高于其他两类机构，说明不同基金会组织之间、基金会各级别间的薪酬差距较大。（见图5）

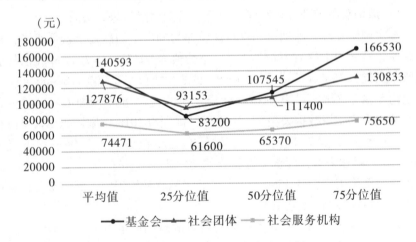

图5　不同慈善机构的总现金薪酬状况

从固浮比①上看，深圳慈善行业整体固定部分薪酬占总现金薪酬的90%以上。其中，社会服务机构的固定部分占比最高，平均达到92%；而

---

① 固浮比即固定工资占总薪酬的比例。

社会团体的固浮比相对较小，达到86%。由此看出，部分深圳慈善机构的薪酬设计引入了一定考核激励的概念，但从业人员的薪酬仍主要来源于固定发放的部分，弹性激励占比较小。同时，深圳慈善行业基本遵循级别越高，浮动薪酬比例越大的规律，从助理专员浮动占比8%，到机构负责人上升至13%，符合通行的"高层员工高浮动，基层员工低浮动"的薪酬体系设计原则。但从增幅上看，深圳慈善机构从最低级别到最高级别浮动占比仅增加约5%，各级别薪酬的激励性差异并不明显。而且深圳慈善行业的高管与全面管理类岗位的浮动薪酬占比显著高于其他非管理类岗位，而其他非管理类岗位的固浮比基本一致。根据薪酬体系设计原则，前台类与机构效益直接挂钩，在薪酬设计时一般采取更高的浮动比例以激发其工作积极性，但深圳慈善行业的岗位薪酬设计并未体现出此特点。（见表5、表6、表7）

表5 深圳慈善行业薪酬组成

机构类型	总现金薪酬平均值(元)	固定部分		浮动部分
		基本薪酬	固定补贴	浮动薪酬
慈善机构总体	80376	81%	11%	8%
基金会	140593	84%	5%	11%
社会团体	127876	75%	11%	14%
社会服务机构	74471	80%	12%	8%

表6 深圳慈善行业不同岗位级别的薪酬组成

岗位级别	总现金薪酬平均值(元)	固定部分		浮动部分
		基本薪酬	固定补贴	浮动薪酬
机构负责人	232629	80%	7%	13%
核心管理者	191818	77%	8%	15%
部门管理者	126145	81%	10%	9%
主管/高级专员	93699	82%	9%	9%
专员	67712	81%	12%	7%
助理专员	51916	77%	15%	8%

注：核心管理者浮动薪酬比例略高于机构负责人，机构负责人共回收样本29人，其中7人没有浮动薪酬，占比24%；核心管理者共回收样本40人，其中6人无浮动薪酬，占比15%。

表7　深圳慈善行业不同岗位的薪酬组成

岗位级别	总现金薪酬平均值（元）	固定部分		浮动部分
		基本薪酬	固定补贴	浮动薪酬
高管/全面管理	209549	79%	7%	14%
项目管理与执行	73775	81%	12%	8%
人力行政管理	96420	82%	8%	9%
财务	97846	81%	11%	8%
对外事务/品牌传播	103755	81%	10%	9%
筹资	92368	91%	0%	9%

注：筹资岗位共6条数据样本，来自4家机构，均无发放固定补贴。

从薪酬科目上看，深圳慈善行业整体构成情况为基本薪酬81%、固定补贴占比11%、浮动薪酬占比8%。社会团体的基本薪酬占比相对较低，11%的薪酬以每月固定补贴的形式发放；而基金会相较之下最容易给员工"安全感"，基本薪酬比例高于其他两类机构。同时，深圳慈善行业越低级别的从业人员固定补贴占比越高，由于基本薪酬基数较小，机构通常以发放补贴的形式提高基层从业者的薪酬竞争力。

2. 薪酬制度日趋完善，激励机制有待加强

深圳慈善机构的员工薪酬管理制度愈发完善，本次调研发现有70.7%的慈善行业从业者表示所在机构有明确的薪酬制度，并且有82.8%的从业者表示机构对自己的薪酬制度进行了广泛的宣传和知会。同时，调研发现43.9%的慈善机构制定了固定薪酬标准，34.1%的机构制定了总现金薪酬标准，17.1%的机构综和采用了以上两种薪酬标准。（见图6）

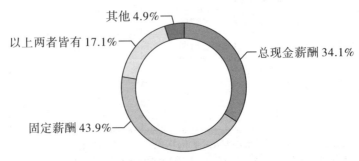

图6　深圳慈善机构薪酬标准制定情况

然而，深圳慈善机构在薪酬上对慈善行业从业者缺乏足够的激励作用。72%的调研对象反馈有浮动奖金计划，其中100%的基金会设有浮动奖金，但在浮动奖金的具体决定因素上，与机构总体业绩紧密结合的仅占47%。同时，调研发现同岗位不同绩效结果的从业者，浮动奖金设计的差异不大，而其中社会团体的差异化程度是最低的。(见图7、图8)

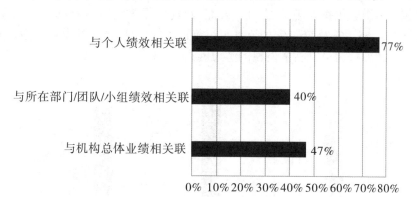

图7 慈善从业者浮动奖金决定因素

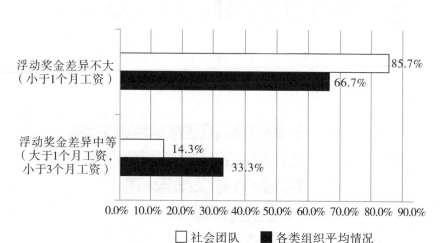

图8 同岗位同职级员工浮动奖金差异情况

在薪酬回顾与调整机制上，41.5%的慈善组织有正式的薪酬回顾和调整机制，基金会，社会服务机构和社会团体三类机构在这部分没有明显差异，其中，88.2%的慈善组织会每年调整组织内的薪酬。过去的2017年和2018年深圳慈善组织的薪酬平均增长率为10.7%，2019年预计平均薪酬增长率约为9.5%。2017—2019年，基金会的薪酬增长率及预计增长率平均为14%，较明显高于社会服务机构和社会团体。社会服务机构的薪酬增长率及预计增长率波动较大，在3.2%～13.3%之间。社会团体的薪酬增长率及预计增长率平均为9.5%。在涉及员工个人的调薪方面，73.2%的慈善组织会根据从业人员的个人能力/资历作为薪酬调整的考虑因素。另外，有65.9%及56.1%的慈善组织将机构的业绩/经费情况和从业人员的个人绩效视为员工薪酬调整的考虑因素。（见图9、图10）

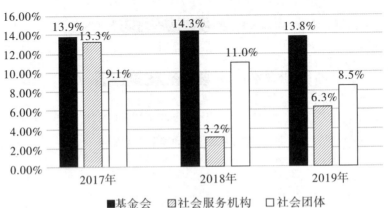

图9 慈善从业者薪酬增长率及预计增长率

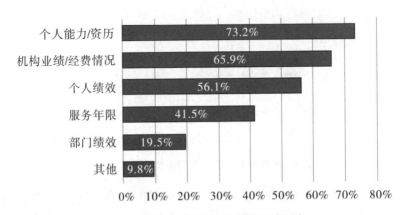

图10 慈善从业人员薪酬调整影响因素

大部分参与调研的慈善组织已为员工缴纳了五险一金等基本福利，补充福利形式也较为多样化，覆盖范围较广。85%参与调研的慈善组织为员工缴纳了住房公积金，其中约69%的组织以员工月基本工资为缴纳基数，各组织缴纳比例从5%～12%不等。（见图11、图12）

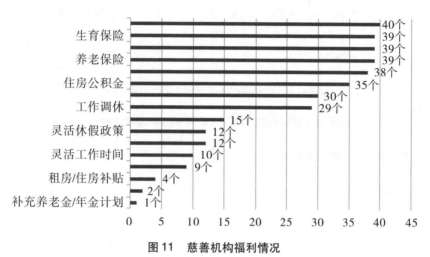

图11 慈善机构福利情况

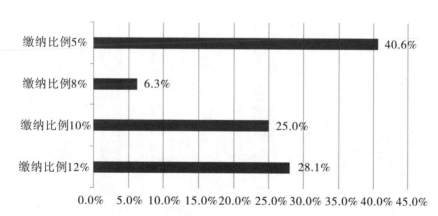

图12 慈善机构公积金缴纳比例

3. 慈善从业人员薪酬满意度较低，人才流失风险大

深圳的慈善从业人员对薪酬满意度普遍较低。44.5%的员工表示不满意或很不满意，36.5%的员工表示满意度一般，仅有16.7%的员工表示基本满意。就不同薪酬水平各满意度所占比例来看，薪酬为6000元及以下

的从业人员满意度低的占比相对最高，薪酬为6001～12000元的从业人员满意度占比例最多的为"一般"，薪酬超过12000元的从业人员满意度相对上升趋势明显。拥有房产的慈善行业从业人员的薪酬满意度为"一般"及以上的占比约70%，而未拥有房产的慈善行业从业人员满意度为"很不满意"和"不满意"的占比约为50%。（见图13、图14、图15）

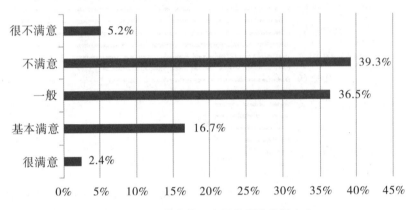

图13 深圳慈善从业人员薪酬总体满意度

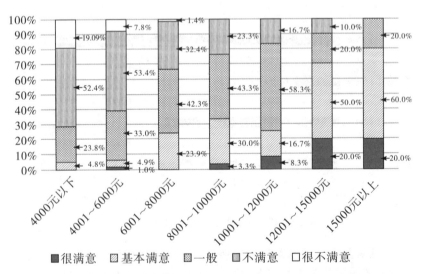

图14 不同薪酬水平的慈善从业人员各满意度所占比例

知晓机构的薪酬制度的慈善行业从业人员有49.2%对薪酬制度满意度

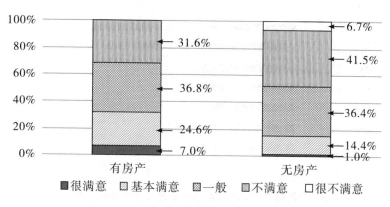

图15 不同房产状况各满意度所占比例

为一般，36.9%对机构薪酬制度比较满意。同时，不知晓机构的薪酬制度的慈善行业从业人员中，有17.5%的机构完全没有披露薪酬制度，49.1%的机构部分披露了机构的薪酬制度，只有1.8%的机构完全披露了薪酬制度，这说明慈善行业整体的薪酬制度的透明度不足。大多数慈善行业从业人员对薪酬的准时发放表示满意，只有5.6%的员工表示不满意或很不满意。

在薪酬竞争力方面，相比深圳本地人才市场，慈善行业从业人员普遍认为薪酬不具备竞争力。61.5%的慈善行业从业人员认为自己的薪酬在深圳本地人才市场非常没有竞争力或比较没有竞争力，另外30.6%认为竞争力一般，只有7.2%的从业人员认为有竞争力。薪酬为4000元以下的从业人员和薪酬为4001～6000元的从业人员平均竞争力均为1.9，薪酬超过6000元的从业人员平均竞争力随薪酬升高而升高。（见图16）

在薪酬公平性上，深圳慈善机构的薪酬并没有很好地保障这一方面。大部分从业人员认为个人薪酬水平与同岗位其他员工无太大差异，占比51.2%；但也有31%的从业人员认为较低于他人；6.7%的从业人员认为低了非常多。与同等资历其他慈善行业从业人员相比，大多数从业人员认为个人薪酬水平一般，占比52.4%；但也有31.0%的从业人员认为相较其他同等资历从业人员，个人薪酬水平不满意。（见图17）

在薪酬回报慈善从业人员付出以及促进从业人员积极性方面，深圳慈善机构的薪酬状况不容乐观。在个人付出回报方面，4.0%的从业人员认

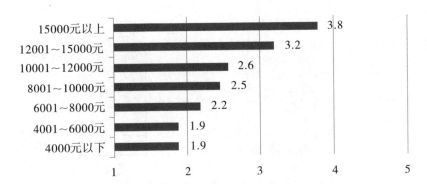

图16　不同薪酬水平在深圳地区本地人才市场的平均竞争力

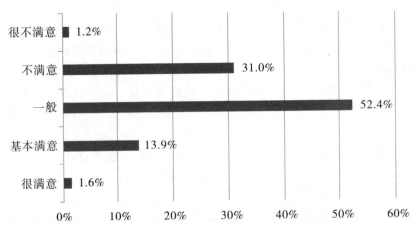

图17　慈善从业人员与同等资历同事相比的薪酬公平性满意度

为相比自己的工作精力投入，对目前的薪酬回报表示很不满意，34.1%的从业人员对目前的薪酬回报表示不满意，43.7%的从业人员对目前的薪酬回报表示一般。而在个人绩效方面，5.2%的从业人员表示薪酬完全不能反映个人绩效表现，28.6%的从业人员表示薪酬基本不能反映个人绩效表现，46.0%的从业人员表示薪酬和绩效对应关系一般，仅有18.7%的从业人员表示薪酬基本能够反映个人绩效表现。针对慈善机构的浮动薪酬，从业人员普遍对浮动薪酬满意度不高，5.2%的从业人员表示很不满意，29.0%的从业人员表示不满意，50.4%的从业人员表示一般，仅有13.1%的从业人员表示基本满意。（见图18、图19、图20）

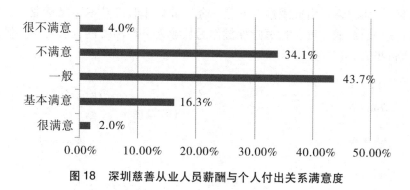

图18 深圳慈善从业人员薪酬与个人付出关系满意度

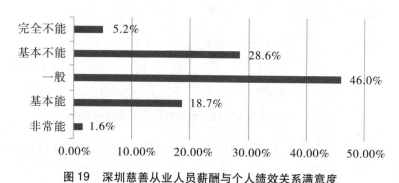

图19 深圳慈善从业人员薪酬与个人绩效关系满意度

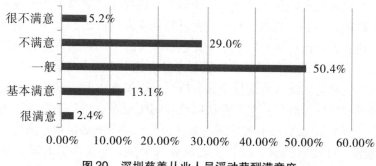

图20 深圳慈善从业人员浮动薪酬满意度

在非现金激励的福利方面,深圳慈善从业人员的福利满意度较高。慈善从业人员最需要的三项非现金性福利为:五险一金、带薪休假、医疗保健,分别占比94.5%、94.0%、89.7%。慈善从业人员最为满意的三项非现金性福利为:五险一金、工作调休、带薪休假,分别占比66.3%、

63.5%、58.3%。由此观察，五险一金、带薪休假已基本满足从业人员需求并获得较高满意度。但医疗保健作为从业人员最需要的福利之一，满意度有待提升。（见图21）

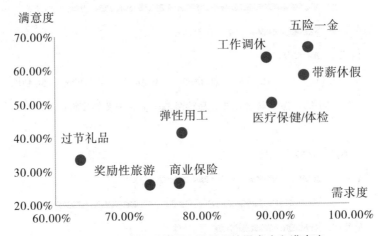

图21　深圳慈善对非现金性福利的需求度和满意度

薪酬在留存慈善人才方面的作用不容乐观。通过调研慈善行业从业人员离职意愿，发现近半从业人员有考虑离职，占比48.0%。另外，52.0%的从业人员表示没有考虑离职。将从业人员离职意愿与薪酬满意度做交叉分析，可以发现离职意愿高的人，薪酬不满意程度普遍高于离职意愿低的人。有离职意愿的人当中，薪酬不满意的从业人员占比54.6%，薪酬很不满意的从业人员占比9.1%。无离职意愿的人当中，薪酬不满意的从业人员占比25.2%，薪酬很不满意的从业人员占比1.5%。将从业人员行业归属感和认同感与薪酬满意度做交叉分析，可以发现，薪酬满意度越低，行业归属感和认同感越低。对行业认同感和归属感表示"几乎没有"的从业人员中，有53.3%对表示薪酬不满意，26.7%对薪酬表示很不满意。对行业认同感和归属感表示"没有"的从业人员中，50.0%对薪酬表示不满意，50.0%对薪酬表示很不满意。（见图22、图23）

通过从业人员离职原因调研，发现薪酬水平低、缺少晋升等职业发展机会、工作量大是从业人员考虑离职的前三大原因，其中选择薪酬原因的人数占比84.3%，后两者分别占比41.3%和34.7%。（见图24、图25）

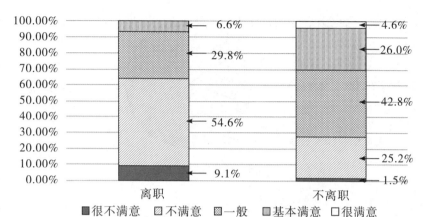

图22 深圳慈善从业人员离职意愿与薪酬满意度关系

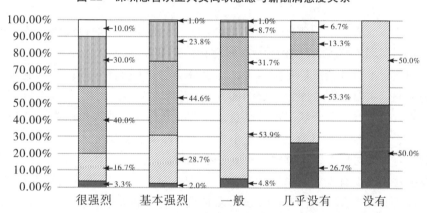

图23 深圳慈善从业人员行业归属感与认同感与薪酬满意度关系

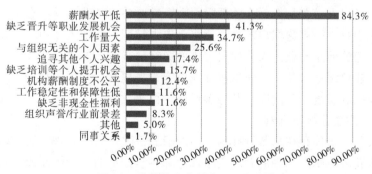

图24 慈善从业人员离职三大因素

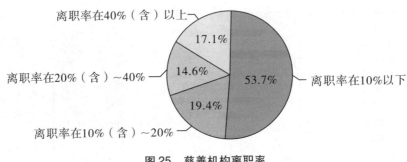

图25 慈善机构离职率

三、深圳市慈善人才发展问题与建议

整体而言，深圳慈善人才发展状况依然不容乐观。通过调研，我们可以看到深圳市慈善人才发展的总体现状：① 90%从业人员的年度总现金薪酬低于本市社会平均工资水平，行业薪酬竞争力整体较弱；②从业人员的薪酬仍主要来源于固定发放的部分，弹性激励占比较小；③过半数慈善从业人员对目前薪酬状况不够满意；④大部分慈善从业人员认为自己的薪酬在深圳本地人才市场上缺乏竞争力；⑤近四成慈善从业人员对于目前的薪酬与个人付出关系不够满意；⑥过半数慈善从业人员认为薪酬状况与自身绩效表现没有太大关系；⑦慈善从业人员对非现金福利的满意度较高，尤其是五险一金、工作调休以及带薪休假；⑧慈善从业人员的薪酬越低，行业归属感和认同感越低；⑨薪酬水平低、缺少晋升等职业发展机会、工作量大是从业人员考虑离职的前三大原因。

为了提高慈善行业对人才的吸引力，针对慈善从业人员的薪酬制度改革势在必行，否则深圳市慈善行业将会失去长期在本地人才市场的行业竞争力，导致慈善行业的人才流失，进而影响慈善行业的进一步发展。为此本报告建议深圳市慈善行业采取九项措施，来提升慈善行业从业人员对慈善行业的满意度、认同度以及慈善行业的行业竞争力。

1. 建立薪酬管理制度

大部分机构存在薪酬管理理念不清晰的情况，薪酬管理没有体现依据价值定薪的原则。合理的薪酬策略理念和科学公平的薪酬体制需要反映慈善组织的战略需求，依据不同的组织发展阶段，建立依据岗位价值、能力、绩效和人才市场行情的薪酬体系。满足慈善行业从业人员的期望，对提升薪酬管理水平、促进行业发展意义重大。

2. 提高薪酬体系设计能力

慈善组织可参考借鉴企业，提升薪酬设计水平和管理能力，主要表现在：①科学建立机构职级/薪档数据表，设计合理的薪档、薪级体系，并通过内部岗位价值评估和能力评估明确员工薪酬标准；②合理设计薪酬结构，区分薪酬固浮比例对高中低不同职级、前中后不同职位序列的激励效果；③根据机构业绩情况和地区年度水平，设计薪酬调整计划，根据员工职级晋升和绩效水平，完善与薪酬挂钩机制；④做好机构薪酬总额控制。一方面，保证日常薪酬发放的周期性和稳定性。通过薪酬发放的稳定周期来保证从业人员对机构的信任和薪资期待管理。慈善组织可以按照劳动法规定和完整的组织内部薪酬管理制度支付从业人员薪酬。另一方面，确保薪酬回顾与定期调薪。按照薪酬管理制度保证调薪频率以及弹性，符合从业人员期望和地区生活水平，从而通过保证薪酬合理性来提升从业人员积极性。

3. 定期评估薪酬管理效果

一方面，建立全面薪酬激励体系要保证内部公平性。机构内部薪酬水平的高低需要体现不同岗位价值、不同能力大小、不同业绩贡献等的差异，建立可量化、科学的机制，如完善的绩效考核与绩效薪酬发放机制，才能保证薪酬的内部公平性，激励从业人员将个人发展、职业发展和薪酬提升结合。另一方面，建立全面薪酬激励体系要提升外部竞争力。机构应该定期对标市场行情，对于影响组织发展和战略实现的核心关键人才，如高层管理者、核心业务管理者，分别给予薪酬侧重，加强对人才的吸引力。同时在运营能力提升的前提下，做好全面薪酬预算，结合地区薪酬系数和生活水平，提升全体员工的薪酬收入，不让做慈善的人被慈善。注重提升个体满意度和体验。组织的社会责任感首先体现在对员工的责任感，所以组织应该定期进行员工满意度和体验度的调查，尤其是薪酬满意度调查，从而及时做好人才吸引和保留工作。

4. 推进全面薪酬激励体系建设

对于从业人员，可以从以下几个体系建立全面薪酬激励机制：①现金回报，如工资、股权、各种津贴等；②福利薪酬，如各种法定福利和组织福利，如保险、休假、弹性工作制等；③工作回报，如工作的挑战性、工作的成就、机会和舞台等；④组织认同，如提升组织在业界的品牌影响力、增加组织成长带来的机会与前景、提高组织管理水平和文化氛围等；⑤工作环境，如同事关系、领导风格和品质、舒适的工作条件、共享信息等。

5. 拓宽多渠道的招聘来源，满足行业对人才数量和质量的需求

慈善组织应通过多种渠道增加人才数量。慈善组织可以放眼行业外部，寻求行业人才新增量，如从教育等行业引入人才，将具有各类专业背景的从业人员应用于慈善行业；参考高端人才引进做法，或者借鉴国际同行做法。慈善组织也需要关注"回岗人才"。同时，其应针对行业核心需求，与时俱进，积极培养专业人才，结合政府引导和行业支持，鼓励高校或与高校合作开设相关专业，从而增强学生对慈善行业的关注和了解，提升学生在毕业后选择慈善行业的概率，培养具备"工匠精神"以及"企业家精神"的潜力人才。这类人才兼具专业技术和公益热忱，可以提升行业核心职位从业人员的平均水平，从而带动行业前进。

6. 建立完备的培养发展体系，持续提升从业人员价值

慈善组织应建立结构化的核心、专业人才培养体系，提升从业人员的执业能力和素质。为提升慈善行业从业人员的专业能力，政府除了为慈善组织提供一般性的免费培训外，还需要进行对慈善组织秘书长及高层管理人员的培训，以及进行对项目管理、人力资源管理、财务管理等人员的系统培训。而且，慈善组织需要将业内的成就和业绩，和其他行业（如金融、教育等）形成强关联，使得从业人员价值具有市场关联性和借鉴价值，提升慈善行业被认可度和从业人员价值。慈善组织应对从业人员适当提供资源、身份价值（参考军人、记者），从环境层面提升其潜在身份附加值，以吸引从业人员。

7. 开展有效的绩效管理，实现科学的价值评估与激励

绩效管理是衔接组织整体目标和员工日常工作的重要工具。一方面，绩效管理能帮助组织落实战略规划，使人力资源得到更合理的再分配和激励，以及识别和发展人才。另一方面，绩效管理能帮助员工明确工作目标和方向，增强员工的工作动力和对组织的忠诚度。对于目前慈善行业内绩效评估现状，慈善组织需要从绩效指标的建立、绩效考核过程的跟进与反馈、绩效评估的有效性、绩效改进与提升的管理闭环方面进行全面提升。

8. 推动政府及社会了解、尊重慈善行业及从业人员

政府应高度重视提高社会组织就业人员的社会身份认同，将社会组织工作人员的福利待遇、工资水平提高到一个社会公众可以接受的水平，保障社会组织工作人员的福利待遇，改善社会组织的工作环境。当身份得到社会认同后，社会组织吸纳大学生就业的能力也将大大提高。政府应积极发展慈善，鼓励慈善品牌发展。这就要求其不仅仅提供资金和政策，还应联动社会各界对慈善人物进行大力表彰，以提高慈善行业从业人员的社会地位，同时推动行业地位和价值的提升。

9. 发动社会多元共建，支持和鼓励慈善组织发展

政府可以通过购买服务或提供引导和政策激励等方式让慈善专业人才技能不断提升。另外，倡导更多的基金会也能设立支持慈善专业人才培养的专项基金，利用好社会的资源。当然，政府还需要努力提高慈善组织专业人才的工资待遇，让他们的生活有所改善。同时，高校院所作为慈善行业从业人员培养的重要部分，可以通过平台型组织，寻找有意愿参与慈善服务的学生进入慈善组织从事社会实践；或者通过政府指导，开展各类社会创新大赛，鼓励学生参与社会实践，从源头培养慈善行业从业人员。

2018—2019 年深圳慈善捐赠报告

袁雅晴*

摘要： 慈善捐助，是公益慈善事业的重要组成部分之一。近年来，深圳市在慈善捐助方面的成绩令人瞩目，但也遇到了大量善款资金沉淀、慈善披露机制不透明、慈善机构危机处理能力欠佳等问题。本报告通过整合年报数据、查阅文献与网络资料等方式，在梳理了深圳慈善捐助政策环境的基础上，对慈善组织发展情况、慈善组织公募情况进行整理，对近 3 年来深圳慈善捐助数额进行横向对比，对捐赠主体、捐赠结构、捐赠渠道进行分析，发现深圳慈善捐赠增长率不断攀升，人均慈善捐赠数额在全国遥遥领先，其中以资金捐赠为主，有大量民间企业为深圳慈善贡献了力量。最终，本文认为，未来深圳的慈善捐助将会朝着社会化捐赠、民间慈善机构兴起、慈善捐助形式不断创新的方向进一步发展。

关键词： 慈善组织；慈善捐助；透明度

一、深圳慈善捐助政策环境

深圳市政府一直以来都注重慈善捐助的法规环境的建设，也一直走在社会组织管理体制机制改革的前列。1998 年 3 月，深圳市正式实施《深圳经济特区捐赠公益事业管理》。2008 年，深圳市人民政府印发《关于进一步发展和规范我市社会组织的意见》，提出公益慈善类社会组织可直接向社会组织登记管理机关申请登记。2009 年 7 月，深圳市政府与民政部签订《推进民政事业综合配套改革合作协议》，支持深圳市民政部门对工商经济类、社会福利类、公益慈善类的社会组织进行直接登记，同时设置对基金会和跨省区的行业协会、商会进行登记管理的试点。2014 年，《深圳经济特区慈善事业促进条例》正式被列为深圳市人大预备类立法项目。该条例在慈善管理方面有所创新，从慈善组织、慈善募捐、慈善捐赠、信息公开与监督等多个方面为深圳慈善募捐制定了标准的法律法规，期望为解

---

* 袁雅晴，广州市社会创新中心研究员，中山大学传播与设计学院硕士研究生。

决中国慈善事业长期以来监督缺位、管理不严、资产增值等诸多瓶颈问题提供可借鉴的经验。

随着《中华人民共和国慈善法》《慈善组织公开募捐管理办法》《公开募捐平台服务管理办法》《慈善组织互联网募捐信息平台基本技术规范》和《慈善组织互联网募捐信息平台基本管理规范》等一系列法律法规的制定和实施，2016 年，深圳市民政局制定并实施了《慈善组织申请取得公开募捐资格办事指引》，放开了本市慈善组织的公开募捐申请资格，并提供办事指引，明确了相关部门的权责划分。2018 年，深圳市义工联合会联合深圳市志愿服务基金会发布《关于进一步规范全市义工组织开展公开募捐活动行为指引的通知》，对深圳公开募捐的活动主体、捐赠渠道等多方面进行了限制，严格规范并监督慈善组织的线上募捐行为，以推动深圳互联网慈善的发展。

二、深圳慈善捐赠现状

（一）慈善组织发展情况

深圳市的改革探索和试验，为深圳慈善事业的发展营造了良好的氛围，也为我国慈善事业创新提供了可参考的经验。而随着取得公开募捐资格及依法开展公开募捐活动的社会组织数量不断增长，深圳的慈善捐助市场也随之活跃，呈现出捐助主体多样化、捐赠范围扩大化、捐赠金额不断上涨的特点。根据 2018 年度深圳社会组织慈善捐赠收入榜，深圳市从该处获得捐赠收入的前 20 名社会组织，主要是企业基金会、教育基金会及民间基金会，这意味着深圳市民间慈善募捐已成为募捐主力，慈善活力被激发。截至 2019 年 10 月 31 日，深圳市共拥有慈善组织 261 家，其中基金会占比最多，共 200 家，占比 77%；民办非企业单位共 27 家，占比 10%；社会团体共 34 家，占比 13%。（见图 1、图 2）

（二）具有公开募捐资格的慈善组织情况

根据深圳市政府相关规定，慈善组织开展公开募捐，应当取得公开募捐资格。依法登记满 2 年的慈善组织，可以向其登记的民政部门申请公开募捐资格。截至 2019 年 4 月 8 日，深圳市内共计有 261 家慈善组织，14 家具有公开募捐资格，占比 5.34%。（见表 1）

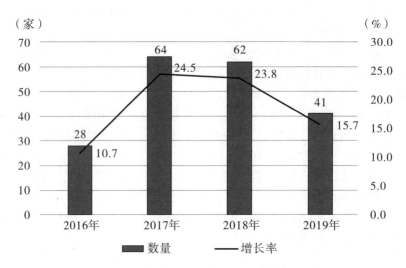

图 1 近年来深圳市慈善组织增长情况

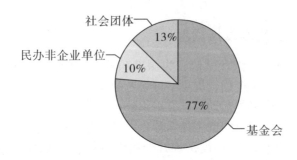

图 2 深圳市慈善组织数量构成

表 1 慈善组织和具有公开募捐资格的组织

地区	慈善组织数量(家)	拥有公开募捐资格组织数量(家)	公募慈善组织比例
全国	5599	1521	27.17%
广东省	744	108	14.52%
深圳市	262	14	5.34%
深圳市市级	251	12	4.78%
福田区	1	0	0
罗湖区	1	1	100%

续表1

地区	慈善组织数量(家)	拥有公开募捐资格组织数量(家)	公募慈善组织比例
南山区	1	0	0
盐田区	1	0	0
宝安区	3	0	0
龙岗区	1	0	0
坪山区	1	1	100%
龙华区	1	0	0
光明区	1	0	0

截至2019年10月31日，深圳市已获得公开募捐资格的慈善组织有14家，其中包含4家社会团体、1家民办非企业单位、9家基金会。（见表2）

表2　深圳市慈善组织中具有公开募捐资格组织的名单

序号	组织名称	成立日期	公开募捐资格批准日期
1	深圳壹基金公益基金会	2010年12月3日	2016年11月29日
2	深圳市红树林湿地保护基金会	2012年7月11日	2016年12月21日
3	深圳市关爱行动公益基金会	2011年3月29日	2017年1月6日
4	深圳市龙越慈善基金会	2011年11月11日	2017年1月6日
5	深圳市爱佑未来慈善基金会	2015年12月22日	2017年1月6日
6	深圳市美丽深圳公益基金会	2016年7月11日	2017年1月6日
7	深圳市慈善会	2002年8月2日	2017年1月6日
8	深圳市妇女儿童发展基金会	2016年4月6日	2017年2月16日
9	深圳市志愿服务基金会	2012年11月29日	2017年4月14日
10	深圳市广电公益基金会	2015年8月5日	2018年1月17日
11	深圳市中国慈展会发展中心	2015年7月21日	2019年6月10日
12	深圳市鹏博爱心互助协会	2011年8月9日	2019年5月20日
13	深圳市坪山区慈善会	2010年6月4日	2019年9月26日
14	深圳市罗湖区慈善会	2007年12月10日	2017年6月28日

（三）慈善组织公开募捐方案基本情况

2018—2019年度，具有公开募捐资格的深圳市慈善组织共备案了541个公开募捐方案，其中深圳市志愿服务基金会备案了125个，占比23.1%，是进行公开募备案最多的慈善组织；深圳壹基金公益基金会备案了98个公开募捐活动，占比18.1%，备案数量紧随其后。（见表3）

表3 2018—2019年度深圳市慈善组织公开募捐方案备案数量

序号	组织名称	公开募捐项目数量（个）	数量占比
1	深圳壹基金公益基金会	98	18.1%
2	深圳市红树林湿地保护基金会	15	2.8%
3	深圳市关爱行动公益基金会	72	13.3%
4	深圳市龙越慈善基金会	51	9.4%
5	深圳市爱佑未来慈善基金会	11	2.0%
6	深圳市美丽深圳公益基金会	3	0.6%
7	深圳市慈善会	65	12.0%
8	深圳市妇女儿童发展基金会	46	8.5%
9	深圳市志愿服务基金会	125	23.1%
10	深圳市广电公益基金会	38	7.0%
11	深圳市中国慈展会发展中心	3	0.6%
12	深圳市鹏博爱心互助协会	8	1.5%
13	深圳市坪山区慈善会	0	0
14	深圳市罗湖区慈善会	6	1.1%
	合计	541	100%

数据来源：慈善中国网站，http://cishan.chinanpo.gov.cn。

(四) 深圳捐赠数额情况

深圳市慈善捐赠数额快速增长，走在了全国慈善捐赠水平的前列。作为一个爱心之城，根据深圳慈善捐赠榜显示，自2015年以来，深圳市社会捐赠总额连年同比增长率都超过了100%，2018年度捐赠总额创历史新高，达到99.19亿元，同比增长187.54%。（见图3）

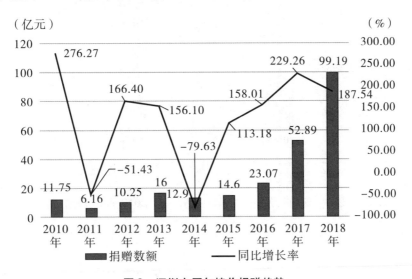

图3　深圳市历年接收捐赠趋势

2016—2018年，深圳年度捐赠总额占本市GDP的比值分别为0.12%、0.24%、0.41%，人均捐赠额也不断攀升，于2018年达到了人均捐赠额761.44元，远超全国水平。这些数据充分说明深圳营造了"人人向善"的氛围。（见表4、图4、图5）

表4　社会捐赠总额占GDP比值（2016—2018年）

年份	当年深圳市捐赠总额（亿元）	深圳市捐赠款物总额占当年GDP比值（%）	全国捐赠款物占当年GDP比值（%）	全国人均捐赠额（元）	深圳人均捐赠额（元）
2016年	23.07	0.12	0.18	100.74	193.73
2017年	52.89	0.24	0.19	107.90	422.16
2018年	99.19	0.41	0.16	103.14	761.44

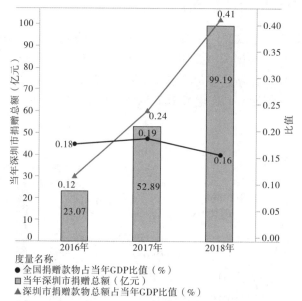

图4 深圳社会捐赠总额与捐赠水平（2016—2018年）

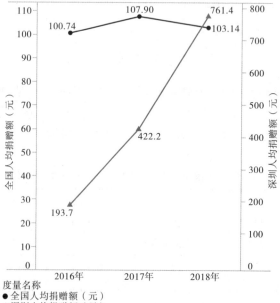

图5 深圳人均捐赠额水平

(五) 年度捐赠款物构成

根据深圳市企业捐赠榜,2018年深圳捐赠结构主要以资金捐赠为主,非现金捐赠、物资捐赠较少。(见图6)

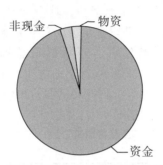

图6　2018年深圳企业捐赠款物数量情况

(六) 捐赠主体分析

深圳社会慈善捐赠主体主要是企业。2018年,深圳慈善捐赠企业榜上榜企业共579家,捐赠总额为56.2亿元;个人共978名,捐赠总额为3.6亿元;社会组织共452家,捐赠总额为39.4亿元。

而在2018年深圳慈善捐赠企业榜中,恒大集团、腾讯集团、万科企业股份有限公司、中国平安人寿保险股份有限公司、深圳明德控股发展有限公司名列企业捐赠榜前5名,其中,恒大、腾讯、万科均为全国前十名。腾讯公益慈善基金会、深圳市慈善会、深圳壹基金公益基金会、顺丰公益基金会、深圳市南方科技大学教育基金会名列2018年深圳社会组织慈善捐赠收入榜前5名。(见图7)

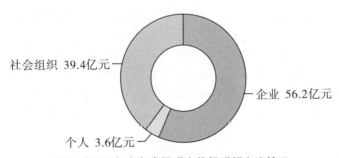

图7　2018年度各类捐赠主体捐赠额占比情况

（七）捐赠渠道分析

互联网时代，参与慈善捐赠的渠道、方式也在不断创新。近年来，深圳慈善事业逐渐呈现出捐赠渠道多样化，以社会组织为主力的特点。传统捐赠渠道主要是民政部门、红十字会、基金会、慈善会和其他社会组织（民办非企业、社会团体），并以基金会居首，其次是慈善会系统。2014—2018年，基金会接受捐赠分别占当年捐赠总额的61.97%、56.89%、87.51%、59%、30.58%，而慈善会分别占12.41%、10.35%、9.14%、9.46%、5.54%。其他社会组织则发展迅猛，2016—2018年，分别吸纳了3.10%、5.91%、3.36%的捐赠额。（见表5）

表5 深圳市年度慈善捐赠总额（2014—2018年）

（单位：万元）

项目	2014年捐赠款物合计	2015年捐赠款物合计	2016年捐赠款物合计	2017年捐赠款物合计	2018年捐赠款物合计
直接接收捐赠总额（含物资折价）	129249.6	146227.9	231303.2	528965.41	988543.52
其中：基金会接收	80095.98	83192.61	202412.79	312091.1	302255.21
其中：慈善会接收	16037	15127.64	21131.68	50031.06	54740.33
其中：其他社会组织接收	—	—	7171.4	31239.75	33211.15

互联网公益极大地激发了民众参与公益的热情，并且呈现出公益年轻化的趋势，但单笔捐助大多不高。2018年，阿里公益网店有68%的善款捐赠者为"90后"及"00后"。① 截至2019年5月1日，腾讯公益平台

---

① 参见李昌禹《互联网＋公益 爱心添动力》，载《人民日报》2019年5月28日，第7版。

所筹措的款项中，33.38%的捐赠数额在0～10元之间，40.25%的捐赠数额在10～100元之间，26.37%的捐赠数额高于100元。

互联网公益创新了公民参与公益慈善的形式，将网络募捐场景化，许多平台推出了出行募捐、阅读募捐、积分捐、消费捐等创新方式，将公益与人们的日常生活相结合，"人人公益、随手公益、指尖公益"成为潮流，日捐、月捐、零钱捐、一对一捐等捐款种类日渐多元。

以腾讯公益自2015年以来举办的"99公益日"为例，该公益日活动是目前国内最大的全民互联网公益盛事，在"理性公益，科技向善"理念倡导下，每年公益日期间，各参与单位都会结合线上腾讯视频、QQ、和平精英、微信读书等腾讯系产品，线下开展多样化的劝募活动。深圳市慈善会是腾讯"99公益日"在深圳地区的主要合作伙伴，慈善会在"99公益日"期间联合多方力量、招募伙伴、开展合作，为精准扶贫、社区公益、党建＋扶贫三大公益领域开展联合劝募活动，在2017—2019年"99公益日"期间，深圳市慈善会与多方建立了慈善伙伴关系。2019年"99公益日"在深圳举办期间，深圳市慈善会更是募集线上捐赠善款累计超过1亿元，在全国公募资质机构的筹款中排名第三。（见图8）。

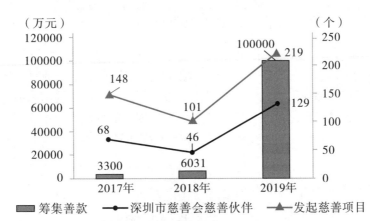

数据来源：深圳市慈善会网站，https://www.szcharity.org。

图8 深圳慈善会2017—2019年"99公益日"期间获得的成效

"互联网＋公益慈善"的捐赠方式正朝着良好、蓬勃的态势发展，有助于在地域辽阔、人口众多的中国各地营造起"人人公益"的氛围。

三、深圳慈善捐助面临的挑战

(一)慈善捐赠配套政策体系仍需完善

《慈善法》自 2016 年出台以来,给我国慈善事业带来了新的发展。《慈善法》第八十条明确提出,自然人、法人和其他组织捐赠财产用于慈善活动的,依法享受税收优惠。这旨在从税收政策方面鼓励企业积极参与社会捐赠,有助于激发更大的社会捐赠潜力。

但是,如何在新的机遇环境下针对深圳的情况进行政策法规的完善,为更多的人参与到社会捐赠创造有利的法律环境,这是当前深圳市在慈善捐赠方面面临的挑战。

除此之外,对各类无形资产捐赠仍缺乏相应的优惠政策。而且,财税部门对慈善项目的具体实施流程、方法了解有限,对于慈善机构申请财税优惠的流程审批造成影响。深圳要实现慈善事业的不断发展,还需要完善慈善捐赠配套政策保障体系。

(二)善款支出结构呈现集中化趋势

《2018 年度中国慈善捐助报告》显示,我国社会捐赠主要流向教育、扶贫与发展、医疗健康三个领域,占捐赠总额的比重分别为 29.4%、24.72% 和 20.44%,合计超过总量的七成。据深圳市民政局阳光慈善信息公开平台数据显示,2018—2019 年深圳市接收到的善款支出主要集中于助困扶贫、助残医疗、助学支教三个领域。(见图 9)

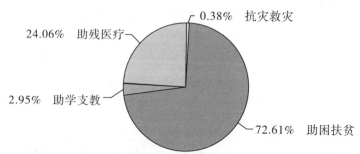

数据来源:深圳市民政局阳光慈善信息公开——深圳市民政局"阳光捐助"平台。

图 9 深圳市捐赠支出主要集中领域

慈善资金的支出结构过于集中，会导致弱势领域得不到应有的重视和帮助，会产生建设缓慢、有效性缺乏、难以解决受助人群的困难、重复性建设等问题，整体上也容易造成捐助资金的浪费和不合理使用。这主要由于捐助人更愿意寻找明确的捐助对象、更成熟的捐赠项目，而环保、体育领域需要的投资时间长，短期内很难看到公益成效。另外，受慈善家名声的影响，当前慈善捐助领域还只是集中于个别名气较大、受关注度较高的行业。

（三）慈善机构透明度建设仍有较大提升空间

透明度建设是慈善组织建设的核心，也是慈善组织构建自身公信力的基础。以基金会中新网发布的中基透明指数FTI来看，深圳市的慈善基金会在透明度建设方面在全国范围内仍有较大的提升空间。（见表6、表7）

表6 2019年FTI满分榜单深圳上榜基金会

机构名称	成立时间	FTI分数	机构类型
深圳市爱阅公益基金会	2010年11月17日	100	非公募
深圳市慈缘慈善基金会	2014年4月4日	100	非公募
深圳市关爱行动公益基金会	2011年3月29日	100	公募
深圳市红树林湿地保护基金会	2012年7月11日	100	公募
深圳市华基金生态环保基金会	2012年12月29日	100	非公募
深圳市建辉慈善基金会	2016年8月29日	100	非公募
深圳市龙越慈善基金会	2011年11月17日	100	公募
深圳市铭基金公益基金会	2017年9月7日	100	非公募
深圳市社会公益基金会	1991年7月18日	100	公募
深圳市桃花源生态保护基金会	2015年7月20日	100	非公募
深圳壹基金公益基金会	2010年12月3日	100	公募
顺丰公益基金会	2012年12月17日	100	非公募

表7 2019年FTI满分榜单深圳、北京、上海上榜机构数量对比

地区	上榜数量（个）
北京市	53
上海市	23
深圳市	12

从榜单来看，与全国其他地方性慈善机构相比，深圳地区上榜的基金会数量远少于北京、上海地区，说明深圳的慈善机构在信息披露与透明度建设上仍有较大的提升空间，与国内慈善先进地区的透明度建设仍有较大差距。总体而言，深圳地区的慈善组织信息披露程度有待提高，而透明度建设较弱的后果将会导致慈善公信力减弱。

四、深圳慈善捐助未来发展趋势

针对2018—2019年度深圳市慈善捐助情况，我们发现三个发展趋势。

1. 捐赠呈现社会化趋势

深圳经济特区作为我国改革开放的"试验田"和"窗口"，是南方最发达的城市之一，流动人口众多，经济发展快速，人们在提升自身生活水平的同时，也有越来越多的公众参与到公益慈善中来。党和政府也出台了一系列政策为慈善事业发展与慈善捐助提供支持。

深圳不仅是"关爱之城"也是"志愿者之城""慈善之城"。在前三届"中国城市公益慈善指数"中，深圳综合指数位列前三名，同时获得最高级别的"七星级慈善城市"称号，被评为我国最具爱心和最慷慨的城市，在多种因素的影响下，可以预想到将会有更多深圳的爱心人士参与到社会公益中来，捐赠数额将不断增长。

2. 民间慈善机构焕发活力

慈善具有强烈的民间属性，推动慈善走向民间，实现"人人慈善"是未来慈善事业发展的主要方向。大力发展民间慈善机构，有利于信息共享和行动联合。整合社会资源、集中社会智慧，既可以分担官方慈善机构的压力，也可以建立更好的慈善氛围和捐赠秩序，更好地将捐赠善款落到实处。民间慈善机构在面对重大突发事件时，利用自身灵活性配合解决物资调配难以及效率低下的问题，有助于弥补并督促官办慈善机构改善自身规章冗余、行政色彩浓厚的问题。

3. 慈善捐助参与形式不断创新

深圳这座城市，因改革兴起，因而一直具有改革的思维和实践能力。党的十八大以来，为积极推动深圳慈善事业从传统慈善向现代慈善转型，深圳立足于自身政策支持、经济发展好、地缘优势强、国际视野广的基础，以新技术、新思维、新渠道不断创新慈善捐助参与形式，不断优化慈善发展环境，强化慈善事业能力建设，积极推动慈善品牌创建，着力构建现代慈善运作体系，鼓励更多的社会资源进入慈善领域。慈善捐赠呈现出线上与线下结合、官方与民间结合、城市与社区结合、专业与业余结合等深圳特色和时代特征。同时，深圳还注重慈善激励机制，编制"深圳慈善捐赠榜"，设立"鹏城慈善奖"，让慈善榜样发挥带头作用，促进深圳慈善事业发展。另外，线上线下结合的慈善活动让公益更具有趣味性和感染力，能够起到更好的动员作用，激发全民慈善的参与活力。相信在不久的未来，深圳慈善事业将在党和政府的领导下、社会各界人士的参与下，百花齐放、蓬勃发展。

发展慈善事业　助力脱贫攻坚

陈菁菁[*]

摘要： 2019年是我国全面建成小康社会的关键之年，打赢脱贫攻坚战则成了全社会共同努力的目标。我国慈善事业秉持着帮扶弱小、保障民生的初心，不断助力脱贫攻坚战，号召各界社会力量投入精准扶贫工作中。深圳怀着感恩改革开放、回报全国人民的态度，积极响应国家慈善助力脱贫攻坚的号召，努力贯彻相关政策法规。本文结合深圳重点扶贫项目，介绍了深圳在动员全社会力量广泛参与扶贫事业，鼓励支持各类企业、慈善组织、个人参与脱贫攻坚方面的经验，展示了深圳慈善事业助力脱贫攻坚战的阶段性成果；同时，也分析了公益慈善组织在参与脱贫攻坚时遇到的问题，提出了相应的发展建议。

关键词： 公益慈善；慈善组织；精准扶贫

一、慈善行业助力脱贫攻坚的背景

（一）慈善的历史使命

党的十九大报告指出，中国进入了"新时代"，而在这个"新时代"中，我国城乡区域发展和收入分配差距依然较大，社会民生方面还面临着不少问题，脱贫攻坚任务艰巨。2019年是我国全面建成小康社会的关键之年，全民脱贫则是决胜全面建成小康社会必须打好的攻坚战之一，需要全国全社会的共同参与，而现代慈善事业是在社会捐赠基础之上帮扶弱势群体、保障社会民生的社会事业，是打赢这场脱贫攻坚战必不可少的力量之一。

我国现代慈善事业秉持着"满足人民群众对美好生活的需要"的初

---

[*] 陈菁菁，广州市社会创新中心研究员。

心，为帮扶困弱群体、减少贫富差距做出了巨大贡献。① 在社会各界的共同努力下，我国的脱贫攻坚战取得了重大成效，国家现行标准下的贫困农村人口从9890万人减少到了2018年的1660万人，贫困发生率由10.2%下降到2018年年底的1.7%，全国12.8万个贫困村有10.2万个贫困村退出。广大社会组织积极参与脱贫攻坚，据不完全统计，全国正式立项开展扶贫攻坚的社会组织有686家，2018年开展的扶贫项目总支出323亿元，受益贫困户达到63万户、581万人。②

在国家政策的号召下，各大企业积极响应，不断加大脱贫攻坚力度，努力展现跨界公益慈善力量在推动精准扶贫上的先进示范作用。根据《企业扶贫蓝皮书（2019）》，企业慈善力量积极响应扶贫政策，近七成中国100强企业参与脱贫攻坚战并公开披露扶贫信息，扶贫领域涵盖教育扶贫、产业扶贫、消费扶贫、健康扶贫、旅游扶贫等十余个领域。在全国"万企帮万村"的精准扶贫行动中，企业将产业扶贫作为主攻方向，坚持扶贫与扶志相结合，通过培训贫困群众提升技能、提高自我发展的能力和动力来实施扶贫。截至2019年6月底，8.81万家民营企业进入精准扶贫台账，精准帮扶10.27万个村，其中建档立卡的贫困村5.53万个，帮扶建档立卡贫困人口1163万人。

《2018年度中国慈善捐助报告》显示，2018年全国接收国内外款物捐赠1624.15亿元人民币，其中个人捐助数额稳定上升，互联网募捐更是让以个人捐赠为主的网络募捐总量持续提高。在社会募捐的物资中，24.72%流入了扶贫工作领域，首超医疗领域，位居榜首。2018年，我国慈善信托规模达11.17亿元，全年新设立慈善信托84单，两项数据较2017年均增长8成以上。在新增慈善信托中，以产业扶贫、教育扶贫、就业扶贫等为目的的慈善信托达到了48单，占新增信托单数的53.57%，扶贫攻坚已成为设立慈善信托的首选目标。③

毋庸置疑，我国的慈善脱贫工作取得了十分重大的成效，为世界各国

---

① 参见《中国社会工作》编辑部《新时代慈善事业绽芳华》，载《中国社会工作》2019年第27期，第1页。

② 参见文梅《"大国攻坚 决胜2020" 2019国际公益主题研讨会在深圳举行》，见公益时报网站：http://www.gongyishibao.com/html/gongyizixun/17347.html，最后访问时间：2021年3月22日。

③ 参见张馨怡《中国慈善捐赠报告深圳发布：现金捐赠突破千亿，互联网募捐受青睐》，见搜狐网：http://www.sohu.com/a/342420154_161795，最后访问时间：2021年3月22日。

提供了宝贵的经验。当前，扶贫工作进入攻坚决胜期，减贫成本更高，脱贫难度更大。因此，助力脱贫攻坚是新时代赋予慈善的重要责任，需要慈善发挥自身力量，汇聚多方扶贫思想共识，鼓励多方社会力量参与，调节贫富差别，扶贫济困，为人民群众创造最大利益，有效推动精准扶贫的实施。

（二）慈善助力扶贫工作的政策法规

随着社会转型的加速，贫困在新的制度环境中呈现出新的时代特征，贫困原因多样化、帮扶重心微观化使得单一的扶贫模式无法满足全面扶贫的新形势，短时间内完成全国脱贫工作的目标单靠政府是不够的。[1] 因此，为了能快速高效打赢脱贫攻坚战，党中央十分重视我国慈善事业在扶贫工作中的重要作用，明确要求创新我国慈善事业制度，动员全社会力量广泛参与脱贫事业。党的十九大报告提出"推动……社会组织协商"，党的十九届四中全会《中共中央关于坚持和完善中国特色社会主义制度　推进国家治理体系和治理能力现代化若干重大问题的决定》（以下简称《决定》）进一步强调"重视发挥第三次分配作用，发展慈善等社会公益事业"，这充分彰显了慈善事业在国家治理体系中的重要性。[2]

在《慈善法》中，"扶贫、济困"是第三条中定义慈善活动的第（一）项，体现了国家对以慈善推动扶贫工作的认可，赋予了慈善活动在新时代下的新定义，并且为慈善助力扶贫工作提供了法律保障。《慈善法》的实施为现代慈善开辟了新道路，精准扶贫又为慈善事业发展提供了难得的机遇。[3] 自2016年发布《慈善法》以来，全国各地根据《慈善法》的规定，积极开展落实慈善扶贫工作。仅2018年，31个省区市就出台160余个慈善及社会组织相关政策规定，实施多项重点贫困帮扶项目。[4]

为响应党和国家的慈善助力脱贫攻坚的号召，全面落实党中央、国务

---

[1] 参见谈志林、民政部政策研究中心《依法慈善助推扶贫更"精准"》，载《中国社会工作》2017年第19期，第39~40页。
[2] 参见深圳市慈善事业联合会《"〈中华人民共和国慈善法〉实施背景下深圳慈善事业发展状况、问题和政策建议"调研报告》，2019年12月。
[3] 参见谈志林、民政部政策研究中心《依法慈善助推扶贫更"精准"》，载《中国社会工作》2017年第19期，第39~40页。
[4] 参见深圳市慈善事业联合会《"〈中华人民共和国慈善法〉实施背景下深圳慈善事业发展状况、问题和政策建议"调研报告》，2019年12月。

院和省委、省政府关于打赢脱贫攻坚战的决策部署，聚焦"2019年年底95%以上相对贫困人口达到脱贫标准，90%以上相对贫困村达到出列标准"的目标任务，深圳市怀着感恩改革开放、回报全国人民的情怀，积极引导深圳慈善组织广泛统一思想认识，深刻理解扶贫攻坚战的伟大意义。

深圳市不断宣传贯彻《慈善法》，注重依法建设慈善组织管理制度，坚持党建引领慈善事业发展，建立健全慈善募捐制度，为扶贫济困工作营造良好的政策环境。《广东省民政厅关于进一步引导和动员社会组织参与脱贫攻坚的实施方案》要求全省各市以"聚焦脱贫攻坚、聚焦特殊群体、聚焦群众关切"为核心，进一步动员社会组织参与脱贫攻坚。在省民政厅的政策指导下，深圳市按照政府倡导、社会实施、扶贫济困、共同发展、共享成果的工作思路，① 深入开展2019年"广东扶贫济困日"活动，号召发动社会各界捐赠，协商共建社会主义新农村，决战脱贫攻坚，助力乡村振兴。

自2012年起，永久落户深圳的国家级公益性慈善盛会——中国公益慈善交流展示会已举办七届。2018年以来，中国慈展会的主题更是聚焦在精准扶贫上，连续3年未变。2019年8月，中共中央、国务院出台了《中共中央 国务院支持深圳建设中国特色社会主义先行示范区的意见》，指导深圳积极发挥慈展会的平台作用，大力发展慈善事业，构建优质可持续的社会保障体系，努力在公益慈善事业发展方面先行示范、当好标杆，为全面建成小康社会做出新的更大的贡献。②

二、深圳慈善事业参与精准扶贫的经验成果

（一）打造资源对接平台，促进社会各界参与扶贫工作

政府借助中国慈展会汇聚慈善扶贫力量，打造资源对接平台。中国慈展会是由民政部、国务院国资委、全国工商联、广东省政府、深圳市政府

---

① 参见广东省民政厅《持续推进 初现成效 广东省引导和动员社会组织参与脱贫攻坚》，载《中国社会组织》2019年第15期，第10～11页。
② 参见文梅《"大国攻坚 决胜2020" 2019国际公益主题研讨会在深圳举行》，见公益时报网站：http://www.gongyishibao.com/html/gongyizixun/17347.html，最后访问时间：2021年3月22日。

等主办单位联合创设，永久落户深圳的国家级、综合性、国际化的慈善行业盛会。自2012年以来，中国慈展会已经在深圳成功举办了七届，成为传播慈善成果、共享慈善理念，展示慈善事业新业态、新特征的重要载体。中国慈展会通过展示交流、研讨会议、资源对接、配套活动等形式，全面呈现了慈善力量推动扶贫攻坚的中国方案、中国智慧，成为各社会组织慈善项目的重要展示平台。

七届慈展会的不断探索，为我国的脱贫攻坚事业做出了巨大的贡献。自2018年第六届中国慈展会起，之后3年的慈展会都将围绕着精准扶贫的主题，深入落实中央有关慈善事业主推脱贫攻坚的决策部署，聚焦"三区三州"等深度贫困地区，征集深度贫困地区的脱贫需求，引导和鼓励社会力量参与深度贫困地区的脱贫攻坚工作，切实履行慈善事业在全面建成小康社会和建设美好生活中的使命和担当。①

2019年9月份开展的第七届中国慈展会围绕"聚焦脱贫攻坚，共创美好生活"的主题，展示了深度贫困地区的特色资源和在人才、资金、信息等方面的需求，以及各方社会力量在扶贫工作中的创新模式和项目成果，吸引了全国31个省区市以及港澳台地区的近1400名代表、791家机构、896个项目和917种消费扶贫产品参展，约19万人次观展互动，对接总金额逾74亿元。②七届慈展会汇聚了庞大的慈善力量，培育了一大批慈善组织、慈善项目和慈善人才。展会采用"1+N"会议模式，邀请国内外关注减贫脱贫的专业力量，开展了多场研讨会，探索、反思社会组织扶贫、互联网扶贫、社会组织扶贫、金融扶贫等扶贫领域的慈善实践，为慈善力量参与扶贫工作提供了宝贵的经验借鉴，弘扬了"慈善之城"扶危济贫、关爱互助的文化因子。

（二）全面深入开展扶贫济困工作

1. 10年探索硕果累累，捐助金额不断攀升

2019年是"广东扶贫济困日"确立的第十年，在这10年中，深圳市

---

① 参见深圳市民政局《第六届中国慈展会今日在深圳开幕》，见腾讯·大粤网：https://gd.qq.com/a/20180920/010068.htm，最后访问时间：2021年3月22日。
② 参见文梅《聚焦脱贫攻坚 共创美好生活 第七届中国慈展会今日在深圳开幕》，见公益时报网：http://www.gongyishibao.com/html/gongyizixun/17344.html，最后访问时间：2021年3月22日。

按照党中央和省委、省政府精准扶贫、精准脱贫的战略部署,紧扣"决战脱贫攻坚,助力乡村振兴"的主题,积极动员社会各界力量,在"智力扶贫""科技扶贫""产业扶贫"等领域开展丰富多元的扶贫济困活动,如深企帮千村、学子献爱心、社区扶贫募捐、慈善联合募捐等系列爱心捐赠活动等。在广东省"万企帮万村"活动的号召下,万科集团迅速响应广东省委、省政府关于深圳对口帮扶河源、汕尾的工作安排,以"万科速度"和"万科质量"对两个村庄进行考察,利用村庄资源、文化、景观等对乡村面貌进行改善,开发美丽乡村、古村落文化农业旅游等项目,助力提升乡村生活品质,带动村民脱贫致富。深圳市在扶贫道路上探索出了慈善带动贫困地区脱贫奔康的宝贵经验,弘扬了扶贫济困的精神。

众多企业和广大爱心人士积极参与慈善认捐,近年来认捐数额不断攀升。据不完全统计,在2018年的"广东扶贫济困日"活动中,截至6月29日,深圳为"广东扶贫济困日"认捐善款共7.41亿元。在2019年的"广东扶贫济困日"活动中,从6月1日至30日,深圳市为"广东扶贫济困日"认捐及已到账善款超过12.33亿元。[①]

2. 开发特色对口帮扶项目,协力共赴脱贫奔康之路

深圳市进行的对口帮扶工作分为对口支援、东西部扶贫协作和全面对口帮扶三类,涉及9省(自治区、直辖市)有关地区,涉及2446个村、168.57万贫困人口。2019年4月,深圳市响应党中央、国务院东西部扶贫协作的总体部署,与昭通市建立对口帮扶协作关系,聚焦重点,发挥自身人才、信息优势,着力从产业发展、扶贫车间建设、劳动力培训及转移就业、职业教育协作、企业定点帮扶等方面对昭通市进行帮扶。深圳注重促进两市企业集团的交流互访,研究双方企业的资源优势,加强多领域的合作,勠力同心,携手打赢脱贫攻坚决胜战。

3. 扶贫济困社区化、帮扶对象精准化

深圳各区慈善会在每年的"广东扶贫济困日"、慈善月等活动中根据社区贫困特点和需求,在教育、养老、健康等多个领域进行具有针对性、精准化的帮扶。深圳各区慈善会关注底层劳动人民,聚焦生活、医疗问题。龙华区慈善会协助市慈善会开展"来深建设者关爱基金"救助项目,

---

① 参见黄倩、石薇《深圳市举行2019年"广东扶贫济困日"活动 30家企业现场认捐超5.8亿元》,见央广网:http://news.cnr.cn/native/gd/20190701/t20190701_524675294.shtml,最后访问时间:2021年3月22日。

为375名劳务工提供了597.1万元重大疾病救助,为72名劳务工子女提供了105.5万元重大疾病救助;与深圳市德义爱心促进会合作,共同设立贫困大病儿童救助项目,招募社区网络志愿者,通过互联网筹款的方式为龙华区的患儿提供救助支持。龙岗区慈善会围绕慈善会职能,开展户籍困难居民和外来劳务工的重大疾病医疗救助工作;开展"金秋助学"活动,资助了13个贫困家庭的学生完成学业。罗湖区慈善会通过"困难环卫工人帮扶计划"资助了38名困难环卫工人、27名患重大疾病的环卫工人及其家属;通过"澳康达助学计划"为环卫工人家庭中的16名大学生提供了助学奖励。坪山区慈善会与区对口的广西田东、广东陆河积极开展结对帮扶和医疗帮扶活动,共筹集30.965万元物资。光明区慈善会号召各街道、各机构积极募捐,做到社区募捐全覆盖。

(三)技术助力脱贫攻坚

1. 互联网技术助力传播扶贫信息,接通慈善资源

深圳慈善事业的发展离不开互联网技术的支持,互联网技术为公益慈善事业提供了平台和手段。腾讯公益慈善基金会依托其慈善组织互联网募捐信息平台——"腾讯公益",2018年募款数超过其他19家网络募款平台募款总数之和,为深圳慈善事业贡献了巨大力量。除此之外,腾讯公益平台上近九成项目都是在扶贫领域,如教育扶贫类的"春蕾计划"项目。

腾讯利用自身的信息网络优势,通过腾讯新闻、微信、QQ等媒体传播"人人慈善"的公益思想,发布扶贫济困信息,不断动员慈善力量加入。其长期关注民生问题、聚焦贫困人群,为全社会共同参与公益慈善扶贫行动提供平台,不断创新"互联网+"慈善模式,开发多元化募捐形式与场景,比如"一起捐"运动捐步、消费捐、积分捐、阅读捐、日捐、月捐、零钱捐等,让人人公益、指尖公益不断深入人心,引发全民参与公益的热潮。并且,其不断发展新功能,推出"子母计划",为更多同行、爱心企业、草根团体创造参与慈善扶贫的新途径。发展品牌项目,助推慈善扶贫工作,"99公益日"是腾讯公益平台每年一度的公益活动,募捐金额、参与人数年年增加,还吸引了众多社会组织纷纷加入。腾讯公益平台不断提高扶贫信息公开化、透明化程度,设置了严格的准入和审核机制,推行"回访计划",回访多个备受关注的公益慈善项目,以高标准、高行动力的措施回应社会质疑，提高平台公信力。①

"互联网+"乡村扶志又扶智，助推乡村精准脱贫。"腾讯为村"通过网络党建引领精准脱贫、乡村振兴工作，以"互联网+"乡村的创新模式，围绕"党务、村务、商务、服务、事务"五大功能板块而运行。"为村"以"为乡村连接情感、连接信息、连接财富"为宗旨，鼓励每一个村庄打造属于自己的互联网名片。乡村可通过该平台展示风土人情，卖出村庄土特产品，进而脱贫致富。

2. "三村工程"聚焦智慧扶贫，扎实推动科技、金融扶贫

中国平安以"智慧扶贫"为核心，依托平安的人工智能、云计算和区块链三大核心科技，开展包括以产业扶贫为核心的"村官工程"、以健康扶贫为核心的"村医工程"和以教育扶贫为核心的"村教工程"，积极展现科技在脱贫攻坚战中的强大助推力。

（四）创新网络扶贫模式，缓解"因病致贫"现象

党的十九大报告提出，"人民健康是民族昌盛和国家富强的重要标志"。全民健康是实现全民小康的重中之重，健康扶贫是脱贫攻坚的主要目标之一。因病返贫、因病致贫是扶贫路上的"硬骨头"，因此，需要政府、企业、社会组织同心协力，集中力量打赢健康扶贫攻坚战，绝不让疾病导致百姓贫困。当前，网络扶贫模式在健康扶贫中得到空前发展，许多人利用互联网发布求助信息和募捐，但是，其中容易存在信息不明确、诈骗诈捐等问题。

深圳市在精准扶贫工作中也积极探索防止脱贫人口返贫的实践做法，深圳慈善会总结当下健康扶贫的模式和弊端，通过技术创新和机制创新，改革创新"互联网+"慈善的新模式，大力推动政府、保险公司与社会互助相结合的"自助+互助+救助"社会医疗保障体系建设。由深圳市慈善会发起并打造实施的互联网募捐平台——"深圳市慈善会·慈善医疗募捐"项目平台以深圳市慈善会作为枢纽型组织，广泛动员企业、基金会、公众等社会力量参与到慈善健康扶贫的征程中，坚持多维度互证，实现全流程透明。深圳市严格把控善款进出，为困难群众提供规范的互联网募捐

---

① 参见赵宇新《腾讯公益慈善基金会 打造慈善领域"扶贫航母"》，载《中国社会组织》2019年第19期，第6~7页。

服务，以缓解"因病致贫"和"因病返贫"等现象的发生。并且与医务社工机构合作，由社工帮助大病患者提交救助个案材料，进行信息核实、服务跟进，打破与医院医疗数据之间的壁垒。①

三、深圳慈善助力脱贫攻坚存在的问题

（一）相关规范政策不足，缺乏法律法规指引

脱贫攻坚已经进入攻城拔寨的冲刺阶段，时间紧迫、难度高，需要有结合深圳实际情况、统筹指引慈善组织参与脱贫攻坚工作的政策，才能各方同心协力朝一个方向前进。然而，当下深圳市关于慈善组织参与扶贫工作的相关政策法规不足，主要涉及以下三方面：

第一，惩罚制度不明确，导致有的慈善组织或慈善项目存在弄虚作假、欺骗公众、诈骗诈捐的现象，尤其是运用互联网开展一些慈善项目时，网络匿名性和隐秘性使得信息模糊、真假难辨。

第二，深圳在《深圳市民政事业发展"十三五"规划》中缺乏对慈善组织、项目统筹规划的具体政策或说明，仅对公益慈善做了五类简单划分——健全培育发展机制、构建综合监管体系、创新运营模式、深入打造中国慈展会品牌和促进福利彩票规范健康发展。这容易导致慈善项目或者慈善扶贫项目形式单一、内容良莠不齐，甚至有些领域的贫困人口被忽视，难以做到真正的精准扶贫。

第三，缺乏合理有效促进慈善扶贫工作的激励机制。慈善事业的发展需要政策激励和倡导。《慈善法》要求县级以上人民政府出台针对慈善事业发展的促进措施。然而，深圳依照《慈善法》规定发表的促进慈善扶贫工作的文件或规定不足，对于参与扶贫工作的慈善组织缺乏利好政策或奖励措施，对参与精准扶贫的慈善人员缺乏相应的激励性引导措施，容易导致相关人员积极性不高、责任感不强等懈怠现象。因此，深圳需要再进一步加强政策法律法规对慈善助力脱贫攻坚工作的指引和奖惩机制。

---

① 参见黄倩、石伟、代雨菲《聚焦中国慈展会｜"深圳市慈善会·慈善医疗募捐"项目平台正式上线使用》，见人民网：https://mp.pdnews.cn/Pc/ArtInfoApi/article?id=7727960，最后访问时间：2021年3月22日。

（二）人才培养不足，缺乏专职从业人员

慈善领域的多元化导致其对人员的需求也比较大，慈善组织的人才培养问题是慈善组织发展的关键问题，是助力脱贫攻坚战中不可忽视的一环。①慈善扶贫需要有不同专业背景的人才，这样才能够更熟悉地掌握不同领域的特点和需求，呼吁、带动社会各界力量共同参与到慈善事业中。例如，深圳在慈善扶贫中会涉及教育扶贫、健康扶贫、产业扶贫、科技扶贫等领域，那么就需要对应领域或相关专业的人参与其中，深入探索扶贫对象的脱贫需求，整合该领域的慈善资源，提高慈善扶贫工作的效率和精准度。②不同专业背景的人才互相配合，共同出谋划策，汇聚不同思想和智慧，可以提高项目的创新性，并且项目的可行性等方面在经多种专业人才的共同考量后也会更完整。③慈善事业助推脱贫攻坚战需要紧跟国家、政府政策，因此，需要有对相关政策、法律法规熟悉的人才。

但是，由于慈善组织在人才成本上受到的限制较多，从业人员薪酬较低，导致相关专业人员毕业后专门任职于慈善机构的非常少，而且存在已经从事该行业的人才不断流失的现象。另外，很多慈善组织多由爱心人士自发组建，专业背景不匹配，专业能力不高，这也导致许多慈善机构在脱贫攻坚工作中并没有规范、准确、科学地参与和实施项目。据不完全统计，深圳2018年登记成立的慈善组织中，没有专职工作人员的占比56.4%；2017年登记成立的慈善组织中，没有专职工作人员的占比44.6%；2016年登记成立的慈善组织中，没有专职工作人员的占比83.3%。①

深圳市也意识到慈善行业的人才问题非常重要，因此，2017年，深圳市人力资源和社会保障局、深圳市民政局联合启动了全国首个社会组织薪酬调查项目，调查社会组织从业者的薪酬状况，制定工资指导价以供相关组织和机构参考。2018年出台《关于促进社会工作发展的若干措施（征求意见稿）》，大幅提高社工薪酬。然而，目前具体的措施尚未出台，人才问题仍然很严峻。②

---

① 参见深圳市慈善事业联合会《"〈中华人民共和国慈善法〉实施背景下深圳慈善事业发展状况、问题和政策建议"调研报告》，2019年12月。
② 参见深圳市社会组织管理局、深圳国际公益学院《深圳社会组织蓝皮书：深圳社会组织发展报告（2018）》，社会科学文献出版社2019年版，第47页。

（三）缺乏慈善扶贫信息整合、供给平台和部门联动机制

扶贫工作与社会民生密切相关，需要深入人民群众的生活中，精准识别需要帮助的对象和存在的贫困问题，以便精准帮扶、精准管理。慈善组织具有公益性、民主性、奉献性、针对性，贴近百姓、了解民生，可以精准识别需要帮扶的贫困对象，指定个性化、可持续的帮扶计划。因此，慈善组织是精准扶贫的重要主体，也是政府的有力帮手。

但是，目前深圳缺乏全市性的慈善扶贫信息整合系统，贫困对象的信息尚不明确。慈善组织在进行扶贫工作的前期，经常需要从基础的调研做起，花费大量的时间、人力、物力去了解、确认需要开展帮助的对象信息，而难以直接获取公信力高、由系统整合整理过的扶贫信息。在帮扶过程中，缺乏全市范围的扶贫信息整合平台，因而可能会导致同一贫困对象被反复帮扶，而有的贫困对象却未能得到帮助，从而浪费慈善资源。虽然目前深圳已有腾讯公司提供的腾讯公益平台可以进行扶贫信息的发布，连接受助方和帮扶方，但是仍然存在信息不全面、不透明的情况。

而且，目前深圳各慈善组织、部门之间的联动机制较弱：其一，体现在信息共享机制不足，从而导致类似上述慈善资源配置低效、调研成本高等问题。其二，体现在慈善组织朝着个性化发展的同时，缺少了各组织间、组织与政府部门之间的合作交流，使得慈善项目的创新性低，每年基本都依循同一品牌项目开展。虽然深圳已经尝试通过慈展会调动各方社会力量合作交流，连接各方慈善资源，但是一年一度的慈展会并不能满足众多社会组织长期合作交流的需求，还需要从根本上制定促进组织、部门之间合作交流的机制，从而让深圳的慈善扶贫工作焕发生机。

四、创新深圳慈善助力脱贫攻坚的建议

（一）优化完善慈善扶贫工作的相关制度政策

1. 推动指导慈善组织扶贫工作的政策法规出台

为慈善组织参与精准扶贫营造良好的政策环境、贯彻法治精神是深圳市切实推动慈善组织有序健康发展，扶贫工作精准、高效完成的必要举措。

首先，政府应该根据党和国家的相关政策指导，制定符合深圳慈善行

业和脱贫需求的慈善组织管理办法，并落实对慈善项目的规划，合理配置慈善资源，为慈善组织参与扶贫工作的行动指明方向。

其次，根据《慈善法》的相关规定，结合深圳慈善行业在脱贫攻坚战中的实践经验，找出《慈善法》没有明确规定的内容，具体化慈善活动的定义，明确各类慈善组织在脱贫攻坚战中的权利和义务，给慈善组织划出一个可发展的边界，培养慈善组织在扶贫工作中的自我管理能力。

由于深圳具有独特的互联网优势，"互联网+"慈善模式在精准扶贫工作中被广泛运用。但是，综合目前存在的互联网扶贫已经发生或者潜在的问题，政府部门应该加强对互联网上的慈善项目的监管，制定政策法规，对互联网上的违规违法行为做出明确界定，呼吁社会共同监督，形成"人人慈善""人人监管"的局面。并且，政府还应制定可实施的惩罚制度，对互联网慈善扶贫中的不法行为进行严厉处罚，确定慈善行业的道德准则和行业规范。

2. 完善慈善组织扶贫工作的激励制度

政府为保证慈善组织在脱贫攻坚战中保持动力和活力，需要加强对慈善组织的激励措施。政府应引导慈善行业根据实际情况和目前存在的困境制定相应的促进措施：①可以降低扶贫类慈善组织的成立门槛，对扶贫类慈善组织给予更多的慈善资源倾斜，促进扶贫类慈善组织的兴起和发展。②通过对慈善组织的扶贫工作评估，对在精准扶贫工作中表现优异的组织给予政策、慈善资源、资金等方面的奖励，或者通过一系列比赛评比慈善组织的项目等级，激发广大慈善组织投身精准扶贫工作的积极性。

另外，政府应加强对慈善组织参与扶贫的引导与激励：①以政策为引导，简化程序，降低门槛，便于扶贫类慈善组织的成立。②可通过购买服务、项目补贴和税收优惠等财税引导方式，鼓励发展扶贫类慈善组织。③对于精准扶贫中表现优秀、成效明显的慈善组织予以表彰，以国家荣誉来激励更多的慈善组织投身扶贫事业。④推动制定慈善行业人才激励机制，对在扶贫工作中表现优异、有突出贡献的慈善行业人才予以相应的奖励，如提升薪酬、提供更多社会资源等，以吸引行业人才，为慈善行业参与脱贫攻坚战不断蓄力。

（二）加强人才培养，促进慈善组织扶贫工作专业化

专业人才缺乏是制约慈善组织发展迈向专业化、规范化的主要阻碍。

首先，由于深圳公益慈善行业的人员薪酬较低，难以吸引到专业人

才，因此政府可以设立人才引进计划，为慈善行业的专业人才提供福利、补贴，适当提高慈善行业从业人员的薪酬水平，吸引更多人才进入慈善行业。按照《深圳市人才引进实施办法》和《关于加强高层次专业人才队伍建设的意见》，在未来5年时间内引进国内外100名高层次慈善专业人才。并且，为投身于扶贫工作的慈善从业人员提供更多优惠政策，鼓励慈善行业人才积极参与脱贫攻坚战。

其次，慈善行业需要加强对从业人员的专业化管理、培训，建立多层次人才培养体系，支持相关人才培养机构的发展，也可以引进高校相关专业老师进行定期的培训，全面提高慈善行业从业人员的专业能力。鼓励有能力、有想法的人才担任项目的管理人员或负责人，提高慈善组织参与精准扶贫工作的专业化程度。

（三）推动设立慈善扶贫信息整合平台和慈善事业发展部门协调联动机制

深圳慈善事业应该在民政部门的主管下，各政府部门共同参与慈善扶贫工作的管理工作，健全跨部门管理慈善组织、制定相关政策法规的联动机制，加强对深圳慈善扶贫工作的组织领导、统筹规划，促进慈善助力脱贫攻坚战的有序、高效开展。并且在该机制下，政府部门引导各类慈善组织交流合作，创建多个慈善资源共享平台，定期进行跨组织、跨部门的访问和经验学习，共同探索、开展适合深圳的慈善扶贫项目，共同弘扬"慈善之都"互爱互助的传统美德。

此外，深圳还要建立由政府部门、慈善组织、人民群众共同参与的信息共享机制，在有独特互联网优势的背景下，利用网络技术为社会各方提供扶贫信息和慈善参与渠道，避免慈善组织在扶贫工作中浪费过多不必要的成本。在获取信息方面，也可以提高慈善资源的合理配置。深圳应利用信息共享机制促进慈善组织的信息公开化、透明化，让社会、群众放心，提高民众对慈善扶贫的信任度，鼓励大家踊跃参与精准扶贫工作，为脱贫攻坚战汇聚更多社会力量。同时，政府也可以及时掌握慈善行业的相关信息，有利于政府对慈善行业的管理和监督。

2018—2019年深圳志愿服务发展报告

费世蔓[*]

摘要：志愿服务涉及帮扶残困、文化教育、医疗卫生、环境保护、城市建设等众多领域，具有不可替代的作用。同时，志愿服务有利于增进不同群体与阶层之间的了解，缓和社会矛盾。大力发展志愿服务，不断提升其规模和水平，有利于推动科学发展、促进社会和谐。本报告主要从内容、特点以及经验与启示这三方面详细介绍了2018—2019年深圳志愿服务的发展状况，可为其他城市提供一定的借鉴。

关键词：制度化；国际化；专业化；高效志愿服务平台

一、背景与意义

我国的志愿服务起源于20世纪60年代的学雷锋活动热潮，而真正意义上的志愿服务产生于20世纪90年代，[①] 自那时起，志愿服务在多个领域都发挥了重要的作用，包括帮扶残障人士、文化教育、环保卫生等，志愿服务让更多愿意付出的人"心连心""手拉手"，共创美好社会。

党的十八大以来，我国志愿服务迈入了新的发展阶段。习近平总书记在天津考察时，曾指出：志愿者事业要同"两个一百年"奋斗目标、同建设社会主义现代化国家同行。志愿服务是社会文明进步的重要标志，是广大志愿者奉献爱心的重要渠道。社会的进步需要全社会的共同参与和努力。志愿服务鼓励越来越多的人参与到服务社会的行列中来，这对促进社会进步有重要的作用。

深圳作为全国首批建设的经济特区之一，始终坚持"敢为天下先"的特区精神，成为我国改革开放的窗口和试验田，诞生了多项全国第一。深圳为许多新体制、新事物的产生提供了良好的机遇，包括为志愿服务的发

---

[*] 费世蔓，广州市社会创新中心研究员。
[①] 参见王丽荣、陈思《中美两国志愿服务发展的比较及启示——基于居民消费变化的视角》，载《华南师范大学学报（社会科学版）》2019年第1期，第118~123页。

展提供了机遇。其中，中国第一个志愿服务团体便于1990年诞生在此。多年来，深圳不断建立健全志愿服务工作机制，全面深化志愿服务，"来了就是深圳人，来了就做志愿者"是深圳市民耳熟能详的标语。

深圳被誉为"志愿者之城"。在经济上，深圳经济发达，市场化程度高，人均地区生产总值（GDP）居全国前列，这为志愿服务的发展提供了经济基础；而人们在获得了自己的幸福时也会产生回报社会、服务社会的愿望。在地缘上，深圳毗邻港澳，较早形成了开放的国际视野，更容易受到先进的志愿实践经验、志愿文化的影响。在社群上，深圳是一座移民城市，其移民包括两大群体：一是不断迁入户籍的外地人员，二是每年存在的大量流动人口。这些人在遇到困难时，渴望得到志愿者的帮助，同时，他们也愿意秉持着"奉献"精神，为他人贡献自己的一份力。在文化上，深圳是中西方文化交流和融合的试验区，文化的开放促使人们的观念更新，这对志愿服务的发展具有促进作用。以上这些因素共同作用，便推动了深圳志愿服务不断进步。

如今，深圳正在加快速度建设"志愿者之城3.0"，助力保障和改善民生。2018—2019年，深圳志愿服务又取得了新的进步，无愧于这个称号。这两年，深圳义工取得了众多的奖项，也获得了众多的荣誉：第四届中国青年志愿服务项目大赛金奖、银奖，学雷锋志愿服务"四个100"先进典型，第六届广东志愿服务金银铜奖，等等。让更多的城市看到"深圳经验"、学习"深圳特色"将有利于推动我国志愿服务的发展，促进社会的长足进步。

二、2018—2019年深圳志愿服务发展的具体做法

（一）2018—2019年深圳市志愿服务主要工作内容

2018—2019年，深圳市志愿服务工作主要集中在七个领域。

1. 环境保护服务

2018年，为了打赢水污染防治攻坚战，守护绿水青山，深圳建立了五个"一"志愿服务队伍：702名志愿者河长、10万名"河小二"、2000名护水骑兵、高校治水联盟、1万名"红领巾"小河长，他们都成了政府河长的好助手。与此同时，还建立了6个护河治水志愿服务U站，常态化

开展组织志愿者参与河道治理的工作,并且参与治水知识培训,积极开展河道垃圾清理、夜间巡河、水质监测、宣传普及等志愿服务活动。

2018年6月5日,深圳举办了首届中国志愿者河长论坛,向公众全面宣传了生态环境和水资源保护的趋势,积极探索护河治水的实际路径,最大限度地激发了公众的参与热情。深圳发起成立了护河治水联盟,探讨以志愿服务为纽带,开启生态水环境保护的跨界、跨区域、跨部门合作新局面。

2018年11月19日,深圳成立了中国志愿者河长学院(深圳)暨院士工作站,助力护河治水工作;组建了中国志愿者河长学院专家委员会,为深圳护河治水志愿服务工作插上了"专业化""科学化"的翅膀。①

2. 城市建设服务

在城市建设方面,深圳的志愿者们积极参与城市交通安全治理和应急管理事务,探索与完善志愿者路长制,积极宣导、举报、反馈、监督,从而引导更多的市民参与到交通安全整治行动中来。

深圳义工还成立了深圳市公共安全义工联合会,通过组建专业化、社区化、项目化、国际化的公共安全义工队伍,为社会提供公共安全及职业健康宣传培训、应急救援、车前急救等服务。

"山竹"台风后,深圳义工开展了"爱深圳·义起行"活动:清理道路障碍、整理摆放共享单车、清理垃圾……近15万人次参与服务,众多志愿者一起齐心协力,抵御灾害,守卫美丽家园。

3. 社区发展服务

"双工联动"创新社会治理模式。深圳社区志愿组织已达399家,社区志愿者已达2.2万人。"社工引领志愿者,志愿者带动各方"已成为深圳市的一种普遍服务形式,渗入了社区、学校、禁毒、医务、灾害、食品药品安全、精神卫生、交通安全等多个服务领域中。深圳市通过"社工+志愿者"模式协同开展志愿服务,发动广大的社会力量共同参与到社会治理之中,创新社会治理新模式,成效颇为显著。②

---

① 参见方慕冰、朱建钢《首届中国志愿者河长论坛在深举办》,载《深圳特区报》2018年6月6日,第A03版。

② 参见庄瑞玉、李祥杰、张卓华《社工+义工,双工联动!深圳社区志愿者已达2.2万人,创新社会治理新模式》,见读特网:http://www.dutenews.com/shen/p/217036.html,最后访问时间:2021年3月22日。

(1) 社区志愿者服务遍地开花。

社区居民是志愿者最广大的来源与力量。早在2014年，深圳市社工协会就发起成立了深圳社区志愿服务总队，依托各社区党群服务中心平台，由社工在各社区中组建社区志愿者组织，一方面进行志愿者招募与培训、制度制定、服务设计、时数记录与表彰激励等工作，另一方面引导志愿者为社区居民开展助困扶弱、知识科普、环境提升、慈善服务等种类多样的志愿服务，有效地满足了居民的多样化需求。

2019年上半年，深圳社区志愿服务总队各下属的志愿组织共开展了5200余场志愿服务活动，参与的志愿者达5万余人次。社区志愿者力量的广泛调动，不仅有效盘活了社区内外的各类资源，更充分发挥了居民的主人翁精神，促使居民共同参与到社区文化营造、社区发展促进之中，使居民在解决社区问题中实现了"自助"与"互助"。

(2) 打造社会救援的专业力量。

深圳的志愿者除了协助社工开展节能环保、垃圾分类、文化倡导、U站服务、福利院探访、亲子活动、社区义诊、环卫工人关爱、交通安全倡导等众多常规服务之外，还深度参与到了社工开展的多领域专业服务之中。探索建立了专门化、专项化、专业化的志愿服务队伍。目前有300余名医务社工在全市58家医疗单位开展服务。深圳市灾害社工志愿服务队，是全国首支全部由注册社工组成的灾害社工志愿者服务队伍。

(3) 守护食品药品安全、心理健康。

在社区食品安全、社区药品安全等民生实事中，社工与志愿者密切合作，共同守护深圳市民的饮食与用药安全。"社区食品安全社会共治建设项目"在全市各社区内组建了250支食品安全志愿者队伍，由社区居民组成的食品安全志愿者达5000余人，开展了食品安全现场检测、超市及农贸市场抽检信息推送等众多服务。"社区药品安全服务网建设工程项目"自2013年起实施，至今已覆盖全市640余个社区，药师志愿者达1580名，居民志愿者累计参与4700余人次。

深圳市还开展了"双工联动"介入精神卫生社区管理协助工作项目，实行"1+20"的联动模式，即1名社工带动20名骨干志愿者，这些志愿者包括了病患者的亲友、社区业委会委员、社区工作站工作人员、居民骨干，以及法律、卫生、教育等领域的专业人士，整合多种资源，共同为精神康复者开展精神康复、家庭照顾、能力提升、家属支持、社会融入等服务。

4. 文化志愿服务

深圳作为享誉全国的"志愿者之城",面对深圳文化事业发展过程中面临的问题,着手积极推动志愿服务参与社会治理,在组织领导、制度设定、经费保障等方面形成了完善的体制机制,建立了深圳市文化志愿服务网。深圳根据文化志愿者的专长和特点进行科学分类和管理,确定"一组织一机制一平台"的管理思路,实行市、区、街道三级的规范管理,通过各级文化单位自行招募和在网站注册两种途径招募,分三个层级开展具有针对性的培训,实现了志愿服务活动的制度化。近年来,深圳市经常参与志愿活动的文化志愿者近2万人,每年开展文化志愿服务活动超过5000场次,参与志愿者10万人次,累计服务时长近30万小时,志愿者活动场次、人次、时长连续5年呈现快速增长态势。①

多年来,深圳不断完善公共文化服务体系建设,把推动文化志愿服务作为深圳"志愿者之城"建设的重要内容,以满足人民群众的文化需求为出发点,以组织化、制度化、社会化、项目化为重点,以促进社会共建共治共享为目标,积极发挥文化志愿服务在促进精神文明建设和城市文化发展中的重要作用,营造了浓厚的文化关爱氛围。

(1) 以组织化引导打牢志愿服务事业的发展根基。根植于深圳"志愿者之城"这片沃土,深圳文化志愿服务一开始就得到市委、市政府的高度重视和大力支持。市委、市政府充分发挥把握方向、整合资源、协调各方的强大优势,由市委宣传部、市文化广电旅游体育局、团市委、市文联、市义工联等单位牵头负责,组建深圳市文化志愿服务总队,负责全市文化志愿服务的统筹、协调、指导,合理协调配置全市文化志愿服务资源,形成强大的工作合力。正是由于坚持把文化志愿服务建设作为调动社会力量投入公共体系建设、参与社会治理的重要举措来抓,加强顶层设计、畅通服务渠道,不断提升文化志愿服务的科学化、规范化专业水平,深圳文化志愿服务事业才发展较快,取得了良好成效。

(2) 以制度化推动志愿服务事业的可持续发展。目前,我国文化志愿

---

① 参见《深圳:建设文化志愿服务队伍的创新实践》,见吉林省政府发展研究中心网:http://fzzx.jl.gov.cn/tszs/201912/t20191210_6275751.html,最后访问时间:2021年3月22日。

服务还处在初始阶段，普遍还存在活动开展不够经常、体制机制不够完善、权益保障不够有效、服务水平不够高等问题。解决这些问题，关键在于建立健全文化志愿服务制度。在文化志愿服务事业发展过程中，深圳先后出台《关于实施和规范文化义工服务工作意见》《深圳市推进文化志愿服务工作方案》《深圳市文化志愿服务促进办法》等制度文件。深圳通过推动志愿服务制度化，推动文化志愿服务事业更好发展，不断完善注册管理、推动权益保障、完善激励机制、强化保障机制。

（3）以社会化激发志愿服务事业发展的活力。深圳注重大力发动文化名人、文化能人、文化热心人参与文化志愿服务，为群众提供形式多样的文化志愿服务。如福田区自2012年开展"百位文体名人引进计划"以来，引进了多位文体名人如郎朗、易建联、冯巩等，探索出"名人+公益"的公共文化新模式，通过名人效应激活文化志愿服务氛围。盐田区邀请了深圳众多音乐人才以及粤港澳地区高端艺术人才，共同组建了"海之声"合唱团、交响乐团、民乐团，先后承办"1+1+9"（香港+澳门+珠江三角洲9个城市）粤港澳大湾区合唱音乐节等活动，并举办公益演出40场，受益辖区居民3.35万人次，让辖区居民在本区内就能欣赏到高雅艺术。深圳市还注重大力发挥外来务工人员参与文化志愿建设的积极作用，让蕴藏于人民中的文化创造活力得到充分发挥。如宝安区为解决社区居民及外来务工人员子女放学后短暂的"管理真空"问题，开展了关爱子女"四点半爱心课堂"公益文化培训活动，由于多方努力，爱心课堂的跆拳道班学员、器乐班学员、书画班学员在国内国际多个比赛中取得佳绩。

（4）以项目化提升志愿服务事业供需的匹配度。深圳探索推行项目化运作方式，统筹考虑文化志愿者的可服务时间、特长、兴趣爱好等，不断提升文化志愿服务供需的匹配度。一是推动项目精细化。细分服务人群、服务需求和服务特点，分类设立精细化的服务项目，如深圳少儿图书馆针对青少年开展模块化运作，分类开设包括文学、语言、手工技艺等40多个服务项目；深圳图书馆针对视障者及老年群体设立"跨越障碍，共品书香"、针对弱势群体设立"公益法律服务平台"等项目；南山区针对视障者、自闭症儿童群体开展视障者IT（Information Technology，信息技术）培训、"星星点灯"自闭症儿童读书会等项目。二是推动项目多样化。激励和引导各级文化服务队伍开展贴近群众需求的文化志愿服务项目，创建服务品牌，深入基层提供辅导、演出、培训等形式多样的文化志愿服务，逐步完成由"单向服务"向"双向服务"的转变，由传统的依托公益文化阵地开展服务的形式向以"阵地为主+广泛派送"的形式转变。如福田区"圆梦工程"文化活动为街头艺人搭建才艺展示平台，免费为市民提供培训、辅导和编排；龙岗区"书香义工"常年在广场、敬老院、工地等场所开展公益活动；宝安区提供"菜单式"文化配送服务，为不同需求的群体提供精准文化服务；光明区全年提供文化U站值岗服务，将各类公益培训课程和文艺展演送到基层。三是推动项目作品化。鼓励和引导行业内文艺人才体验生活，挖掘志愿服务工作中的感人事迹，积极创作文艺作品，通过文艺作品的传播，带动工作成果和志愿服务精神的传播。经过全市各级服务队的不断探索发展，一批贴近群众、符合时代发展需要的文化志愿服务品牌逐渐在市内外产生了影响。市文化志愿服务总队打造的"文义惠鹏城"、宝安区文体局打造的"春风化雨行动"、宝安区福永街道打造的"爱心课堂"等项目先后获文化类国家级奖项。市文化志愿服务总队牵头创作的歌曲《这里处处都是爱》成为"志愿者之城"的主题歌曲，该志愿队也成为文化志愿服务工作的标杆。

5. 弱势群体服务

深圳义工组织长期性的服务对象，主要是弱势群体。因为，由于各种原因而成为弱势群体的人，在生活、发展方面都面临许多困难。关心和帮助弱势群体，不仅是体现志愿者的爱心，也是维护社会稳定、促进社会发展的需要。弱势群体的存在，会对相关人员包括该群体的亲友、同事、邻居等造成一定的麻烦，同时会使该群体产生对社会的责怪和怨恨情绪。如果不及时帮助生活、疏通情绪、化解矛盾，弱势群体可能会被利用，产生抵触社会、报复社会的行为，从而成为不稳定的因素。党和国家对弱势群体非常关心，近年来，党和政府工作报告多次强调"以人为本"，重视一切人（包括弱势群体）的利益需求。所以，义工组织对弱势群体进行帮助，既是在关心、满足特殊人群的需求，也是在维护社会稳定、促进社会顺利发展。

2018—2019年，深圳义工组织了多次关爱弱势群体的活动，其中包括关爱孤寡老人活动、关爱残障人士活动、关爱孤儿活动，为他们送去了温暖与关怀。

6. 社会公益服务

义工为社会公共事业、社会公益活动提供了积极的服务。一是大型活动服务。不论是全国性大型活动、全市性大型活动或地区部门性大型活动，义工都活跃在服务的第一线，做出了极大的贡献。二是社会应急服务。哪里有危险、有灾难，哪里就有义工的身影。三是社会政策与法规宣传、普及的服务。在中国社会转型过程中，适应市场经济发展需要的各种法规、条例不断颁布和实施，而广大民众的思想观念转变则是一个渐进转变的过程。各级义工组织针对宣传、普及政策法规知识的需要，发动高校、机关、司法部门的青年，利用节假日到基层进行宣讲服务。

2018年，深圳义工参与服务中国共产党与世界政党高层对话会、全国图书交易博览会、中国公益慈善项目交流展示会、中国国际高新技术成果交易会、海峡两岸学生棒球联赛、国际民航组织下一代航空专业人才全球峰会、深圳国际马拉松等大型活动逾30场次，投入志愿服务力量累计超过10万人次。志愿者们活跃在活动现场的每一个角落，为市民提供礼仪接待、文明引导、医疗救护等全方位的志愿服务，用最贴心的服务保障活动的顺利举行。

7. 重视志愿者之间的凝聚力，让志愿者过上属于自己的节日

2018年3月5日，志愿者们共同度过了"3·5学雷锋纪念日"暨第十三届"深圳义工节"，在这个重要的日子里，志愿者们在电台讲述志愿服务故事，弘扬雷锋精神、颂扬城市文明、开展志愿文化交流。

各区纷纷推出了自己的特色活动，让志愿者们在节日中更有归属感。

福田区：举办"首善福地，爱满心田"学雷锋无偿献血活动。

罗湖区：举办治水"大家谈"活动。

盐田区：举办向建区20周年致敬活动。

南山区：优秀项目齐聚，展现多样志愿服务。

宝安区：优秀志愿者获表彰，爱心集市受热捧。

龙岗区：开展"学习雷锋·致敬义工·为2022北京冬奥会打call"主题活动。

龙华区：开展2018年"三五"学雷锋纪念日暨深圳义工节主题活动。

坪山区：召开年度"3·5学雷锋日"先进义工队伍表彰暨工作部署会。

光明区：举办道路交通安全综合治理志愿服务年启动仪式。

大鹏新区：开展了一系列学雷锋志愿服务活动。

（二）2018—2019年深圳志愿服务发展的特点

深圳志愿服务不断发展，呈现出了五个鲜明的特点。

1. 制度化推动志愿服务事业可持续发展

社会治理体系是一个规则制度体系，通过制度设计统筹社会力量、平衡社会利益、调节社会关系、规范社会行为、解决社会问题。志愿服务制度化的价值，就在于通过制度为人们自主参与解决公共问题提供规范和保障。党委、政府对志愿服务组织化制度化的高度重视，充分体现了党委、政府对社会力量和社会参与的保护与支持。

深圳一直在推动志愿服务制度化，不断落实相关法规与政策，让志愿服务发展有制度、有法规可依。2018年3月20日，民政部办公厅发布《民政部关于做好志愿服务组织身份标识工作的通知》，要求对于符合条件的志愿服务组织，民政部门应当按本通知要求在社会组织登记管理信息系统（代码系统）对其进行标识并向社会公告。2018年5月10日，民政部发布《关于深入开展脱贫攻坚志愿服务宣传展示活动的通知》，该通知对开展脱贫攻坚志愿服务相关的活动目标、活动重点、活动安排和工作要求做了详细规定。2019年6月5日，民政部办公厅发布《民政部办公厅关于进一步加强脱贫攻坚志愿服务宣传展示工作的通知》，该通知对聚焦脱贫攻坚、突出宣传展示重点、精心策划安排、统筹开展宣传展示，加强组织领导、提高宣传展示成效这三方面做了详细规定。以上这些政策规定在深圳都得到了很好的宣传与推广，使得深圳志愿服务发展更加规范化。

2. 搭建高效志愿服务平台

深圳利用互联网技术搭建高效的志愿服务平台，使志愿服务工作更加便捷、民众更加满意。

（1）志愿深圳信息平台。为深入贯彻落实深圳市委、市政府建设"志愿者之城"的战略规划，推广志愿服务理念，提高志愿服务水平，深圳市义工联联合有关单位以志愿服务信息管理平台为载体，为志愿者（义工）及志愿服务组织等用户提供基于互联网以及移动网的信息化服务。志愿深圳信息平台目前已注册人数达170万人，发布项目数量达130万，为高效推进深圳志愿服务发展提供了便利条件。

（2）U站。U是Universiade，即"大学生运动会"英文缩写的首字母。U站指由在深圳举办的世界大学生运动会志愿服务站转化而成的综合服务站。深圳义工积极探索志愿服务，从基础性的提供社会服务，向参与社会治理、凝聚社会共识转变，实现了志愿服务的转型升级。截至2018年年底，深圳特色U站由62家增至84家，分别是食品药品安全U站、深圳湾口岸U站、靖轩小学校园心理健康志愿服务U站等；护河治水志愿服务U站新增至6家，分别是燕罗环保护河U站、沙井护河U站、"沙河·尚"护河U站、"河未来"治水U站、观澜护河U站、坪山护河志愿服务U站。

深圳义工的服务领域也在不断拓展，由日常的宣传服务、应急服务、医务咨询、法治宣传等服务内容拓展到心理健康咨询服务、食品药品安全服务等民生热点。

3. 国际化程度更高

深圳志愿服务的国际化程度越来越高，深圳以成熟的机制保障大型赛会展会近30场，如2018年12月1—8日，第二届海峡两岸学生棒球联赛在深圳举办，来自南山区义工联合会、深圳大学、深圳职业技术学院、哈尔滨工业大学、南方科技大学、暨南大学、新安学院、博伦职业技术学校、体育义工总队的近千名志愿者参与。志愿者在8个赛场、机场、车站、酒店为运动员提供优质贴心的服务。

近年来，深圳志愿者们不仅活跃在本城市，还走出国门，推动了中外文化交流。2018年10月，青年志愿者走出国门，把深圳青年的爱与友谊带到了文莱人民的心中。[①] 目前，3名青年志愿者抵达文莱已经3个多月，她们在文莱科技大学开展志愿服务工作，尽己所能，帮助他人，运用自己的专业知识为文莱人民做好服务，践行志愿精神，弘扬中华文化。

深圳还积极搭建粤港澳大湾区志愿服务交流平台，为大湾区志愿服务发展提供了有利条件。

4. 专业化程度提升

专业化的人才队伍会使做事的效率得到极大的提升。深圳市志愿服务围绕水污染防治、食品安全、交通整治、社会矛盾化解等重点孵化专业组织、打造专业阵地、组建专业团队、整合各界力量、搭建市民和政府对话合作平台，助力营造共建共治共享社会治理格局。

---

① 参见方慕冰、王华峰《深圳青年志愿者赴文莱援教》，见读特网：http://www.dutenews.com/shen/p/152136.html，最后访问时间：2021年3月22日。

5. 深圳志愿服务覆盖领域更广

随着深圳志愿服务的不断进步，在全体志愿者的共同努力下，目前，深圳志愿服务深入信访、税务、社保、司法、卫生、教育、扶贫等多个民生关键领域，覆盖面更加广泛，更有利于让志愿者们各尽其能，推动深圳城市的进步。

三、经验与启示

推进志愿服务发展、打造志愿者队伍、广泛开展志愿服务活动，是推动社会良性发展的有效途径，有利于引导人们在服务他人、奉献社会过程中践行道德规范、提升道德境界。

1. 坚持党政引领和社会动员，是志愿服务健康发展的重要保证

"志愿"参与，是志愿活动区别于其他社会活动的精神特质，也是志愿服务事业的活力源泉。深圳市委、市政府坚持淡化行政动员色彩，以社会化运作来激发每个志愿者的主体意识，吸引社会力量有序参与。同时，政府在推动志愿服务工作中充分发挥主导作用，加强顶层设计、建立健全制度，着力解决制约志愿服务发展的重大问题，为推动志愿服务工作努力营造良好的发展环境。

2. 以专业化提高志愿服务事业发展水平

志愿服务不仅需要志愿者有蓬勃热情，更需要发挥志愿者的专业知识和专业技术，使被服务者的需求得到有效满足。深圳一直注重志愿服务的专业化发展，探索形成志愿服务领域的"深圳质量"。其还发展了一批专业队伍，在环保、助残、助老等19个领域组建专业志愿者队伍，同时开发一批专业岗位，率先在医疗救助、文化服务、河流治理等方面探索志愿者专业化服务。

3. 以信息化创新志愿服务事业工作平台

在日新月异的移动互联网时代，信息化手段已成为连接志愿服务供需双方的最便捷的纽带。近年来，深圳搭建线上志愿服务平台，实现志愿服务参与的互联互通，使志愿者就近就便找到适合自己的志愿服务项目，极大地提升了志愿服务参与的便利性。特别是深圳深入推进智慧型"志愿者之城"信息化体系建设，完善项目管理平台和信息技术平台的功能，在全国率先同时在微信、支付宝两大平台开通线上志愿服务，方便广大市民通

过互联网的方式了解志愿服务信息，促进志愿者和服务项目之间的供需对接，实现"人人愿做志愿，随手可做志愿"。如今，每天在线可供市民参与的志愿服务项目达700多个。同时，深圳还推广电子义工证，构建综合信息服务体系，实现了"查组织、易注册、发项目、找活动、记考勤、微捐赠"六大功能。

4. 彰显社会主义核心价值观，是志愿文化的重要标识

"奉献、友爱、互助、进步"的志愿文化是社会主义核心价值观的重要组成部分，是中国特色社会主义文化的一种表现形式。深圳志愿文化将传统文化与社会主义核心价值观相结合，将奉献精神与集体主义相结合，开创了我国经济发达地区精神文明与物质文明协调发展的新模式。深圳的志愿服务，已经深深根植于城市，成为深圳的文化软实力。

5. 打造共建共治共享的社会治理格局，是志愿服务的重要遵循

志愿服务具有参与广泛性、行为利他性和方式灵活性的特点，是创新社会治理的重要载体，是参与社会治理的重要力量。深圳设立"深圳义工节"等主题日积极推动志愿服务活动，让不同阶层、身份的人们通过志愿服务走到一起，共同促进城市建设和个人发展。

2018—2019 年深圳企业社会责任发展报告

严芳　刘钊[*]

摘要：深圳作为中国改革开放的门户，较早地提倡发展企业社会责任相关概念。近几年来，随着国家以及深圳对企业社会责任工作的法治化、科学化、规范化和系统化管理，深圳的企业社会责任工作飞速发展。为了给未来深圳企业社会责任建设工作提供参考，报告通过研究2018—2019年深圳国企、民企、外资企业在企业社会责任方面的发展情况，展示企业社会责任建设的案例，同时总结深圳在促进社会责任发展方面的工作和经验，提出了一些问题和不足，并展望了未来。

关键词：深圳；企业社会责任；社会责任

一、深圳企业社会责任发展

（一）企业社会责任简述

企业社会责任（Corporate Social Responsibility，CSR）是指企业在创造利润、对股东和员工承担法律责任的同时，还要承担对消费者、社区和环境的责任，企业的社会责任要求企业必须超越把利润作为唯一目标的传统理念，强调要在生产过程中对人的价值进行关注，强调对环境、对消费者、对社会的贡献。

企业社会责任金字塔（Pyramid of Corporate Social Responsibility）由阿奇·卡罗尔于1991年提出，他把企业社会责任看作一个结构成分，关系到企业与社会关系的四个不同层面，即"企业社会包含了在特定时期内，社会对经济组织经济上的、法律上的、伦理上的和慈善上的期望"。从企业考虑的先后次序及重要性而言，卡罗尔认为这是金字塔形结构，经济责任是基础也占最大比例，法律的、伦理的以及慈善的责任依次向上递减。

---

[*] 严芳，华中师范大学讲师，教育学硕士；刘钊，中国人民大学本科生。

在经济全球化过程中，资本处于明显的强势地位，在这种情况下，各国企业如何对待社会责任的问题，日益引起各界的重视。以往人们认为，企业活动就是追求利润，向社会提供产品和服务；现在这些看法有了改变，要求企业还必须承担道德方面的社会责任的呼声越来越高涨，即要求企业把社会责任视为增进经营信誉和公众形象的重要事项。企业讲社会责任，意味着它既要实现股东利益的最大化，同时又要尽可能维护和增进社会利益，这两方面的要求形成了某种张力，使企业的经济效益和社会效益达到一定的均衡状态。

（二）深圳创新企业社会责任建设

处于我国改革开放最前沿的深圳，如今早已发展成国际化大都市。2018年，深圳GDP总量达到24221.98亿元，约占广东GDP总量（97277.77亿元）的24.9%；在全国所有城市中位居第三，仅次于上海和北京；在广东省内，深圳的GDP总量超过了省会广州，排名广东省第一。改革开放的历史机遇与特殊的地理位置等因素赋予了深圳独特的开放性和包容性，使深圳在国内许多城市对企业社会责任持观望态度的时候，就已经对其进行充分肯定。

近年来，深圳市在企业社会责任发展方面，不仅大力推进企业社会责任建设，在科技、社区治理、生态、文明等领域涌现大批社会责任建设典型企业，还大力推进可持续金融发展，用金融的手段化解社会责任难题，创新企业社会责任践行方式，助推社会责任发展，助力深圳发展成为可持续发展先锋城市。

2018年2月，国务院正式批复同意深圳市以创新引领超大型城市可持续发展为主题，建设国家可持续发展议程创新示范区。2019年1月10日，深圳发布建设国家可持续发展议程创新示范区"成绩单"，低碳综合指数全国排名第一。2019年8月18日，《中共中央 国务院关于支持深圳建设中国特色社会主义先行示范区的意见》发布，在五大战略定位中要求深圳建设可持续发展先锋城市。该意见强调，深圳要牢固树立和践行绿水青山就是金山银山的理念，打造安全高效的生产空间、舒适宜居的生活空间、碧水蓝天的生态空间，在美丽湾区建设中走在前列，为落实联合国2030年可持续发展议程提供中国经验。

全球可持续发展倡议和共识不断取得进展，作为深圳中心城区和金融核心区的福田区，扛起了探索推动可持续金融发展的大旗。2019年1月11日在中共深圳市福田区第七届代表大会第三次会议上，福田首次提出"建设可持续金融中心"，成为全国首个提出发展可持续金融的地方政府，标志着在粤港澳大湾区金融建设工作中，福田开启了新征程。

简单地说，可持续金融就等于绿色金融加社会影响力金融。可持续金融，福田已先行。在绿色金融方面，福田区出台了支持金融业发展的若干政策，助力金融服务绿色产业，促进绿色经济，鼓励金融机构开展绿色金融创新服务，支持绿色项目，促进绿色金融发展。福田区还设立了"绿色金融科技奖"，将绿色金融科技纳入"香蜜湖金融科技创新奖"评选范围，鼓励运用金融科技手段创新绿色金融应用场景。在社会影响力金融方面，福田是金融大区，探索运用金融手段解决社会问题是福田在可持续发展领域中的一大创新。社会影响力金融生态圈涵盖面非常广泛，社会影响力债券（项目）、慈善信托、公益创投、公益性小微金融、社会企业、社会影响力投资等都是其具体形式。2018年，福田区政府正式出台了《福田区关于打造社会影响力投资高地的扶持办法》，设立专项资金3000万支持社会影响力生态建设，力争5年内将福田打造成为影响力投资高地，积极推动社会影响力债券、基金等项目率先在福田试点。

2018年，多家有影响力的企业加入联合国"负责任投资原则"组织，积极践行社会责任；首个上市公司社会价值评价指数"义利99"的社会价值投资联盟成立；中国社会企业与社会投资论坛2018年会、第六届中国责任投资论坛等社会影响力领域的全国性会议在深圳召开。

（三）深圳推进企业社会责任建设的举措

深圳市政府对企业社会责任概念的大力推动以及深圳市众多企业的积极配合使深圳市在这个领域一直走在全国前列。深圳从2003年下半年起就着手进行企业社会责任的课题调研。早在2006年，深圳就提出了《深圳率先建立企业社会责任体系的建议》的提案，发表了《建设和谐社会与企业社会责任建设深圳宣言》。后来其又根据文件设立了政府"企业社会责任奖"，制定一系列鼓励企业履行社会责任的政策，鼓励更多企业主动承担社会责任。2015年4月1日，深圳市实施了《企业社会责任要求》《企业社会责任评价指南》两个标准文件，编制了《深圳经济特区企业社会责任评价指数编制方案》，开始对自愿参评的企业进行科学客观的企业社会责任指数评价。

2018年,深圳开展企业社会责任评价,坚持"企业自愿"原则,政府部门不参与具体评价,而是鼓励和引导委托第三方机构组织实施,对自愿申报的89家企业进行评级。其中15家企业综评得分达到90分以上,41家企业综评得分达到80分以上,从整体情况来看,参与评级的企业表现均优良。

同时,为进一步扩大企业社会责任在社会上的影响力,中国互联网行业CSR论坛等多个重要企业社会责任论坛在深圳成功举办,多个社会企业责任奖项在深圳颁发。2018年12月,由星空华文国际传媒、深圳市创新企业社会责任促进中心联合主办的"2018中华企业社会责任盛典"在深圳举行,盛典上颁发了责任行动奖、责任人物奖、责任企业奖、行业典范奖。深圳始终保持着对企业社会责任的重视态度,得到了社会的广泛好评,为全国其他城市和地区做出了表率。

二、2018—2019年深圳企业社会责任发展

(一)2018—2019年深圳国有企业社会责任发展

1. 深圳国有企业发展概述

深圳国有企业在深圳经济发展中占有重要地位,为深圳经济做出了巨大贡献。深圳国企立足深圳经济特区作为"改革开放的重要窗口、改革开放的试验平台、改革开放的开拓者、改革开放的实干家"的战略定位,以"走在最前列、勇当尖兵"的使命担当和目标追求,成为深圳经济的中流砥柱,积极承担社会责任,在全国国资国企中起到了示范引领作用。近两年来,在复杂的经济形势下,深圳国资国企在规模质量上再创新高。(见图1)

历年来,深圳市国有资产监督管理委员会(以下简称"国资委")和国有企业非常重视企业社会责任的发展,出台了企业社会责任的各项指导意见,探索建立市属企业履行社会责任的考核机制。早在2007年,《深圳市属国有企业改革与发展"十一五"战略规划纲要》就将企业社会责任作为深圳国有企业改革与发展的重点。10余年间,深圳市属国资国企在推进深化改革的同时不断加强企业社会责任建设,目前已连续3年发布市

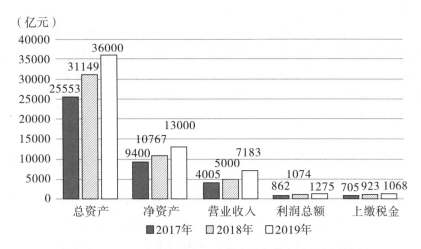

数据来源：深圳市人民政府国有资产监督管理委员会网站。

图1 2017—2019年深圳国企经营绩效

属国资国企社会责任报告。为了进一步深化改革，深圳市国资委于2019年9月出台了《深圳市区域性国资国企综合改革试验实施方案》，将积极履行社会责任作为重点举措。此外，深圳市国资委2019年11月出台的《关于进一步加强市属国有企业法治国企建设的实施意见》将国企认真履行社会责任写入了国有企业依法合规经营的要求之中。

2．2018—2019年深圳国有企业履行社会责任发展

2018年，面对深圳改革发展新形势，在深圳市委、市政府的领导下，深圳市继续全面深化国企改革，全面深化创新发展，全面服务全市大局，为深圳发展成为一座充满魅力、活力、动力和创新力的创新型国际化城市做出了重要贡献。

2019年，面对百年未有的世界变局和转型升级的挑战，深圳市国资委以习近平新时代中国特色社会主义思想为指导，在市委、市政府的坚强领导下，立足"服务大局、服务城市、服务产业、服务民生"功能定位，抢抓粤港澳大湾区和先行示范区建设"双区驱动"重大历史机遇，践行区域性国资国企综合改革试验，取得了令人瞩目的成绩。

（1）服务多种所有制经济共同发展。2016年，深圳国资委将服务多种所有制经济共同发展定位为深圳国资国企"三项服务能力"之一。对于正处在涉深水区、啃硬骨头的国企国资改革而言，2018年是直面"两类公司"试点扩围、处僵治困攻坚收尾、"双百行动"综合改革的关键年份。深圳市国资委充分发挥供给侧结构性改革排头兵作用,积极服务和支持多种所有制经济,分类推进混合所有制改革,促进多种所有制经济共同繁荣、共同发展,通过专业便捷的综合金融服务支持中小微企业发展,截至2019年4月,深圳市属国资混合所有制企业比例已超过78%,资产证券化率达54.7%,市属国企已基本成为国资、民资、外资共生发展的良好载体。

（2）服务助力区域协调发展。深圳市属国资国企积极响党中央号召,扎根特区,主动参与粤港澳大湾区、京津冀、长江经济带、新一轮东北振兴和"一带一路"等重点区域的开发建设,发挥专业优势开展精准扶贫、对口支援和产业共建等。截至2018年年底,深圳市市属国资国企已经累计在全国开展异地项目669个,投资近3782亿元。截至2019年年底,深圳市在9省11地区开展产业共建,援疆项目累计投入资金约15.8亿元,在"一带一路"沿线国家和地区开展投资项目59个,以"深圳经验""深圳标准""深圳质量"助力构建区域协调发展新优势。

（3）服务城市核心竞争力。深圳市国资委充分发挥基础设施供给侧结构性改革主力军的作用,引导市属国企立足自身资源和优势,积极承担重大基础设施建设任务,全面提升服务城市安全和可持续运营的能力,主动融入深圳全球创新之都建设。2018—2019年,深圳市属国资国企承担全市重大建设项目124项,累计投资845.36亿元。同时,深圳市属国资国企将绿色理念融入建设中,不断挖掘绿色发展潜力,全面提高城市绿色、低碳、环保水平,为深圳创建中国特色社会主义先行示范区和社会主义现代化强国的城市范例贡献了国资力量。

（4）服务城市运营和社会民生。深圳市属国资国企以服务城市可持续运营为核心出发点,积极开展水电气、海空铁等基础设施和重大项目建设,为市民提供更加丰富、多元的城市运营服务,保障和维护社会民生;为社会提供丰富多样、优质健康的文体产品和服务,推动公共服务设施加快向市民免费开放,满足市民更美好的生活需求;构筑支持特区更高质量、更可持续发展的人文和生态环境,助力打造住有宜居、出行顺畅、幼有善育、老有颐养、精神丰盛的"民生幸福指数标杆"。

（二）2018—2019年深圳民营企业社会责任发展

1. 深圳民营企业发展概述

2019年深圳GDP达2.69万亿元，近几年皆稳居全国城市第三名，改革开放以来，深圳市经济的飞速发展创造了"中国奇迹"，其中民营企业功不可没。一般来讲，民营经济对GDP和财政收入的贡献约占50%，而深圳民营经济贡献了70%的税收，深圳民营经济主体数量和密度位居全国大中城市首位，民营经济对GDP贡献、税收贡献、吸收就业贡献和创造知识产权的贡献都位居全国第一，民营企业对深圳的重要性可见一斑。

民间素有"国企看北京、外企看上海、民企看深圳"的说法。2019年5月，深圳全市民营经济商事主体达3143497家，在全市商事主体的占比高达97.66%。其中，民营企业1953459家，占全市企业总量的96.29%。"2019胡润中国500强民营企业"榜单中深圳成绩亮眼，包揽了第二到第四名，共有63家企业上榜，展现出深圳民营企业的实力与活力。

2. 2018—2019年深圳民营企业社会责任建设

深圳市政府积极支持民营企业发展，不断推进企业社会责任建设，促进了深圳民营企业在搞好生产的同时积极承担社会责任，勇于担当。深圳民营企业在企业社会责任建设方面虽然与国资国企有一定的差距，但是也取得了一些积极的成效，社会反响良好。

（1）参与精准扶贫，投身慈善事业。

2019年是深圳市积极参与"广东扶贫济困日"的第十个年头，深圳市因地制宜、突出重点，精准施策、精准帮扶，在全国的扶贫工作中积极贡献。在深圳市工商联的带领下，民营企业积极履行社会责任，投身于精准扶贫行动中，积极探索扶贫新方式，搭建社会帮扶资源和民企精准扶贫的对接平台。2019年11月，深圳市南山区工商联（总商会）积极带领民企投身于脱贫攻坚"主战场"，联合方大集团股份有限公司向田阳县捐赠帮扶资金。像这样的民企参与脱贫攻坚的例子在深圳不胜枚举。

深圳民营企业积极响应号召，参与扶贫工作，投身慈善事业。深圳的民营企业代表腾讯公司打造了腾讯公益平台和腾讯为村平台，腾讯公益平台上超过90%的募捐项目属于扶贫范畴，腾讯为村平台通过互联网助力党建、乡村社会治理、精准扶贫和乡村振兴的工作。截至 2018 年 12 月 31 日,腾讯基金会累计捐赠 22.36 亿元,涵盖基础设施、饮水安全、产业扶贫、教育扶贫、健康扶贫、易地扶贫搬迁等各类扶贫工作领域,形成了"互联网+"扶贫的腾讯样本。

(2) 提倡节能环保,坚持绿色发展。

企业的生产活动必须利用环境资源,因此,企业的社会责任离不开环境方面的责任。自 2017 年深圳市推出全国首个环境违法企业道歉承诺制度等一系列制度措施以来,企业环保工作取得了显著进展。在严惩破坏环境的行为的同时,深圳市于 2018 年制定了《深圳市战略性新兴产业发展专项资金扶持政策》,与深圳市发展和改革委员会(以下简称"发改委")战略性新兴产业发展专项资金等多项政策协同,促进企业的环保绿色发展。

总部位于深圳的比亚迪,2018 年总计投入 64707.58 万元用于环境保护相关投资,如进行技术改造和设备升级等。截至 2018 年 12 月 31 日,比亚迪内部合计使用 649 辆新能源车用于公务出行及员工交通;在车间物流方面,新增投入 640 辆比亚迪纯电动叉车替换传统的燃油叉车。同时,其在深圳坪山工业园建成的 25.8 兆瓦太阳能电站,年均发电 2820 万度。生产基地内使用 LED(Light Emitting Diode,发光二极管)节能灯、太阳能路灯,最大限度节约能源,实现绿色生产与运营。

(3) 引领技术进步,推进创新发展。

《中共中央 国务院关于支持深圳建设中国特色社会主义先行示范区的意见》明确提出,以深圳为主阵地建设综合性国家科学中心。2018 年,深圳在创新上持续"发力",制定加强基础研究的实施办法,开展芯片、医疗器械等 10 项关键零部件的重点技术攻关,开工合成生物研究、脑解析与脑模拟等重大科技基础设施,启动建设肿瘤化学基因组学国家重点实验室,新组建第三代半导体研究院等新型基础研究机构,全社会研发投入超过 1000 亿元,占 GDP 的比重已经达到 4.2%,相当于以色列的水平。PCT(Patent Cooperation Treaty,专利合作条约)国际专利的申请量在全国大中城市排名中保持 15 连冠。

2018 年,深圳持续优化创新环境,出台鹏城英才计划等政策,建立国家级人力资源服务产业园。全年新引进人才 28.5 万名、增长 8.4%,新增全职院士 12 名、总量增长 41%,新增高层次人才 2678 名、增长 59%。

近两年，深圳成立鹏城实验室和深圳湾实验室，成立了10个诺贝尔奖实验室和13个基础研究机构，希望吸引一大批科学家和年轻科技人员来到深圳，从事基础研究，补齐深圳的创新链短板，抢抓粤港澳大湾区的重大机遇，建设国家可持续发展创新示范区，打造具有世界影响力的创新创意之都和国际科技创新中心。

(4) 以人为本，尊重员工、客户和消费者。

劳动者和消费者是企业重要的两个利益相关方，维护和保障职工和消费者权益是企业社会责任的核心内容。

深圳民营企业龙头华为公司通过员工多元化、员工健康保障和建立良好的员工工作环境三大方面保障员工权益。2018年5月，埃博拉疫情又一次在西非的土地上爆发，华为第一时间响应，在疫情涉及的国家和地区成立了由专人负责的监控小组，建立信息通报机制及疫区人员出入管理规定，同时邀请专家开展了多场知识讲座，并派遣具有丰富医疗经验的专家前往一线，系统地管理疫区员工及家属健康。截至2018年年底，华为员工及家属无一人感染埃博拉病毒。

(三) 2018—2019 年深圳外资企业社会责任发展

1. 深圳对外经济及外资企业发展概述

对外开放是我国的基本国策，深圳作为中国对外开放的窗口，在中国改革开放和国际贸易发展的背景下，率先建立起比较完善的社会主义市场经济体制，深圳外贸出口27年皆位居全国首位。2018年，深圳更是发布"营商环境改革20条""深圳90"改革措施，进一步对标国际一流标准，吸引国内外资源聚集。截至2018年年底，深圳引进外商直接投资项目共计82025个，累计实际使用外资金额998.53亿美元。2018年全市设立外商投资企业14834个，同比增长119.54%；实际使用外资82.03亿美元，同比增长10.83%。

2019年7月，深圳召开了2019年招商引资大会，披露深圳2019年上半年实际利用外资的初步统计达到43亿美元，同比增长了6.8%。而在数量增长的基础上，结构更优，高技术产业部分增长484%。种种现象说明，外资企业对深圳的经济非常看好。

2. 2018—2019 年深圳外资企业社会责任建设

深圳外资企业在深积极履行社会责任，将企业在母国的社会企业责任理念和管理引入东道国，并结合深圳的特点和中国的国情，推动社会责任本土化，取得了良好的绩效和评价。

（1）依托公益项目，发展慈善事业。

与国企和私企不同，外企一般依托公益项目来发展慈善事业，进而履行企业在东道国的社会责任。在深外企开展的公益项目既具有外资企业的特色，着重环保、运动和集体参与，又兼顾东道国的情况，根据中国的特色选择受益对象。不少深圳外企的公益项目已经进行多年，形成了一定的规模。

香格里拉酒店集团一贯坚持以经济、社会和环境可持续性的方式进行经营，同时平衡各相关利益方之间的关系。深圳福田香格里拉大酒店通过香格里拉人文关怀项目拥抱计划，与受益人深圳恩派公益组织发展中心达成了10～15年的合作关系，旨在帮助在深圳务工的农民工子女。另外，深圳香格里拉大酒店经常利用各类节日和公益日，在酒店内开展宣传活动，呼吁客人们保持低碳环保的生活方式。2019年11月，深圳香格里拉大酒店携深圳福田香格里拉大酒店正式启动"奔向未来"公益行动，通过跑步的方式，鼓励员工和消费者共同参与公益行动，为环境可持续发展贡献一份力量。

2019年5月，深圳大中华希尔顿酒店携手满天星青少年公益发展中心为广东省新兴县太平镇襦村小学的孩子们捐建联名图书馆，配置适合当地教师和青少年儿童阅读的图书，派出志愿者队伍，组织相应的阅读推广活动来拓展教师和孩子们的视野，从而提高孩子们的阅读兴趣和养成良好的阅读习惯，取得了良好的社会反响。

（2）社区参与和发展。

外资企业常用"社区参与和发展"这个词组来总结社会责任。深圳外企知行合一，积极参与深圳的社区建设，为深圳发展做出了贡献。2019年4月，友邦深圳携手深圳市志愿服务基金会、深圳市公共安全义工联、深圳市社会急救协会共同发起城市急救公益项目计划，旨在通过公众场所AED（Automated External Defibrillator，自动体外除颤器）急救设备的安装及公众急救知识的培训，全力搭建全民互助急救平台，助力深圳成为全国首个全面实现"黄金4分钟"社会急救的城市。2019年5月，安利公益基金会携手深圳市关爱行动组委会办公室共同组成慰问团前往中国医学科学院阜外医院深圳医院（深圳市孙逸仙心血管医院）和香港大学深圳医院慰问了一线医护人员，给白衣天使们送去了一份特殊的关爱。在深圳的教育、医疗、卫生等领域都能看到深圳外企公益参与的身影，体现了深圳外企对地区发展的社会责任担当。

（3）承担环境责任，践行绿色发展。

随着全球资源短缺和环境污染问题的日益加剧，企业环境责任作为企业社会责任的重要内容，越来越受到企业的高度关注。深圳外企践行环境责任的途径主要有两种，内部节能减排改造和企业外环境责任建设。

富士施乐深圳工厂作为富士施乐最主要的生产基地，是深圳用能最高的工厂，因此，其于2015年导入ISO（国际标准化组织）50001能源管理体系，目前已成为业内迄今为止唯一一家能够真正解决电子垃圾污染问题的整合资源循环系统工厂。2019年3月，富士施乐深圳工厂完成能源管理中心的整体建设，并成功与深圳市能源管理平台对接，实现了对全公司范围用电的实时监控，改进和优化了能源平衡，实现了系统性节能降耗的管控一体化。近两年，越来越多的深圳外企出现在企业外部的环境保护工作中。2019年，宝洁中国携手沃尔玛中国与壹基金在沃尔玛深圳景田店成功举办净水计划，旨在改善农村地区学校饮用水现状，提高学校师生水卫生意识。深圳外企在环境责任领域积极参与、相互合作，形成了良好的社会口碑。

（4）保护消费者权益。

消费者是组织提供产品和服务的对象，是受组织决策和活动影响最大的利益相关方之一，企业对消费者的责任是企业经营的重中之重。深圳外企严格自控品质，并且以创新的方式保障消费者权益。

沃尔玛食品安全创新平台自2017年创建以来，积极推动食品安全技术创新、主动应对传统以及新兴的食品安全挑战，聚焦食品安全议题，联合食品行业全产业链的利益相关者，共同探索最具创意的解决方案，并且集中资源快速追踪和支持具有前瞻性的项目，在沃尔玛及其合作伙伴所提供的真实的供应链中验证其可行性。平台3年来多次举办各类活动，在促进行业发展的同时，增强了整个供应链的透明度，提高了消费者的信任度。

三、深圳企业社会责任建设的经验与不足

（一）深圳企业社会责任建设的经验

1. 推进企业社会责任的立法建设

著名的企业社会责任"同心圆模型"揭示出企业社会责任应当包含的范畴即"法律责任、道德责任和经济责任"，其中法律责任属于最内环，即企业承担的企业社会责任中最低程度的要求。一方面，深圳认真贯彻落实国家法律法规及各部门规章的要求，并针对本地区的实际情况做出具体解读，为企业的社会责任实践提供指导。另一方面，深圳在2006年就提出了《深圳率先建立企业社会责任体系的建议》的提案，为后续法律法规的建设提供了基础。2017年，深圳出台了《关于进一步促进企业社会责任建设的意见》，以及与之配套的两个标准化技术指导文件《企业社会责任要求》和《企业社会责任评价指南》，组成了国内首个企业社会责任地方标准体系，使深圳企业履行社会责任有了"深圳标准"。

企业社会责任的法律建设，有助于构建企业社会责任的基础框架，为企业履行社会责任提供明确的立法指导，有利于为企业的社会责任担当提供确切的法律依据和有效的外在强制行政支持，也有利于加强对自然资源的合理利用、对环境和利益相关方的保障。

2. 推进企业社会责任的政府建设

企业社会责任的落实除企业自觉之外，还要通过政府各个职能部门的针对性引导、监督来实现。深圳一直致力于多个政府职能部门相互协调、共同监管企业的社会责任实践。我国没有专门的企业社会责任主管部门，但深圳有专设的企业社会责任政府目标，如深圳企业社会责任促进会、深圳市创新企业社会责任促进中心。在政府部门的推动下，2018年，深圳进行了首届深圳企业社会责任评价；近年来，深圳政府更是设立多个企业社会责任奖项，多次举办大型企业社会责任论坛。

3. 推进企业社会责任的国企建设

国有企业是我国国民经济的中流砥柱，是与跨国公司抗衡的主力军。因此，国企的企业社会责任建设不仅不能落后于世界一流企业，而且还要为其他企业起到模范表率作用。深圳国资委和国有企业非常重视企业社会

责任的发展，出台了企业社会责任的各项指导意见，探索建立市属企业履行社会责任的考核机制。2018年，深圳市国资委率先发布了深圳国企社会责任报告。多家国企更是为脱贫攻坚、"一带一路"建设做出了显著贡献。

国有企业在国民经济的关键领域和重要部门中处于支配地位，为确保国民经济持续、快速、健康发展，发挥着重大作用。国企推动企业社会责任建设，产生的社会影响力、号召力较大；同时，国企社会责任的建设与国家和地区的社会责任建设更为相似，或者是直接承担着国家和地区的社会责任建设任务，因此，对社会责任建设的理解更加准确、落实更加到位。

（二）深圳企业社会责任建设的不足

1. 企业对企业社会责任的内涵认识不足

深圳企业社会责任建设布局早、发展快，取得了显著的成就。但是，深圳部分企业对于企业社会责任的践行存在一定的问题。越来越多的企业逐渐认识到企业社会责任的内涵，但仍存在一些企业将企业社会责任当作一种树立形象、扩大知名度的手段，社会责任建设停留在表面甚至是作秀阶段。而且仍有少部分企业存在对消费者不负责、对环境不负责的情况，这样的企业无论其外面的公益慈善事业开展得多丰富，其在社会责任建设方面也是属于舍本逐末。

2. 企业的企业社会责任建设体系不完善

政府对企业社会责任的评估有相关体系，企业对企业社会责任建设也应该有体系。深圳许多企业社会责任建设不具有体系和规范，很多领域的建设是浅尝辄止，开展的工作不具有阶段性和连续性。建设一个体系并不是一蹴而就的，但是企业可以着眼长远，慈善项目不要一年一换，环境评估可以多年跟踪，在连续、有序的企业社会责任建设之中摸索经验，形成企业自己的企业社会责任建设经验，构建企业自己的企业社会责任建设体系，在这个过程中将企业社会责任植入公司文化的灵魂。

3. 政府对中小企业和社会责任建设不规范企业的促进和激励相对较少

深圳政府和相关组织对深圳各类企业社会责任的促进工作走在了全国前列，近几年来更是不断发力规范、奖励社会责任建设，取得了显著的成绩。但是美中不足的是，其对中小企业和社会责任建设不规范企业的促进和激励相对较少，而社会责任建设成果显著的企业在激励和实践之下对企业社会责任的内涵认识更加深刻、成果更加显著。长此以往，可能会导致企业在社会责任方面的差距越来越大。

4. 部分企业在公益事业社会责任建设方面相对落后

深圳大多数企业没有认真考虑公益事业与公司的可持续发展之间的关系，没有充分认识到公益事业对于公司软实力提升的重要意义，因此没有将公益事业纳入企业经营管理战略，没有形成具有科学性、规范化、制度化的企业公益事业运作机制，更何况是公益文化事业的建设。这导致企业公益活动产生了被动性、单一性。很多公益事业的发展，依然主要靠政府和非营利组织支持。

四、深圳企业社会责任建设展望

习近平总书记指出，中国发展仍处于重要战略机遇期，经济发展进入了"新常态"。深圳的企业社会责任建设也处于重要战略机遇期，我们从深圳企业社会责任建设的发展情况出发，展望企业现代治理的新常态。

（一）培养企业履行社会责任建设的意识

近年来，企业社会责任建设作为企业发展越来越重要的组成部分，理应得到企业的重视。深圳企业应该将企业社会责任融入企业文化、企业创新之中，而不是作为一种负担和任务，企业应当将企业社会责任建设融入企业的各项工作之中，再通过企业社会责任评价反哺企业发展，让企业社会责任建设成为新常态。

（二）强制披露企业社会责任信息

鼓励企业以社会责任报告的形式向社会大众公布本企业履行社会责任的情况，逐渐形成企业社会责任披露机制。然而，实践中，大多数企业报告更注重宣传效应，或者是为了做报告而做报告。

（三）加强企业责任文化建设

企业责任文化是企业文化的一个重要部分，体现了企业的文明程度、综合实力。在激烈的市场竞争中，企业要想脱颖而出，必须注重责任文化建设，其中重要的一部分就是对员工的培养。员工在企业中接受了良好的责任教育和责任文化熏陶，在企业之外更容易成为遵纪守法、爱护环境的好公民。

（四）加快企业社会责任治治化建设

企业社会责任立法是生态文明建设的基石，是企业社会责任建设的总抓手，是引导企业履行社会责任的风向标，是企业实现可持续发展的根本保证。在全面依法治国的时代背景下，企业社会责任建设必然要走上法治化道路。

参考文献：

[1] 余治国. "外资青睐深圳"传递中国经济强大韧性信号［J］. 中国外资，2019（8）.

[2] 张勇，唐红祥. 深圳市民营企业发展的短板及对策研究［J］. 特区经济，2019（2）.

[3] 张国玖. 企业社会责任：深圳治市新理念［J］. WTO经济导刊，2006（12）.

2018—2019年深圳社会工作服务发展报告

陈火星　景欣　刘康婷*

摘要： 深圳社会工作自2007年发展至今已有10余年的历程，分别在社会工作政策发展、社工人才队伍职业化专业化建设、社会工作服务机构规范发展、社工服务领域深化拓展等方面取得了良好成效。本报告从上述方面审视深圳社会工作服务发展的现状，反思深圳社会工作发展过程中尚待解决的问题，并在此基础上展望深圳社会工作的发展。

关键词： 深圳；社会工作；发展现状；展望

一、深圳社会工作政策发展情况

（一）深圳市社会工作政策分析

2007年，深圳市委、市政府出台的《关于加强社会工作人才队伍建设推进社会工作发展的意见》及七个配套文件（以下简称"'1+7'文件"）是深圳发展社会工作的顶层设计，为现代社会工作制度的形成奠定了基础。在此基础上，深圳市民政局和深圳市社会工作者协会（以下简称"深圳市社协"）相继发布了一系列政府规范性文件和行业规范制度（见表1），对社工机构运营、专业服务、督导、评估等方面进行了规范，逐步形成了以党委领导、政府主导、社会力量广泛参与、坚持社会工作职业化专业化发展、符合中国国情、具有深圳特点的现代社会工作制度体系。深圳社会工作制度体系撷取发达国家和地区社会工作制度建设的经验，并对其进行本土化转化，为国内城市开展社会工作制度建设提供了重要的参考样本。

---

* 陈火星、景欣，深圳社工协会社会工作师；刘康婷，深圳社工协会助理社会工作师。

表1 深圳市社会工作规范性文件（2007—2019年）

序号	政府规范	发文单位	发布时间
1	《关于加强社会工作人才队伍建设推进社会工作发展的意见》 1. 深圳市社会工作者职业水平评价实施方案（试行） 2. 深圳市社会工作人才教育培训方案（试行） 3. 深圳市社会工作专业岗位设置方案（试行） 4. 深圳市社会工作人才专业技术职位设置及薪酬待遇方案（试行） 5. 深圳市发挥民间组织在社会工作中作用的实施方案（试行） 6. 深圳市财政支持社会工作发展的实施方案（试行） 7. 深圳市"社工、义工"联动工作实施方案（试行）	中共深圳市委、市人民政府	2007年
2	《社工机构行为规范指引》	深圳市民政局	2008年
3	《深圳市民政局系统编制内社工岗位设置实施办法（暂行）》	深圳市民政局	2009年
4	《深圳市社会工作事业发展"十二五"规划》	深圳市民政局	2012年
5	《深圳市资助企业社会工作实施办法》	深圳市民政局	2015年
6	《深圳市社会工作服务机构绩效评估实施办法》	深圳市民政局	2015年
7	《关于执行购买社会工作岗位新标准的通知》	深圳市民政局	2016年
8	《深圳市社区党群服务中心政府购买项目服务标准》	深圳市民政局	2016年
9	《深圳市民政局关于进一步规范和加强我市社会工作督导工作的指导意见》	深圳市民政局	2019年

续表1

序号	行业规范	发文单位	发布时间
1	《深圳市社会工作者守则》	深圳市社协	2009年
2	《深圳市2009年度社工督导人员上岗指引》	深圳市社协	2009年
3	《深圳市社会工作行业投诉处理规范（暂行）》	深圳市社协	2010年
4	《深圳市社会工作者登记和注册管理办法》	深圳市社协	2010年
5	《深圳市社会工作者协会章程》	深圳市社协	2009年
6	《深圳市社会工作者初级督导选拔考核管理办法》	深圳市社协	2011年
7	《深圳市社会工作者督导助理选拔与聘用办法》	深圳市社协	2011年
8	《深圳市社会工作者继续教育实施细则》	深圳市社协	2010年
9	《香港社工来深执业管理办法》	深圳市社协	2013年
10	《深圳市社区服务中心顾问管理办法》	深圳市社协	2013年
11	《深圳市社会工作督导管理办法》	深圳市社协	2014年
12	《深圳市社工人才安居管理办法》	深圳市社协	2014年
13	《深圳市社会工作应急预案》	深圳市社协	2014年
14	《深圳市中级督导选拔办法》	深圳市社协	2016年
15	《深圳市社区志愿服务管理办法》	深圳市社协	2017年
16	《深圳市社会工作信息管理办法》	深圳市社协	2017年
17	《深圳市社会工作者协会标准化工作委员会管理办法》	深圳市社协	2018年

专业化和职业化是现代社会工作的基本特征，也是社会工作安身立命之本。深圳发展社会工作坚持从实际出发，借鉴香港发展社会工作的经验，以专业化和职业化为导向，初步建立现代社会工作制度体系，主要包括注册和继续教育制度、督导和顾问制度、评估和监管制度。这在社工人才政策方面主要体现在"1+7"文件中的职业水平评价、社工教育培训、岗位设置和职级与薪酬待遇四个方面。同时，市社工协会以行业规范的形式从社工注册管理、专业守则、继续教育、督导选拔、人才安居、关爱互助基金、投诉处理等方面进行行业规范。政府的规范性文件和行业自律规范互相衔接，形成闭环管理的深圳市社工人才政策体系。

（二）深圳市各区社会工作人才政策分析

目前，深圳市已有7个区（新区）出台并实施社会工作人才扶持政策，按照有效实施时间倒序排列，具体如表2所示。

表2 深圳市各区社会工作人才政策一览

序号	区域	有效实施时间	政策名称
1	大鹏新区	2019年4月	《深圳市大鹏新区社会工作专业人才扶持激励办法》
2	龙岗区	2019年3月	《龙岗区深龙社工英才计划实施细则》
3	盐田区	2018年1月	《盐田区专业社会工作者职业分级管理办法》《盐田区专业社会工作者职业分级实施细则》《盐田区专业社会工作人才激励实施办法》
4	宝安区	2017年12月	《宝安区社会工作人才扶持办法》
5	光明区	2017年9月	《光明新区社会工作人才激励扶持办法》
6	坪山区	2017年9月	《坪山区社会工作人才扶持办法》
7	龙华区	2016年1月	《龙华新区社工专业人才专项扶持实施细则（修订稿）》

经过对各区社会工作人才扶持政策进行比较，各区扶持激励对象主要面向社工，仅宝安区有对社工机构的奖励。对社工的扶持政策包括：人才评级评定（如星级）、职称补贴、学历补贴、职级补贴、评优奖励、课题奖励及其他奖励措施。（见表3）

表3 深圳市各区社会工作人才激励扶持政策概况

措施类型	区（新区）	主要内容
人才评级补贴	大鹏新区	分五个星级，每人每月各个星级分别为300元、500元、800元、1000元、1500元的奖励
	坪山区	分三个星级，每人每月各个星级分别为600元、1000元、1500元的补贴
	光明区	分五个星级，每人每月各个星级分别为100元、200元、500元、800元、1000元的补贴
	盐田区	依据职业水平等级、学历、专业资质等条件分4层级、9职级。依据职业水平等级、专业资质和督导资格等级设定1—4级社会工作主任

续表3

措施类型	区（新区）	主要内容
考证奖励	龙华区	社工从业人员、居委会工作人员助理社会工作师1000元，社会工作师2000元
	福田区	福田区户籍居民及宝安区社区工作者助理社会工作师1000元、社会工作师3000元
	宝安区（福永街道）	宝安区户籍居民及宝安区社区工作者助理社会工作师1000元、社会工作师3000元、高级社会工作师5000元
	龙岗区	服务满1年，对社会工作师和高级社会工作师分别一次性给予8000元、1.2万元的奖励。 在龙岗区社工岗位或项目服务满1年且期间考取助理社会工作师证书的龙岗区户籍居民，一次性给予3000元奖励
	坪山区	户籍居民助理社会工作师1000元、社会工作师2000元
	光明区	户籍居民助理社会工作师1000元、社会工作师2000元
	盐田区	社会工作师5000元、高级社会工作师2万元
	大鹏新区	助理社会工作师1000元、社会工作师2000、高级社会工作师3000元
职称补贴	龙华区	服务满1年，每人每月： 助理社会工作师，200～500元。 社会工作师，本科为300～1000元。 高级社会工作师，700～2000元
	大鹏新区	一次性给予1000元、2000元、3000元的奖励
	坪山区	一次性给予1000元、2000元、3000元的奖励
	龙岗区	服务满1年，一次性给予3000元、8000元、1.2万元的奖励
	宝安区	服务满2年，每人每月： 助理社会工作师，200～500元。 社会工作师，大专300～1000元、本科500～1000元。 高级社会工作师，1000～1500元
	光明区	一次性给予1000元、2000元的奖励
	盐田区	服务满1年，具备5年以上社会服务经验，对社会工作师、高级社会工作师分别给予5000元、2万元的奖励

续表3

措施类型	区(新区)	主要内容
学历补贴	龙华区	硕士：300元/月；博士：500元/月
	坪山区	连续服务满3年，硕士：1万元；博士：2万元
	龙岗区	硕士：5万元；博士：10万元
	宝安区	连续服务满3年，硕士：1万元；博士：2万元
	光明区	签订3年合同，硕士：1万元；博士：2万元
	盐田区	服务满1年，硕士：2万元；博士：5万元
	大鹏新区	签订3年合同，服务期限届满，硕士：1万元；博士：2万元
职务补贴	宝安区	服务满2年的社区中心主任：300元/月/人
	光明区	初级督导以上：一次性奖励2万
评优奖励	大鹏新区	国家：1万元；省：0.8万元；市：0.5万元
	龙岗区	中高级社工服务人才经考核，优秀等级，给予2.5万元奖励；良好等级，给予1.5万元奖励。 社工督导人才经考核，优秀等级，给予2.5万元奖励；良好等级，给予1.5万元奖励。 社工管理人才经考核，优秀等级，给予2.5万元奖励；良好等级，给予1.5万元奖励。 第一名的中高级社工服务人才、社工督导人才和社工管理人才，授予"深龙金牌社工""深龙金牌社工督导"和"深龙金牌社工管理人才"荣誉称号和证书
	宝安区	国家：3万~5万元；省：2万~3万元；市：1万~2万元
	光明区	十佳社工、十佳案例2000元
课题奖励	龙岗区	1. 发表课题研究成果，按照国家、省、市级分别给予5000元/篇、3000元/篇、1000元/篇的奖励。 2. 获市级或区级资助的课题，奖励最低5万元，最高不超过10万元

续表3

措施类型	区(新区)	主要内容
课题奖励	光明区	1. 发表专业文章，国家、省、市分别为800元/篇、500元/篇、200元/篇的奖励。 2. 参与编写专业书籍，主编、副主编、编委分别为3000元/人、1000元/人、500元/人。 3. 资助课题研究经费不超过5万元
	盐田区	1. 发表研究成果的，国家级核心期刊、一般期刊分别给予1万元、5000元奖励。 2. 完成与盐田区社会工作相关省级以上课题，给予2万~5万元奖励
人才安居	龙华区	建立关于住房优惠等内容的配套政策体系(《龙华新区关于大力发展社工事业的实施意见》)
	大鹏新区	市级统筹范围外的按大鹏新区"鹏程计划"人才安居工程实施办法等相关规定执行人才安居政策，未享受政策的给予人才安居补贴：200元/月/人
	坪山区	人才安居补贴：400元/月/人
	龙岗区	社工依据"深龙英才计划"享受人才安居等政策待遇
	光明区	协助落实积分落户、人才安居等
	南山区	南山区人才安居定向配租，最高20000元/人/年，南山区社会组织、≤40套/社会组织，目前60余人
其他措施	龙华区	引进中级社会工作师或硕士学位人才签订2年服务协议，一次2000元奖励；高级社会工作师职称或博士学位，一次5000元奖励
	大鹏新区	社工相关专业但未考取社工证书的或持证未连续工作满一年，考核合格给予每人每月150元补贴，补贴时限12个月；特殊困难社工救助：一次性给予5000元

续表3

措施类型	区（新区）	主要内容
其他措施	龙岗区	困难社工补助：一般困难、困难及特别困难分别给予1万、1.5万、2万。 年度考评优秀和良好的中高级社工人才，可按照个人承担培养费用的50%给予补贴，总额不超过1万元。 社工人才精品课程：奖励5000元
	宝安区	生活补贴：满1年持证社工，给予200元/月/人。 困难社工补助：生活困难的补助5000元。 重大疾病按自费金额的20%，最高不超过2万元
	光明区	继续教育：按10元/学时给予补贴（45分钟/学时）。 基层工作补贴：满1年后200元/月/人
	盐田区	每年生活补贴：按职称，社会工作师5000元、高级社会工作师1万元；按学历，硕士1万元、博士2万元；按职级，社会工作主任（3～4级）1万元、社会工作主任（1～2级）2万元。 担任机构法人，服务满3年，购买经费累计50万元以上，给予5万元奖励
	南山区	社工纳入南山区"领航人才"计划

注：由于政策的时效性，本统计表罗列的各区社工人才政策可能与各区现行有效政策有一定差异。

在薪酬方面，全市除盐田区设置了社会工作职业定级、晋级及相应的薪酬待遇，并制定了盐田区专业社会工作者职业定级与薪酬指导一览表外（具体见表4），其他区均仅根据《深圳市民政局关于执行购买社会工作岗位新标准的通知》的有关规定，将购买社工岗位整体打包标准设置为9.3万元/人/年，[①] 而该9.3万元除社工基本工资外还包含社工机构行政管理费和五险一金等费用，社工月收入税前5000元左右。

---

① 深圳社工薪酬待遇随2016年政府购买经费的提升，岗位社工有提升，2016年政府购买社工岗位整体打包标准从7.6万元/人/年提升到9.3万元/人/年。

表4　盐田区专业社会工作者职业定级与薪酬指导一览

职级	层级/职级			政府购买标准（元/人/年）	工资（元/月）			单位缴纳（元/月）		过节费（元/年）
					应发工资	基础工资	职级工资	社保	公积金	
1	社会工作主任	高级社会工作师		256722	15500	8000	7500	3518.5	775	
2				226074	13500	8000	5500	3065	675	
3			社会工作师	195426	11500	6300	5200	2611	575	
4				164778	9500	6300	3200	2157	475	
5			助理社会工作师	134130	7500	4700	2800	1703	375	4000
6				121105	6650	4700	1950	1510	333	
7				108079	5800	4700	1100	1317	290	
8			社会工作员	83561	4200	3700	500	953	210	
9				78964	3900	3700	200	885	195	

注：①设4个层级和9个职级，其中：社会工作主任1—4级，高级社会工作师1—3级，社会工作师3—5级，助理社会工作师5—7级，社会工作员8—9级。应发工资1—5级每级级差为2000元，5—7级级差为850元，7—8级级差为1600元，8—9级级差为300元。②工资方面：工资分为基础工资和职级工资两部分。月包干薪酬包含个人应缴社保及公积金、加班费、高温津贴等。③福利方面：过节费按国家7个法定节日发放，春节发放1000元，其他每个法定节日发放500元。④社保方面：单位和个人缴交社保标准按月应发工资合计数为基数，按社保局相关政策购买五险，缴费比例分单位和个人缴交（具体以社保局实际扣除的数额为准），单位缴交部分由单位负担。⑤公积金方面：单位和个人各承担月应发工资合计数10%。⑥根据深民函〔2016〕760号《深圳市民政局关于执行购买社会工作岗位新标准的通知》规定，机构运营管理费按照7.6万元/人/年的20%，即1.52万元/人/年计算。

综上，各区在职称补贴上均有给予奖励，此外，八成以上的区设置了考证奖励、学历补贴，超过六成的区开展了评优奖励，超过五成的区设置了课题补贴、职级补贴、住房补贴、课程或继续教育补贴等。目前共有7个区有单行的社工人才政策，福田区、南山区社工纳入区人才政策有部分的激励措施，罗湖区则没有相关社工人才激励措施。

1. 深圳市各区社会工作人才政策实施成效

各区人才政策实施特点如下：各区单行的社工人才政策普遍实施"普

惠政策"，但各有侧重。除社工人才补贴之外，各区还创造人才发展环境，通过多种举措提升社工人才待遇。龙华区大力引进高端社工人才，主办社工期刊、开展才艺大赛、培训交流会、表彰活动以及相亲活动，提升社工专业水平、丰富社工日常生活；宝安区建立人才信息库，并将继续教育、团队建设纳入扶持范围；盐田区则同时满足"保障一线社工"和"吸引中高级人才"，通过人才引进、人才保障、人才表彰来稳定人才；大鹏新区考虑到地理位置因素，在增加普惠型内容之外，还建立了本地青年社工人才库，鼓励吸纳本土社工就业，这在一定程度上能够吸引和留住行业初级人才，但对能力突出、专业性强的优秀人才吸引力较小；龙岗区的政策则侧重于综合优秀的管理人才和社工督导人才。

2. 各区人才政策实施中存在的问题

各区人才政策实施中存在的问题主要体现在以下两个方面：一是申请渠道的问题。大鹏新区因非社工本人申请，采取的是"考核＋申请"的方式，在短时间内完成全面考核后才能申请，因此，有部分社工经考核后不能享受或只能享受最低星级标准，落差较大容易打击社工的积极性。而龙华区非社工类的社会组织也考取了社工证前来申请，之前却没有在龙华区民政局或社协备案，导致审核时无法确保今后的监督和约束力度。二是政策落地是逐步开展的，存在同工不同酬现象，从而导致产生社工流动频繁的问题。

3. 各区人才政策实施成效总结

总体而言，社工人才的扶持政策对区域社工来说有着较大的积极效应，既增强了社工对区域服务的归属感，也降低了社工流失率，一定程度上保证了社工的稳定性。人才是系统工程，目前亟须建立起全面、可持续、系统性的社工人才扶持政策，同时扩大受惠面积和适当提高惠及力度。

二、深圳社工人才队伍职业化专业化建设

（一）社工人才队伍基本情况

社会工作人才是加强社会建设、参与社会治理的专业力量，社会工作的发展离不开社会工作人才队伍的培育。深圳市自2007年10月起，以"1+7"文件为标志，大规模推进社会工作人才队伍建设和社会工作发展。经过10余年的发展，深圳社工队伍从无到有逐步壮大，其专业化服务逐

步得到社会认可，成为社会建设的重要抓手。目前，深圳市持有社会工作者职业资格证书的人数累计达 21106 人。①，社工行业从业人员达 9732 名，专业社工达 7859 人。（见图 1、图 2）

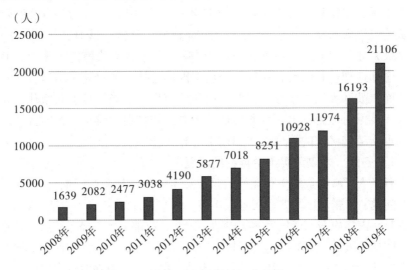

图 1　深圳市历年累计持证人数情况

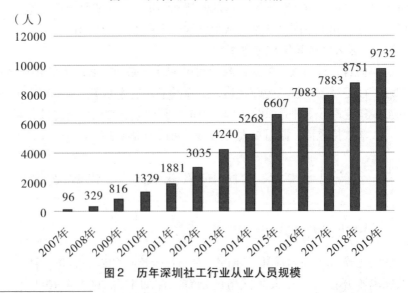

图 2　历年深圳社工行业从业人员规模

---

① 深圳市持有社会工作者职业资格证书的数据来源于深圳市考试院，统计点为 2019 年 12 月 31 日

自2007年全市社会工作度试点以来,深圳开始聘用香港督导、顾问,同时培养本土督导人才、建立本土督导人才体系,逐步搭建起深圳社会工作督导人才"四级"梯队。根据《深圳市社会工作督导管理办法》的相关规定,以一线社工为基数,分别按照7∶1、21∶1、63∶1的比例配比督导助理、初级督导、中级督导。经过10年左右的发展,深圳逐步形成了"一线社工—督导助理—初级督导—中级督导"的四级人才梯队。目前,深圳市本土督导人才队伍中,中级督导23人、初级督导361人、督导助理766个,① 实现了督导助理与初级督导配比全覆盖。(见图3)

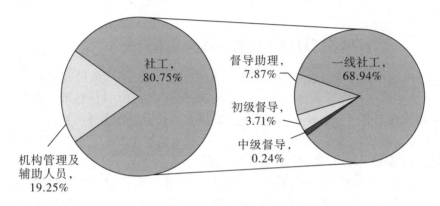

图3 深圳社会工作督导人员状况

(二)社工人才培训体系情况

为了提升深圳社会工作专业服务质量和社工人才素质,深圳构建了多层次、立体化的社工人才培训体系。目前,深圳建立了管培分离的模式,这是在深圳市民政局的指导监督下,由深圳市社会工作者协会开展行业培训管理工作,以深圳市经济特区社会工作学院平台为主要支撑,横纵多层次的社工人才培训架构模式。横向方面包括初、中、高级培训,初级层次包括新社工岗前培训、分领域培训、社区营造与社区培力等;中级层次包括社工督导人才梯队培训、社工明星讲师培训、社区基金会人才专项培训等;高级层次包括中国社会创新成长计划、社会组织中高端人才培训、境外公益机构跨界培训等。纵向方面培训手段统一与个性化同时兼顾,运用

---

① 督导人才队伍数据来源于深圳社会工作者协会,统计点为2020年1月10日。

"互联网+"思维,以O2O(Online to Offline,线上到线下)模式开展线上线下相结合的培训。其以三大类二十八个系列的153门专业课程为支撑,以全国首支创客教育影响力基金为依托,以内地首个规模达200人的民间社工明星讲师团为内训导师,以"教学相长"和"产研互动"为理念形成九大社会工作服务指标体系和十四个服务领域专业课程体系。10余年间,深圳举办的社会工作的各类培训达2383期(含机构自办培训),参训人员超过8万人次。

三、深圳社会工作服务机构规范化发展

(一)深圳各区社会工作服务机构基本情况

根据市区两级社会组织登记部门的数据,以及深圳市民政局网站的"社会组织信息公开平台"显示:截至2020年1月10日,在市区两级社会组织登记部门登记成立,而且业务范围含有社会工作服务的社会组织共208家。其中,民办非企业单位社会工作服务机构185家,市、区和街道社工协会14家,其他相关社会组织9家。

185家社工机构分布如下:市级59家、福田区11家、罗湖区10家、盐田区7家、南山区23家、宝安区15家、龙岗区12家、龙华区19家、坪山区8家、光明区17家、大鹏新区4家。(见图4)

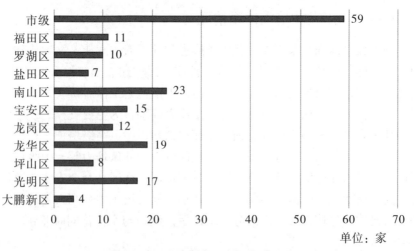

图4 市、区两级社工机构数量分布

（二）深圳社会工作服务实践模式

深圳社会工作经过社会化发展，形成了"岗位+项目+社区"多元化的社会工作实践模式。2008年，深圳探索社会工作岗位"嵌入"政府职能部门及事业单位；2009年，开始通过举办公益项目大赛鼓励和扶持社会工作项目发展；2011年起，大规模推进社区服务中心（现整合为"社区党群服务中心"）建设。截至2019年第四季度，深圳社工服务已覆盖全市各区、街道和社区，累计通过1394个社工服务点、398个其他社工项目及683家社区党群服务中心开展专业社会工作服务。深圳不断创新和拓展社会工作服务领域，深圳社工服务从民政、妇女儿童、禁毒、学校教育、司法、卫生等服务领域开始，正逐步拓展到残障、企业（工会、劳务工）、青少年（团委）、人口计生、社区、信访、综合治理、其他（少数民族、军队）等十四个服务领域。[①] 根据参加"2019年第四季度深圳社会工作行业信息收集工作"的78家单位填报的数据汇总，截至2019年第四季度，深圳十四个服务领域社工累计开展个案143650个、开展小组255179节、开展社区活动519347场次。（见图5）

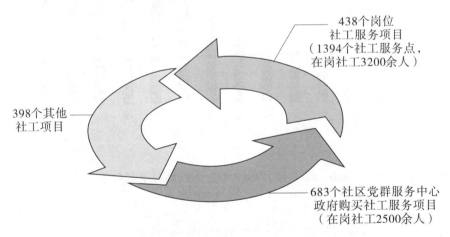

图5 深圳市社会工作三大服务方向

---

① 数据来源于深圳市社会工作季度数据报告（2019年第四季度）。

（三）深圳社会工作组织运作特点

在深圳社会工作"1+7"文件的指导下，深圳市鼓励社工行业组织和服务机构自主发展，市民政局等政府部门委托深圳市社会工作者协会开展登记注册、培训交流、督导顾问、维权规范、评选激励、宣传推广、项目研发、研究倡导、活动策划、统筹援建等服务，打造社会工作行业枢纽型组织。同时，政府部门充分放权，赋予社工服务机构发展空间，鼓励社工服务机构独立运营、自主运作、打造品牌，逐步形成了行业自治、行业自律、社工行业组织和服务机构自主化与社会化运作的良好格局。截至2020年1月10日，在市区两级社会组织登记部门登记成立，而且业务范围含有社会工作服务的社会工作服务组织共208家。①（见图6）

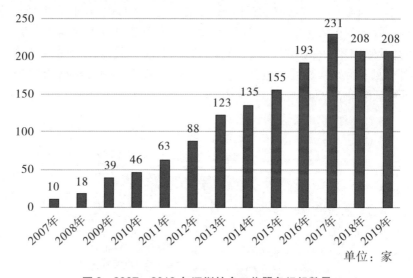

图6 2007—2019年深圳社会工作服务组织数量

四、深圳社会工作领域深化与拓展

深圳社工服务领域覆盖了各类群体，包括妇女儿童、老年人、青少年、教育、残障、医务、司法、禁毒、企业、少数民族与军队等10余个

---

① 根据深圳市民政局社会组织信息公开查询统计，数据统计点为2020年1月10日。

专业领域，服务总量达1000余万人次，同时不断细分服务领域，在社区、医务、精神卫生、禁毒等方面着力打造专业社会工作服务品牌。2010年，深圳在全国率先探索了企业（社会组织）购买社会工作服务模式，共有23家社会工作服务机构开展企业社会工作服务，累计1448名企业社工开展服务近35万人次。2015年，深圳市率先成立了全国首支灾害社会工作志愿服务队，市、区、街道三级灾害救援社工已发展至300余人。2016年，深圳市在医务社工中遴选121名社工参与中美合作的全市精神卫生社工培育，与市卫生健康委联合推动精神卫生领域专业社工服务。2017年，深圳市与市检察院联合发文推动社工介入涉罪未成年人保护工作，深化司法社工服务（各领域服务详见表5）。

表5 深圳社会工作服务领域简介

序号	服务领域	服务场所	备注
1	社区领域	分布在全市683个社区	服务全覆盖
2	民政领域	主要分布在各级民政机关、部分慈善会、福利院、救助站、殡葬管理机构、拥军机构、军休机构、婚姻登记机构、捐助接收机构	《老年社会工作服务指南》
3	禁毒领域	主要分布在各级禁毒办、戒毒所、社区戒毒康复站	《禁毒社会工作服务指南》2019年已报民政部立项
4	司法领域	主要分布在各级司法机关、各级政法机关、各级公安机关、人民调解项目、法律援助服务机构	2017年，市民政会同市检察院印发了《关于联合推进深圳社会工作者参与未成年人检察工作的意见》
5	残障领域	主要分布在各级职康中心、各级残联机关、特殊教育学校、福利机构残障人士服务部门	—
6	学校教育领域	主要分布在各类学校	—

续表5

序号	服务领域	服务场所	备注
7	工会（劳务工、企业）领域	主要分布在各级工会机关、各类企业	2013年，民政部下发了《民政部办公厅关于确定首批企业社会工作试点地区和单位的通知》，确定全国80个地区和单位成为企业社会工作试点，深圳企业社会工作服务在全国形成了引领示范效应
8	卫生领域	主要分布在各级卫生事务主管机关、各类医院、部分服务于患者及家属的项目	2016年，市民政局会同市卫计委印发了《关于印发深圳市精神卫生社会工作者培育方案的通知（深卫计公卫〔2016〕49号）》
9	青少年（团委）领域	主要分布在各级共青团机关、青少年活动中心	—
10	妇女儿童领域	主要分布在各级妇联机关	—
11	综治领域	主要分布在各级综治机关	—
12	信访领域	主要分布在各级信访机关、信访服务窗口	—
13	人口计生领域	主要分布在各级计生协会、个别社区	—
14	其他领域（少数民族、军队）	主要分布在各级民族宗教管理机关、部分军营	—

五、深圳社会工作服务成效

（一）制度先行，系统建构，探索本土社会工作实践模式

第一，制度先行，系统建构。2007年，深圳市委、市政府出台"1+7"文件，这是国内第一个关于社会工作人才培养、评价、使用、激励的机制和制度保障的综合性地方文件。在此基础上，2011年，深圳出台中长期人才发展纲要，社工人才培养工程位列九大工程之一；2014年，社工人才事务被纳入人才安居工程。同时，市民政局先后出台《社工机构行为规范指引》、《深圳市社区服务中心设置运营标准（试行）》、社工服务机构绩效评估办法、社工人才激励措施等规范性文件，社工行业先后出台《深圳市社会工作者守则》《深圳市社会工作者登记和注册管理办法》《深圳市社会工作者督导管理办法》等行业规范。通过系列政策创制，横向方面涵盖了社会工作者登记注册、继续教育、督导选拔管理，社工服务机构行为规范与评估，行业服务与管理，服务资助与监管4个主体权责；纵向方面对社会工作者行业准入、工作守则、纪律惩戒，社工服务机构行为规范与评估、退出机制全过程进行了系统性规范，初步构建了具有深圳特色的社会工作专业化职业化发展的制度体系。

第二，政府主导，社会运作。2008年，深圳率先按照"政社分离、政事分开"的原则，通过招标、竞标方式向社会公益性民间组织购买服务，并以合同方式确定双方的责、权、利，促进公益资源的共享及合理分配，推动政府从直接"养机构、养人、办事"向购买公益性民间组织服务转变。截至2018年年底，市、区民政部门共投入社工服务购买经费39.75亿元。全市各级政府积极为社工机构创造项目平台，推动社工服务向社会服务领域延伸。比如开展民生微实事项目，财政资助每个社区200万元/年，其中80%以上民生服务类项目由社工机构负责执行。同时，深圳以中国公益慈善项目大赛为平台，链接社会资源、助力社工服务社会化。深圳主办的八届中国公益慈善项目大赛引入互联网众筹、创投基金等创新机制，累计筹集和发放公益创投资金近8000万元，资助了450个公益项目，其中60%获奖项目由社工服务机构获得。"互联网+"运营O2O模式的嵌入，促使社工服务项目迅速拓展，提升了社工机构自我造血和解决社会问

题的能力，一批具有全国影响力的优质社会创新项目应运而生。"病患临终关怀项目""城中村流动儿童安全号列车计划"等入选中央财政支持社会服务项目，"军营社会工作"、"助力党建，社工随行"党建服务、"社区药品安全服务网"等项目成为公益服务创新的名片。

（二）深化服务，加强保障，坚持专业化职业化发展路径

第一，企业社会工作引领示范。深圳于2010年在全国率先探索了企业（社会组织）购买社工服务模式，引入专业社会工作力量解决企业中人际冲突、劳动冲突及员工生产生活适应性不良等社会问题，初步构建了"政府-企业-社会组织"协同合作、劳资共同参与、平等协商的新型劳资互动模式。全市共有23家社工机构开展企业社会工作服务，累计1448名企业社工服务近35万人次。基于深圳企业社会工作的成功经验，2013年，民政部下发了《民政部办公厅关于确定首批企业社会工作试点地区和单位的通知》，确定全国80个地区和单位成为企业社会工作试点，深圳企业社会工作服务在全国形成了引领示范效应。

第二，灾害救助社会工作走在全国前列。2008年以来，深圳社工先后参与汶川地震文县救灾、茂名泥石流救灾、富士康事件紧急援助、雅安地震救灾、鲁甸地震救灾、"12·20"山体滑坡救灾等应急介入服务，服务成效获得了各级政府和社会的高度认可。2015年，深圳率先成立了全国首支灾害社会工作志愿服务队，建立了灾害社工培训、演练、介入服务等一系列机制，定期开展生命救援、临时安置、危机处理、心理评估等专业培训和参与模拟演练，为深圳社工参与服务提供支持，打造了一支"日常勤训练、战时能应急"的灾害社工志愿服务队伍，成为深圳市减灾救灾人才队伍中的一支生力军。

第三，禁毒社会工作获充分肯定。目前，深圳全市共有禁毒社工528人，累计实施109个禁毒服务项目，已实现全市覆盖。深圳委托深圳经济特区社会工作学院和深圳市社会工作者协会联合主办禁毒领域专科型导师人才培养计划，充分整合深圳社工10余年的禁毒服务经验，全方位培育禁毒社工人才队伍。深圳还不断深化和优化禁毒服务流程和内容，积极探索多种禁毒服务模式，推进"社工+义工"双工联动志愿服务，创新建立由吸毒康复人员组成的朋辈辅导志愿者队伍，全面搭建社会力量参与禁毒工作平台，增强禁毒服务工作专业力量。深圳市康复人员朋辈辅导员模式

受到了民政部、国家禁毒委领导的充分肯定。

第四，社工服务标准化亮点纷呈。2013年，深圳制定了包括残障、妇女儿童、教育、禁毒、老年、企业、司法、医务、社区九大领域的社工服务指标体系。2016年，深圳牵头制定了《老年社会工作服务指南》（MZ/T 064—2016）作为民政部行业标准在全国发布。2018年，深圳积极参与民政部《企业社会工作服务指南》《社会工作督导服务指引》的撰写工作，以点带面促进了社会工作行业标准的全面建设。2019年，标准化建设进一步提速，成立了深圳市社会工作标准化工作委员会，深圳社工行业3名会员成为全国标准委员会委员，《禁毒社会工作服务指南》成功申报民政部2019年度民政标准立项。

第五，社工培训体系日臻完善。2015年6月，深圳经济特区社会工作学院成立，以学院为支撑，建立了多维度、多层次的社工人才培训架构模式。其以200名民间社工明星讲师团为内训导师，形成了专业课程体系。发展社会工作12年来，深圳举办的社会工作的各类培训达2583期（含机构自办培训），参训人员超过10万人次。同时，深圳积极支持各社会工作机构开展培训工作，通过多方协同、多元培训的方式不断提升社会工作的能力及水平。

第六，社工行业保障机制不断健全。为推动社会工作发展，留住优秀社工人才，深圳市人才扶持的相关政策对社工行业予以倾斜。深圳在国内率先将社工人才纳入人才安居对象范围。截至目前，深圳社工行业累计为500余名社工申请人才安居租房补贴，总金额达180余万元，累计获得77套市级配套人才安居房。同时，各区政府出台了社会工作人才扶持办法，为辖区内服务的社工在住房、深造学习、专业研究等多方面提供资源保障和便利。设立了全国首个社工关爱互助基金，除链接社会资源外，还倡导社会工作行业以自助互助方式，帮助遭遇重大疾病和生活困难的社工。2013—2019年，基金累计收到捐赠235.40万元，共向13批161名社工拨付131.57万元。

2019年，在全国率先推出"深圳社会工作者职业责任险"，可有效提高社工与社工服务机构职业责任事故的预防意识，增强社工与社工服务机构的风险防范能力，维护服务对象的合法权益。

（三）创新示范，辐射全国，建立对外交流机制

第一，首创社会工作援疆服务模式。自2010年起，深圳积极响应党

中央援疆战略部署，提出社会建设援建与经济建设援建并重的思路，启动"援建新疆喀什社会工作站"项目，开展当地贫困农户能力建设、深喀儿童交流活动、喀什社工人才培养及社会组织培育、资源引入等众多服务。深圳共委派30多名援疆社工奔赴喀什，为当地培养本土社工22人，统筹深喀社会工作站开展农村社区发展、塔吉克妇女互助成长、小花帽维吾尔族农村童声合唱团等16个精品民生服务项目，累计引入社会资金2000多万元，服务总量近10多万人次，有效推动了喀什当地社会建设事业的深入发展。在全国19个对口支援新疆的省市中，深圳首创社会工作援疆模式，成了全国社会建设发展地方性援助项目服务的典范城市。

第二，多渠道输出社会工作发展经验。12年来，深圳社会工作通过援建社工服务站、各地同行来深驻点培训、输出督导、培训、评估、承接当地社会工作服务项目等交流互访形式，与28个省90个市以及我国香港、澳门、台湾地区建立交流互访机制，将深圳社会工作的优秀经验传播开来，有力助推了全国社会工作的专业化职业化发展。据统计，深圳援助建设了四川文县、雅安，新疆喀什、塔什库尔干塔吉克自治县，广西都安、大化、贺州等社工服务站；在5个省10个市开办了15家社工服务机构。2018年起，深圳积极响应民政部号召，先后组织援派20家社会工作机构与湖南对口受援机构开展社会工作服务"牵手计划"项目。

第三，成功举办第24届（2017）亚太国际社工会议。亚太国际社工会议每2年举办一届，是亚太地区社会工作领域规模最大的国际会议。2017年9月，深圳代表中国首次承办第24届（2017）亚太国际社工会议。本届会议以"挑战与责任——创新社会工作与可持续发展"为主题，来自中国、美国、日本、马来西亚、新加坡、新西兰、印度、印度尼西亚、韩国以及中国香港等20多个国家和地区的近400名社会工作领域的专家、学者以及社工机构代表参加了会议。本次会议对中国社会工作事业发展具有里程碑式的重要意义，也将对整个亚太地区社会工作行业的发展产生积极而深远的影响，受到了民政部部长黄树贤等国内外参会领导嘉宾的充分肯定以及社会各界的一致好评。

六、深圳社会工作发展的挑战

社会工作作为国家社会建设和社会治理创新的专业力量，在深圳市委、市政府和各级部门的重视下持续稳定发展，但同时也面临着诸多挑战。

（一）社工政策体系仍需完善，社工发展缺乏法治支撑

"1+7"文件的出台，对深圳社工人才的培养、评价、使用、激励产生了重要作用，也为全国各地社会工作发展提供了重要经验。但随着经济社会的发展，现有政策逐渐显露出匹配性、针对性、操作性不足的情况。虽然民政部联合多个部门出台了一系列规范性文件，但迄今为止，全国尚没有一部统一的关于社会工作或社会工作人才的法律规范，导致了社会工作者职业化、社会工作专业化缺乏法律保障以及区域发展的不平衡等问题。

（二）专业人才队伍流失严重，社工服务急需深化提质

社会工作者的流失问题一直是我国社会工作发展中的一个突出的现实问题。我国社工总体薪酬偏低，加上职业认可度不高，一线社会工作者的流失率居高不下，尤其是深圳这座经济发达城市，生活成本居高不下，社工面临的生存压力更大。频繁流动的社工人才队伍，对社会工作的专业积累和人才优势带来了较大冲击和挑战。

深圳已建立一支将近10000人的社会工作专业人才队伍，但深圳城市人口特征与经济社会的快速发展对社工专业服务的精细化、专业化、个性化提出了更高要求。目前，虽然深圳已拓展到十四个服务领域，服务覆盖全市所有社区街道，然而社工服务浅层化、同质化问题严重，项目特色仍显不足，社工服务内容和服务方式等与群众需求仍有一定差距。如何将精细化专业服务触角延伸至更多的服务群体，协同政府做好精细化的民生服务，是深圳社工人共同需要面对的问题。

（三）资源来源单一，机构自主创新不足

社会工作是社会福利的传输体系，深圳依托"政府主导、社会运作"的政社协同的模式，在过去10余年，有效推进了深圳社会工作的快速发展，但同时也造成了社工服务机构对政府购买服务过于依赖甚至依附发展的问题。大部分社工服务机构缺乏整合社会资源的能力和深入基层回应群众需求的自主创新意识。内在动力的不足反制了社工服务机构自身的良性

发展，也影响了行业的可持续发展。缺乏自主性的发展不仅会使社会工作提供模式变得越来越单一，而且也会大大消解社会组织发育的动力和社会参与的活力。

七、深圳社会工作发展展望

为深入贯彻党的十九大精神，落实党中央、国务院、民政部和广东省关于促进社会工作事业发展的系列重大部署，提升深圳社会工作的职业化专业化水平，进一步发挥社会工作在增强民生福祉、参与社会治理中的专业作用，深圳社会工作将重点从两个方面继续走好深圳社会工作职业化专业化发展之路。

（一）加快社会工作立法，完善社会工作政策体系

深圳将全面贯彻落实中央、省、市社会工作有关决策部署，加强社会工作党的建设、监督管理、政策落实、经费保障等工作，努力建设一支可靠可信可用的社会工作专业人才队伍，出台了《关于提升社会工作职业化专业化水平的若干措施》及相关配套政策。在社工人才队伍建设方面，深圳注重做好《深圳经济特区社会工作者条例》立法调研，将社会工作专业人才纳入我市党管人才的总体格局和人才工作体系；健全与社会工作者职业水平相对应的从业社工职级薪酬体系；将符合条件的社会工作专业人才纳入住房保障、教育、医疗等方面的优惠政策范围，将社会工作专业人才纳入有关表彰奖励推荐范围。在社会工作服务机构稳健发展方面，深圳加强社会工作服务机构监管；强化登记审查；健全日常监督机制；发挥市场机制作用，促进社会工作服务机构提升战略谋划、资源整合、打造项目品牌和创新发展能力；加强资金监管；推动社会工作服务机构建立健全内控管理机制，严格执行国家有关财务会计制度和票据管理使用制度，加强对社会工作服务机构财政、财务、会计等政策执行情况的监督检查，强化对社会工作服务机构非营利性的监督，加强联合执法；淘汰一批内部治理混乱、服务质量水平低、长期不开展业务活动的社会工作服务机构；培育一批运行规范、专业突出、高质量发展的品牌社会工作服务机构。

（二）深化社会工作重点服务领域，提升社会工作服务水平

深圳将积极推动民政领域社区治理、社会救助、老年、儿童领域的社

会工作发展；继续深化精神卫生、卫生健康、学校、企业等重点领域的专业社会工作服务发展，继续深入打造灾害、精神卫生专业志愿服务队，进一步在禁毒、社会救助、助老扶老、涉罪未成年人等领域打造专业志愿队伍，为社工服务提供专业力量保障；主动参与脱贫攻坚，做好社会工作援疆和"牵手计划"工作；利用社区党群服务中心社工服务项目全覆盖、社工服务领域众多等优势，持续推进社区、社会工作、社会组织"三社联动"和专业社会工作者与志愿工作者"双工协作"，创新"社会工作+""信息化+"等工作机制，发挥社会工作在社会服务、社区治理、社会建设等方面的积极作用，增进民生福祉、创新社会治理。

第三章 专题报告

2018—2019 年深圳社区慈善发展报告

冼栩晴[*]

摘要：社区是慈善事业发展的重要场域。近年来，深圳市社区慈善发展很快，成了社区治理的重要内容。社区慈善是为了突破中国当下城市社区社会组织发展资源不足的瓶颈而寻求的本土解决道路，它最重要的作用在于汲取本地资源，并将地方社会资源与社区社会组织链接。本文剖析了基于社区发展慈善事业的重要性，梳理了当前深圳社区慈善的主要形式，分析了存在的问题和面临的挑战，并结合实际提出了推进深圳市社区慈善发展的政策建议。

关键词：社区慈善；社区基金会；"三工联动"

一、社区的发展

20 世纪 30 年代，著名社会学家费孝通先生将"社区"一词引入中国，他认为："社区是指在一个地方共同生活的人，是指一群聚集在一个地方分工合作的人，它是具体的，这群人之间的关系，即人际关系，构成社会。"[①] 随着的社会进步，"社区"一词开始为我国法律界所接受，成为法律用词，我国最早吸纳"社区"概念的法律为 1953 年的《中华人民共和国全国人民代表大会及地方各级人民代表大会选举法》（现已废止），其规定"省、县和社区的市人民代表大会之代表，由其下一级人民代表大会选举之……"其将社区明确为县以下的行政区划。[②] 2000 年，我国法律对社区的概念进行了明确定义，由民政部出台的《民政部关于在全国推进城市社区建设的意见》指出："社区是指聚居在一定地域范围内的人们所

---

[*] 冼栩晴，广州市社会创新中心研究员。
[①] 姜振华、胡鸿保：《社区概念发展的历程》，载《中国青年政治学院学报》2002 年第 4 期，第 121~124 页。
[②] 参见李振宇《我国法律中社区定义问题之辨析》，载《前沿》2012 年第 22 期，第 81~82 页。

组成的社会生活共同体。"

1955年，联合国就发布了《通过社区发展推进社会进步》的报告，将社区发展定义为"旨在通过整个社区的积极参与和全面依靠社区的首创精神，为社区建立一种经济条件和社会的过程"。成立于1968年的英国社区发展基金会则认为，社区发展是指所有有利于增强社区活力和社区效力，有利于改善社区条件，尤其是改善弱势群体的处境，使得居民能够参与公共决策并获得长期社区自治的一系列实践活动。①

社区虽小，但连着千家万户，做好社区工作十分重要。近年来，我国大力推行社区发展，其本质就在于加强社区管理、推进社区发展，使社区真正成为人们生活、生产的惬意港湾。社区慈善、社区文化、社区和谐的人际关系、社区教育、社区服务等都是锻造社区精神和社区传统的重要手段。就慈善而言，以社区为基础开展救助活动，可以实现与政府救助之间的衔接配套，形成多元主体的密切合作。②

第一，社区是培育现代慈善理念的重要载体。中国的文化传统虽然从不缺少慈善的理念，但在现代社会，特别是在市场经济快速发展的今天，人与人之间信任度显著下降，社会分配不公进一步诱发了贫富差距。培育现代慈善理念，倡导慈善的公益性、自治性、民间性，其核心在于建立人与人之间的信任关系。而公民信任关系建立的第一步，必定要从社区开始，从邻里之间、居民之间的信任开始。我国目前的社区定位于范围调整后的居（村）民委员会。在社区这个小社会，居民之间容易形成互帮互助的良好氛围。特别是在一定的慈善宣传和慈善活动引导下，绝大多数居民愿意展现"善"的一面，而且邻居之间的慈善榜样最有说服力、最容易起到引领示范作用。此外，由于就近行善，捐赠衣物、资金也好，贡献才智、提供服务也好，居民付出的成本不高，而且还能很快收到救助对象的反馈，比较容易调动大家参与的积极性。2019年12月28日上午，深圳市清水河社区红岗幼儿园在红岗文体广场开展了"2019年慈善跳蚤市场"义卖活动，筹集资金帮助辖区中的贫困残障儿童家庭。这不仅能为辖区贫困残障儿童家庭提供一定的物质保障，让居民发扬内心的善举，呼吁大家

---

① 参见翟桂萍《公共空间的历史性建构：上海社区发展的政治学分析》，华东师范大学2007年博士学位论文，第9页。

② 参见杨荣《社区慈善：我国慈善事业发展的新方向》，载《东岳论丛》2015年第10期，第43~48页。

共同关爱贫困儿童家庭，也能带动社区公益精神的传扬，形成"互帮互助、无私奉献"的社区环境。

第二，社区是整合慈善资源、拓展慈善筹资方式的重要平台。随着经济社会的发展，政府为社区提供的公共服务越来越多，委托社会组织或社会组织在社区自发开展的社会服务也越来越多。但是，由于缺乏沟通协调，公共服务或社会服务的资源统筹不足，造成了重复和浪费。由于几乎所有的公共服务和社会服务都需要通过社区落到实处，因此，社区对于相关政策最清楚。以社区为基础整合救助资源，为慈善组织在社区开展活动提供信息，是节约慈善资源、实现慈善组织精准救助的前提。此外，以社区为平台开展慈善活动还有利于进一步拓宽慈善组织的筹资渠道。为了让"党建+义工"落到实处，2017年，深圳市石岩街道启动了"金色家园"——党建引领义工参与社会基层服务"10+10+N"项目：开展10场新义工党团基础知识培训，开展10场义工骨干党团基础知识及能力提升培训，培育多个义工骨干。同时，"金色家园"项目还为党建引领"三工联动"指出了路径——以党建引领关注社区居民转化为义工身份，以社工组织策划为义工进行基础与能力提升培训，再以义工服务参与社会基层服务反哺社区和居民，通过这个体系建设，引领党务工作者、社工、义工发挥各自优势，形成合力，参与社会基层服务。这在汇集各方资源、发动社会捐助、帮扶困难群众、提供志愿服务等方面起到了重要作用。

第三，社区是发现救助对象，建立慈善公信力的重要方式。公信力是慈善发展的基础。良好社会形象的树立，需要慈善组织从社区开始。慈善组织通过在社区"自下而上"地开展活动，精确寻找救助对象，并实施及时、有效救助，一方面，弥补了政府救助的不足；另一方面，吸引了社区居民的主动参与，使居民在参与过程中了解慈善组织的举动，看到慈善组织的付出和努力，从而在实践中构建慈善公信力。如今，"互联网+"慈善模式取得了空前发展，与此同时，个人求助与慈善募捐均暴露出诸多问题，如个人求助与慈善募捐边界模糊、骗捐诈捐以及善款不善用等，给公益慈善事业发展带来了前所未有的挑战。2019年，在深圳市慈善会、湖北省慈善总会等联合主办的"健康扶贫——个人求助与慈善募捐"研讨会上，"深圳市慈善会·慈善医疗募捐"项目平台正式上线使用，为大病患者提供免费、公平、高效、安全的救助平台。深圳市慈善会执行副会长兼秘书长房涛表示，平台上线初期将在深圳市罗湖区医疗集团和深圳市儿童医院开展试点,待项目成熟后将在全市推广。同时,深圳市慈善会将逐步把"慈善医疗募捐"平台的执行模式渗入扶贫、教育、社区等公益项目中,严格把控项目风险,确保善款落到实处,让求助者切实得到救助。

第四,社区是创新慈善形式,巩固慈善活动合法性地位的重要场域。慈善需要创新,但是,慈善创新不能凭空想象,应脚踏实地、立足当下,将解决社区贫困居民的现实问题、满足社区需求当作首要目标。《中共中央关于全面深化改革若干重大问题的决定》要求进一步激发社会组织活力,凡适合由社会组织提供的公共服务和解决的事项,都要交由社会组织承担。该决定同时提出,支持和发展志愿服务组织,重点培育和优先发展行业协会商会类、科技类、公益慈善类、城乡社区服务类社会组织,成立时直接依法申请登记。因此,社区内的互助互济型、社会公益型社会组织有着比较大的发展空间,不仅已经具备社会合法性和政治合法性的基础,而且将持续获得来自政府方面的财政、政策支持,这对于健全慈善运行机制、创新慈善运行方式,确保我国慈善事业健康发展具有重要意义。

1989年3月18日,我国第一个社区志愿者组织在天津市和平区新兴街朝阳里居委会诞生,其目的是让有社区服务意愿的居民与若干贫困家庭结成"一对一"互助组,进行义务包户帮助。民政部迅速总结推广天津市的社区志愿服务模式,1989年10月在杭州召开了全国社区服务交流会议,1994年4月会同中国社会工作者协会发出《关于开展社区服务志愿者活动的通知》。之后,社区慈善服务迅速发展,得到了广大社区居民的认同。

2001年,民政部下发《关于进一步开展经常性社会捐助活动的意见》,要求在城市社区居委会设立经常性社会捐助接收工作点,负责捐助款的接收和捐助物品的验收、登记、整理、打包等工作。

为进一步健全完善社会救助经办服务体系,充分发挥城乡基层群众性自治组织在社会救助工作中的重要作用,2015年,民政部公布了《关于指导村(居)民委员会协助做好社会救助工作的意见》。其提出要指导、督促村(居)民委员会协助做好社会力量参与社会救助有关工作,积极促进社区各类力量参与社会救助,为社会工作服务机构和专业社会工作者进入社区创造条件,大力发展社区慈善,鼓励、支持社会组织、企事业单位和爱心人士等针对困境家庭和救助对象开展慈善救助,加强社区救助资源信息共享。

2016年开始实施的《中华人民共和国慈善法》第一百一十条规定,

"城乡社区组织、单位可以在本社区、单位内部开展群众性互助互济活动"。

2018年12月,民政部根据党的十九届三中全会审议通过的《中共中央关于深化党和国家机构改革的决定》《深化党和国家机构改革方案》和第十三届全国人民代表大会第一次会议批准的《国务院机构改革方案》,制定了《民政部职能配置、内设机构和人员编制规定》。民政部两个内设机构名称里第一次出现了"慈善事业"和"社区治理"的字眼,分别是"慈善事业促进和社会工作司"和"基层政权建设和社区治理司"。

作为中国社会的基础单位,社区在规范治理的道路上逐渐发展,越来越成为孕育慈善事业发展的丰厚土壤。

二、社区慈善:以"三工联动"为基础的服务模式

深圳市民政局最初是通过岗位的形式引导社工参与到社区服务体系中,主要在民政局及相关单位设置较少的岗位,引入零星社工提供部分行政服务,同时,配备香港督导进行专业服务的指导。[①]

由于岗位社工的行政色彩浓厚,深圳市紧接着通过项目打包的形式引入社工参与重点人群及领域的服务,在此过程中,社工的专业性得以有效发挥,包括服务策划及专业服务的职能体现,通过引入福彩、社会公益金公益项目大赛两种方式让社工能够相对自主地运用资源开展服务。但是由于项目的时间限制及缺乏相应阵地,项目社工也难以有更大成就,随着以上两种模式逐渐显示出它的弊端,结合社会管理模式转型的要求,深圳市逐渐试行并开始推行社区党群服务中心的社工服务模式,让社工能够以社区为服务阵地,服务更加广泛的社区居民,由此,深圳社工进入了建设社区党群服务中心的阶段。

经过长期的实践,深圳市的社区慈善逐渐形成了以社区为平台、以专业社工为技术指导、以社会组织为服务载体,以为社区提供专业高质量服务为目的的服务模式。2007年,深圳市民政局出台了推动专业社会工作发展的"1+7"文件,建立健全深圳市专业社会工作人才的政策措施和制

---

① 参见高超《社区党群服务中心资源整合研究——以深圳市A区社区党群服务中心为例》,江西师范大学2017年硕士学位论文,第9页。

度保障，立足时代发展和群众要求，确立了培育和发展社会公益性民间组织、志愿者队伍的配套政策措施，建立了党委领导、政府负责、民间运作的社会工作管理体制。2011年，深圳市民政局出台了《深圳市社区服务中心运营与评估标准》，依托社区党群服务中心平台，开展专业社会工作服务。2016年，社区服务中心转型升级为社区党员群众服务中心，并出台《深圳市民政局关于发布〈深圳市社区党群服务中心政府购买项目服务标准〉的通知》，进一步明确了党的核心引领作用。

学者提出"三工联动"的概念把这种服务模式统一了起来。"三工联动"模式具体是指社区政工干部、社工和志愿者（义工）在社区这个场域内，以联席会议制度为具体实现渠道，围绕社区居民需求而进行的一系列社区建设与治理活动，其目标是为了提高居民福祉，推动社区的自治与发展。① 而随着深圳市城市化脚步加快，居民需求趋向多元化，社区治理问题越来越凸显，社区居民仅仅依靠社工机构的专业社工服务难以促进社区自身服务，而专业社工的流失和社工项目的不稳定性使社区逐渐倾向建立社区社会组织孵化平台，孵化社会组织参与社区治理，开展社区服务，同时增强社区工作者的专业能力，不断充实社区服务的力量。这就为"三工联动"发展提供了一个服务空间和目标市场。

其中，政工是指社区党组织和社区思想政治工作人员。社工指社会工作者，其不仅包括受过系统社会工作教育、职业培训、获得地方或国家社会工作职业资格的专业社会工作者，还包括一般的社区工作人员，即传统的本土社区工作者。志愿者，是指在不计物质报酬的情况下，基于道义、信念、良知、同情心和责任，为改进社会而提供服务，贡献个人的时间、精力和个人技术特长的人。"三工"之间的关系表现为以社区政工干部为主导，社会工作者和志愿者为两翼，三者之间是独立平等的关系，在职责分工上相辅相成、协同参与，以达到社区治理的目标。

益田社区的实践能够进一步理解"三工"模式的操作模式。在深圳市福田区委、区政府的正确领导和支持下，益田社区宜居社区建设由"第二批省社会创新观察项目"晋升为"试点项目"，并被遴选为"省社会创新实验基地"。益田社区党群服务中心（以下简称"中心"）是福田区打造

---

① 参见徐华、石松芳《社区治理"三工联动"机制刍议》，载《中国社会工作》2019年第13期，第29～30页。

高标准示范型社区服务中心的重要载体，是福田区贯彻落实党的十九大精神，进一步创新社会治理模式的重要实践，是对社会组织可持续发展模式的重要探索，也是整合社会资源、激发社会活力、推动社会创新的重要互动阵地。①

益田社区党群服务中心只作为一个枢纽平台，不直接提供一线专业服务，在强化社区服务的需求调研基础上，以居民实际需求为导向进行项目策划、监测和评估，充分统筹整合社区现有资源，链接外部资源，采用网络化、规模化管理，降低运营成本。一是链接社会资源（基金会、社会企业、专业团队、专业社工机构），搭建开放性综合服务平台，利用专业人才做专业的事，为社区居民提供个性化、专业化服务；二是链接和培育社区草根组织和义工，引导社区群众性自助和互助服务；三是链接场地资源，除政府提供的各种场地外，同时动员社区单位提供免费场地，合理规划时间统筹调剂给不同人群使用，实现场地使用效率最大化；四是链接社会的专业机构，以市场化运作模式，为社区居民提供优惠的个性化社区服务。

益田社区党群服务中心通过发挥枢纽型的功能，以社区社会组织为依托，打破单一社会组织间的壁垒，通过整合社区内各类社会组织资源，构建社区服务组织"大蜂巢"。形成合力，整合高效利用社区资源和服务，服务益田社区，构筑社区服务多元平台。中心成立2年来，已引入合作47家社会组织，开展公益项目53个，累计服务益田及周边居民10万多人次，月均服务人次约5100人次。

在实际工作中，"三工联动"模式往往不是简单僵化的，深圳各个社区在这一基础模式上顺应地区特点，更进一步地发展出了更多元的服务模式。

从2017年开始，深圳市宝安区石岩街道大力探索党建新路径，通过"金色家园"等项目，创新性地实施党建引领"三工"联动，加大党建对社工、义工群体的覆盖力度，让党建更好地融入社会肌体。同时，其通过党建引领，提升社工和义工的专业性，为社工、义工提供更好的成长平台，以实现社会共建共治共享。

---

① 参见刘浩《"三社联动"社区治理模式研究——以深圳市益田社区为例》，南昌大学2019年硕士学位论文，第14页。

为了让"党建+义工"落到实处，2017年，石岩街道启动了"金色家园"——党建引领义工参与社会基层服务"10+10+N"项目：开展10场新义工党团基础知识培训，开展10场义工骨干党团基础知识及能力提升培训，培育多个义工骨干。同时，"金色家园"项目还为党建引领"三工"联动指出了路径——以党建引领关注社区居民转化义工身份，以社工组织为义工进行基础与能力提升培训，再以义工服务参与社会基层服务反哺社区和居民，通过这个体系建设，引领党务工作者、社工、义工发挥各自优势，形成合力，参与社会基层服务。

宝安区党代表、石龙北园区党委书记介绍道，"金色家园"项目开展以来，石岩多个社区、企业及学校都先后成立了义工志愿队，开展了多元化的志愿服务。如宏齐光公司组建了100多人的志愿服务队伍，除了每日在园区派发八宝粥，还经常走入社区、周边园区等开展清洁志愿服务，已成社区治理的有力帮手；奋达职校志愿服务队开展了义工走上街头引导文明交通服务活动；拓邦志愿服务队前往爱心护理院，为老人提供爱心服务。

黄峰岭工业园区针对企业多、外来创业者和务工人员多等特点，由艾美特等知名公司的党团组织发起，街道党组织提供支持，建立"睦邻家园"，创新探索"党务工作者+社工+青工+义工"四工联动的工作模式，以工业区党群服务中心阵地为依托，实现片区党群睦邻、青工睦邻、义工睦邻、网络睦邻相结合的党群服务模式，为企业人才、务工人员、家属子女提供了一个和谐安全的生活环境。原本黄峰岭工业区有一个"顽固"的卫生死角，经常出现垃圾堆积的现象，在"党务工作者+社工+青工+义工"四工通力合作下，这个角落纳入了睦邻家园的义工花圃项目中，彻底告别了脏乱差，变成一块生机盎然的花圃。

在"金色家园"项目"党建+社工+义工"运作模式的基础上，企业根据实际需求，开拓思维，建立了自己的模式。

依托"党建+社工+义工"，石岩街道的志愿服务能力专业性得到了提升，围绕党政中心工作形成了一系列特色志愿服务品牌——每周二和周四，石岩义工走进社区、学校及汽车站等开展市容市貌整治、交通指引等志愿服务；"睦邻家园"四处开花，成了石岩新品牌；多项特色公益活动在石岩各处展开，越来越多的企业员工和市民加入到义工队伍中来。

三、社区慈善：三大板块整合多元资源

凡以社区为基础、向社区居民提供社会服务的慈善活动均可被称为社区慈善。社区慈善以救助贫困社区居民为主要目的，包括提供款物、陪护或照料服务、志愿服务、救助政策咨询服务、社工服务、慈善公益宣传等。社区慈善的具体内容因社区不同、时间不同而呈现出一定的差异性。从社区慈善的参与主体看，主要可分为社区内主体和社区外主体两大类。其中，社区内主体包括社区居民、社区社会组织、社区准行政机构、社区单位等，社区外主体主要包括在本社区开展活动的其他社会组织、单位和个人等。社区社会组织是指由社区居民或驻社区单位自发建立的、以本社区居民为主要服务对象的社会组织，社区准行政机构是指社区居委会、社区党支部或者社区工作站等。①

社区慈善的具体内容呈多样化态势，总体上看，目前深圳市社区慈善主要包括募捐资助、志愿服务、公益平台三个板块。

（一）募捐资助

社区通过社区基金会为慈善活动提供资金募集和资金捐赠服务。由于地方政府的重视和民政部的推动，社区基金会受到了社会的关注。2014年被称为中国的社区基金会元年，② 深圳市将培育和发展社区基金会列入2014年全市改革计划，作为发展慈善事业、改善社区治理的重要着力点，并于同年制定《深圳市社区基金会培育发展工作暂行办法》。该办法将社区基金会注册资金从200万元降至100万元，突破了公益基金不允许社区冠名的限制，大大降低了社区基金会成立的门槛。这催生了一批政府倡导型的社区基金会，开创了全国社区基金会制度化的先河。光明区正是从此时成了社区基金国家级试点，包括凤凰社区在内的6家深圳首批社区基金会也正式登记成立。

2014年12月14日，89位生活或工作在蛇口的社区居民自发每人捐

---

① 参见杨荣《社区慈善：我国慈善事业发展的新方向》，载《东岳论丛》2015年第10期，第43～48页。

② 参见胡小军、朱健刚《社区慈善资源的本土化——对中国社区基金会的多案例研究》，载《学海》2017年第6期，第85～92页。

款 1000 元，创建了专项基金"蛇口社区公益基金"。1 年后，蛇口社区基金会成立，制定了《捐款人公约》，约定治理结构及基本的运行规则：实行轮值主席制、采用罗伯特议事规则等。蛇口社区基金会的治理模式创新成了社区基金会探索过程中的样本。

除了由政府、民间发起，深圳还曾出现由企业发起的社区基金会。2008 年，中国首家社区基金会诞生在深圳——桃源居集团捐资 1 亿元成立了桃源居公益事业发展基金会，开始了企业倡导社区基金会的实践。

据 16 家社区基金会年报资料分析，社区基金会收入呈上升趋势，其中 80% 来自捐赠收入。作为补充社区慈善的重要力量，社区基金会试点 3 年共支出 1703 万元，主要用于社区基础建设、奖学金和贫困救助等。

社区基金会可以多元化地满足民众参与公共服务和管理的需求，有利于推动基层民主和社会治理。截至 2019 年，深圳的社区基金会数量已经达到 29 家，占广东省七成以上，孕育了蛇口社区基金会、凤凰社区基金会、坪山社区基金会等一批各具特色的社区基金会。

2019 年 7 月 26 日上午，共青团深圳市宝安区福永街道工作委员会联合深圳市怀德社区基金会一行 77 人，到大埔县茶阳镇太宁小学开展爱心助学活动。在捐赠仪式上，大埔县教育局和学校相关负责人对爱心人士的善举表示感谢，并向福永街道工作委员会和深圳市怀德社区基金会相关负责人颁发了锦旗。此次捐赠活动为学校捐赠了 7 架投影仪、7 台电脑和书籍等一批教学物资，将有利于学校老师更好地开展教学活动，提高学生的学习效率，为乡村教育资源的提升打下坚实的基础。

社区基金会通过规范社区募捐行为和扩展社区募捐范围，为社区慈善的良性运作提供了有效的资金支持，同时亦有机地成为社区慈善活动的一部分。

（二）志愿服务

"社工引领志愿者，志愿者带动各方"已成为深圳市一种普遍服务内容，渗入社区、学校、禁毒、医务、灾害、食品药品安全、精神卫生、交通安全等多个服务领域中。深圳市"社工＋志愿者"协同开展志愿服务，发动广大的社会力量共同参与到社会治理之中，创新社会治理新模式，成效颇显。

志愿服务，是深圳"志愿者之城"建设的重要组成部分，是加强深圳公共文化服务体系建设的重要内容,是推进基层文化队伍建设的有效手段,更是培育和践行社会主义核心价值观的实践行为。一直以来,在深圳各级党委、政府的重视和支持下,深圳不断提升志愿服务的科学化、规范化、专业化水平,志愿服务事业发展快速,取得了良好的成果。历经多年的培育、引导和扶持,深圳市社区志愿组织已达399家,社区志愿者已达2.2万人,志愿者们像春雨般播撒在深圳的各个角落,成为社区慈善的生力军。

深圳的志愿者除了协助社工开展节能环保、垃圾分类、文化倡导、U站服务、福利院探访、亲子活动、社区义诊、环卫工人关爱、交通安全倡导等众多常规服务之外,还深度参与到了社工开展的多领域专业服务之中。

深圳社工探索建立了专门化、专项化、专业化的志愿服务队伍。目前,有300余名医务社工在全市58家医疗单位开展服务。深圳市灾害社工志愿服务队,是全国首支全部由注册社工组成的灾害社工志愿者服务队伍。

深圳市还开展了"双工联动"介入精神卫生社区管理协助工作项目,实行"1+20"的联动模式,即1名社工带动20名骨干志愿者,这些志愿者包括了病患者的亲友、社区业委会委员、社区工作站工作人员、居民骨干,以及法律、卫生、教育等领域的专业人士,整合多种资源,共同为精神康复者开展精神康复、家庭照顾、能力提升、家属支持、社会融入等服务。

文化志愿服务是志愿服务深入社区、帮助社区发展的例子。2014年,深圳市文化志愿服务总队组建成立。市总队为深圳市义工联团体会员,由深圳市文体旅游局(现深圳市文化广电旅游体育局)分管副局长担任总队长,构建起市、区、街道、社区四级文化志愿组织网络。市总队建立了联席会议制度,适时组织召开联席会议,研究、部署、协调有关事项;各市属文化场馆、各区、街道也分别组建了服务队。

深圳积极引导各级文化馆站服务队安排专业志愿者,深入街道、社区培训与服务。2016年10月29日,"深圳市文化志愿服务总队深圳市福利院辅导点"挂牌成立,深圳市文化馆的声乐老师江伟民和民族舞老师李艳娥成为总队选派挂点基层辅导的第一批专业型文化志愿者。2017年年底,深圳市文化志愿服务总队在深圳监狱设立辅导点;2018年5月,市总队第三个辅导点在深圳市司法局第二强制戒毒所挂牌成立，每个辅导点均选派专业老师前往辅导。据了解，深圳市文化志愿服务总队还将继续在全市范围内建设社区服务、辅导点。

社区志愿服务是社区居民守望相助的纽带，开展社区志愿服务有助于提升志愿服务水平，扩大民生服务的覆盖面。志愿者作为社区慈善的单位，对于社区慈善发展起到了支撑作用。志愿者制度的建立、志愿者培训的跟进、志愿活动资源的发掘都是社区慈善不可或缺的部分。

（三）公益平台

为解决当前日益多元复杂的社会需求，进一步聚焦提升基层社会管理创新主体（社区及社会组织）的综合能力，深圳市社区慈善致力于打造多样化的公益平台，为进行各项公益活动提供工作环境或条件，为开展公益活动事业提供服务及保障。公益平台整合社区内外部资源，依托社区内某种需求，搭建更好地服务于居民的社区平台：一方面，需要有支持的空间，包括硬件设施和服务载体（创建品牌活动或项目）；另一方面，也需要设定有效的运转机制，确保平台的组织基础和运作模式，然后通过宣传媒介对社区公益平台进行有效推广，扩大受众。

慈善超市是深圳市社区慈善搭建公益平台的有效尝试。慈善超市是为困难群众提供物质帮扶和志愿服务的社会服务机构，是最基层的社会慈善组织，是社区居民实现"人人可慈善"的综合服务平台，也是开展志愿服务、宣传慈善文化的崭新平台。2004年，深圳开设首家慈善超市，至今已走过10余个年头。目前，全市有超过10家慈善超市，通过政府拨款、公益金支持和社会捐赠等途径添置米、油等日常生活必需品，再低价或免费发放给深圳低保困难家庭。据统计，10余年来，深圳市慈善超市累计低价出售及免费发放各类物资价值2000余万元，缓解了诸多困难家庭的压力。目前，深圳市民政局制定了深圳市慈善超市建设发展规划，引导区级慈善超市向社会化转型。

慈善超市不仅具备一般超市的功能，也能为周边居民提供了生活便利，面向社区居民接受社会捐赠，开展慈善扶助项目和便民服务。其在做慈善事业的同时，也是新时代社会救助和社会福利制度的重要补充，在汇集各方资源、发动社会捐助、帮扶困难群众、提供志愿服务等方面起到了重要作用。

2019年11月，蚂蚁智能回收机正式入驻慈善超市深圳北站社区聚善空间，以科技改变生活、智能创新的理念践行着慈善与环保精神。慈善超市北站社区聚善空间是根据民政部《关于在大中城市推广建立慈善超市的通知》《关于加强和创新慈善超市建设的意见》的精神，以及《深圳市慈善超市创新建设实施方案》《深圳市慈善超市暂行管理办法》等的相关要求，在深圳龙华区委组织部、区民政局指导下，在区慈善会、深圳市广惠社区公益事业服务中心及各社会力量的支持下筹建的，其整合了公益岗位、慈善救助、精准扶贫等社区服务。

习近平总书记到深圳考察调研时，曾亲自走进北站社区及慈善超市，了解社区公共服务、基层党建、社区管理等情况，并与社区工作者和社区居民深入交谈，鼓励在场的相关部门支持慈善超市的各项工作，做好试点及可持续推广。

进一步加强公益平台的培育和引导，能够拓展社区慈善服务的深度和广度，充分发挥社区慈善帮困扶弱、盘活资源、激发潜能的作用。

四、改进空间和方案建议

总体上看，虽然深圳市基于社区的慈善活动开展了不少，但社区慈善尚未形成促进慈善事业发展的主流，仍处于相对初级的发展阶段，面临着不少问题和挑战。一是资源整合力度有待提升。捐赠行为、税费减免、慈善监管、组织活动等缺乏相应的制度规范。绝大多数社区慈善组织之间联系松散，更加紧密的合作模式亟待完成。二是社区慈善活动的同质性过高，不能满足困难居民的个性化需求。三是日常运营行为较为零散，规章制度不够规范。四是社区慈善队伍还有很大的充实可能性，覆盖范围有待进一步扩大。五是宣传力度有待提高，宣传方式有待丰富。基于以上问题，本文提出五项方案建议。

（一）整合辖区资源，优化布局提升设施

各区要充分整合、挖掘利用辖区内的健康服务中心、党群服务中心等现有公共服务设施和资源，并调动辖区各方面的积极性，鼓励社会组织、企业在其组织登记、活动场地等方面遇到的问题予以协助。

（二）拓展服务内涵，提升项目质量

各区应针对社区居民需求，因地制宜综合考虑项目开展的内容；运用"互联网+"等技术手段，依托广东省居家养老服务信息化平台、深圳市养老服务综合管理平台等服务网站，提升项目智能化、便捷化水平；整合社区为志愿服务资源，搭建邻里交流、志愿服务平台；以志愿服务网络为支撑，融入医疗康复、心理调适、护理站等服务内涵，更好地满足多元化的慈善需求。

（三）规范日常运营管理

各区应做好名录管理，将项目及时报送市民政、市场监管部门；按照相关证照、制度，落实日常监管，并不断改进服务；坚持广覆盖、保基本、可持续的原则，应遵循单一项目列支原则，不得借助其他财政性资金项目超范围、超标准开展项目。

（四）盘活多元主体

各区应坚持政府引导、社会参与、市场运作的思路，广泛动员企业、社会组织、家庭和个人积极参与，营造共建共治共享的社区慈善格局；完善志愿者网络，建立全职、兼职和志愿者（义工）队伍相结合的志愿者队伍，鼓励党员、大中专学生、年龄不太大的健康老人等参与志愿服务。

（五）加大宣传力度，及时做好总结推广

各区应建立宣传联动机制，利用电视、报刊、网络、微信、微博等渠道加大宣传，在政府网站和媒体公布长者饭堂的分布地址及有关社区救助政策；发动社区工作站、居委会、健康服务中心、网格员、基层老年协会等利用居家服务、上门探访、家庭医生、志愿服务、社区建设项目等契机宣传慈善服务；深入社区、入户走访开展宣传，确保政策宣传到每个社区、每户、每人，提高项目的知晓率。

深圳市慈善会及各区慈善会发展观察

冼栩晴[*]

摘要：改革开放以来，我国以慈善组织为代表的"第三部门"的发展受到了政府与全社会的高度关注，并且发展迅速。近年来，慈善会在社会治理中的地位和作用得到凸显。深圳市积极响应中央政策法规，逐渐形成了独具特色及前景的地方实践。慈善会是由社会各界热心于慈善事业的机构、团体和个人组成，发动和接受国内外组织和个人，自愿向深圳慈善事业捐赠或资助财产并进行管理和运用的、具有国家公募资质和法人资格的公益性、非营利性社会组织。本文通过整理深圳市慈善会和深圳八区慈善会的2018年年度发展报告，了解慈善会在社会治理当中发挥的独特作用，梳理各级慈善会的发展脉络。

关键词：慈善会；公益慈善；慈善组织；社会治理

一、慈善功能：促进深圳公益慈善事业现代化发展和社会建设

（一）慈善会在新时代的发展背景

进入新时代，慈善事业有了发挥更大作用的广阔舞台。习近平新时代中国特色社会主义思想为慈善事业的发展指明了前进方向，慈善法律制度的健全为慈善事业的发展提供了有力保障，人民对美好生活的需要为慈善事业的发展提供了根本动力。在全面建成小康社会的决胜期，深度贫困人口、城乡低保对象、农村特困人口、农村留守儿童、残疾人、老年人等各类群体都需要慈善事业进一步发挥作用。在习近平新时代中国特色社会主义思想指引下，《慈善法》和有关配套政策相继出台，激励促进措施日益完善，慈善文化不断普及，慈善事业的发展环境越来越好。广大慈善组织

---

[*] 冼栩晴，广州市社会创新中心研究员。

在服务困难群众、弘扬德行善举、促进社会和谐稳定等方面发挥了积极作用，尤其是在精准扶贫、脱贫攻坚中表现突出。

慈善会作为慈善组织的一大模块，是以面向社会开展慈善活动为宗旨的非营利性组织，相对于其他社会组织，其服务更直面社会问题和社会公众。深圳市各级慈善会紧紧围绕党委政府工作中心，不断创新，服务大局，扎实推进各项慈善工作，慈善组织建设不断加强，慈善扶贫重点更加突出，济困救助成效明显提升，资金募集不断扩大，慈善宣传日益拓展，为健康有序发展全市慈善事业，为健全社会保障体系做出了贡献。

我国民政部门目前登记注册的专门从事慈善活动的中华慈善总会和各级慈善总（协）会超过700家，从事救死扶伤等人道主义救助的红十字会超过7万家，社会捐助站（点）超过3万个，初步形成了社会捐助服务网络。

（二）慈善会的示范实践——深圳市慈善会

深圳市慈善会是在深圳市委、市政府的高度重视和支持下，由社会各界热心于慈善事业的机构、团体和个人组成，发动和接受国内外组织和个人自愿向深圳慈善事业捐赠或资助财产并进行管理和运用的，具有公募资质和法人资格的公益性非营利社会组织。组织定位为具有广泛动员能力及社会影响力的，立足价值倡导和行动解决社会问题的深圳枢纽型慈善组织。组织宗旨致力于专业开展本土救助或资助，推动中国公益创新的现代慈善组织，以人文情怀、务实理念和创新方法培养公民精神、发展社会价值、创造社会资本。

自2004年11月成立以来，深圳市慈善会在弘扬慈善理念、实施慈善项目救助、建立现代社会捐赠体系、完善组织建设等方面都取得了显著成绩，捐资总额逾33亿元人民币，是深圳市的募捐主渠道。其中，汶川、玉树赈灾筹款分别居全国城市慈善会系统之首，已设立初具现代慈善捐赠运营模式的"冠名基金"200多个。机构荣获中华慈善奖、中华慈善先进机构奖等荣誉称号并获评5A级社会组织。2018年度策划实施了1500多个专项救助项目，慈善公益活动3250多场次，帮助各类困难群众数百万人次。[①]

---

① 参见深圳市慈善会网：https://www.szcharity.org/Home。

2017年是深圳市慈善会的内部治理、调整规范和创新发展年。其首要目标是完善法人治理结构，规范理事会运作机制，于年内完成机构战略调整。换届转型工作以稳健为大局，围绕民政民生的总体要求，在稳定之中求创新发展，实现机构的现代化、市场化和透明化管理。2017年，深圳市慈善会以换届为契机，最终敲定了改革新的路线图——全面打造"中国公益慈善供给侧改革先锋城市"，在传统官办组织和草根社会组织之外，探索出了一条结合两者优势的"第三条路"，为中国慈善会系统改革转型和现代治理探索新路。

遵照《慈善法》和章程规定，市慈善会在改革中严格实行理事会领导下的秘书长负责制，建立学习型组织制度。这意味着深圳市慈善会与深圳市民政局脱离了行政隶属关系，市民政局由行政管控责任转变为业务主管单位，主要进行行业监管和公共服务，民政局领导派驻监事会，对稳健推进改革也起到了积极作用。市慈善会成为具有独立法人治理结构和社会服务能力的慈善组织。在架构上，以往慈善会工作人员半数以上是行政体制内人员，行政主导意识比较浓，科层制的管理体制使得人力资源、财务管理等比较趋于严谨保守，议事流程比较长，在及时回应社会诉求、网络募集程度等方面略显不足，志愿服务的参与度还不够高。2017年，市慈善会启动的"去行政化"策略，一批市慈善会编制内工作人员选择换岗前往其他事业单位工作，市慈善会则希望借鉴国内外先进慈善组织的宝贵经验，同时跨界学习优秀社会企业的管理模式，建立一支专业、高效、有生命力的慈善工作队伍。

深圳市慈善会改革首先是"政社分开"。从人员方面来说，在市民政局党委的大力支持协调下，原有13名编制内人员全部转岗，团队全部实现社会化；从财务方面来说，已完成资产清核，从第二届开始实行法人治理独立承担；从架构方面来说，按照《慈善法》的要求，实行理事会作为最高决策机构的秘书长负责制。其次是不再为身份纠结。市慈善会的新身份就是《慈善法》赋予的慈善组织身份，结束了关于它走官办还是回归草根的路线争论，它以独立法人的方式承担慈善枢纽组织的作用，用更开明、更多形态的方式，推动社会问题的解决。最后是内外均可施展拳脚。内部由自聘的理事们担任"价值倡导与传播""筹资与资产合作""审计与资产管理"等发展委员会主席，解决资源瓶颈的问题；向外可以扩展到全国乃至国际视野，推动交流和资源的链接，解决战略发展的问题。

二、慈善捐助：规范募捐管理，提升劝募能力

（一）稳健的募集资金能力，多元的募集资金渠道

深圳市慈善会创新多元化资金募集渠道，健全慈善捐赠机制。深圳市慈善会尝试将其冠名基金定位为非公募基金会的孵化器，研究制定冠名基金的标准化管理制度，做到依法行善；同时，提高现有互联网筹款利用率，进一步开发微信、支付宝、微博等互联网筹款平台。按照这一思路，市慈善会工作正在进一步规划和部署。比如"来深建设者关爱基金""雏鹰展翅"等优质品牌项目将继续得到优化，更多公益金融工具将用于发挥公益慈善的输血和造血功能，深善空间和社区创新动力驿站将进一步提升；而用于培育公益人才的公益星火，将以现代公益麦肯锡为目标深入推进。①

各区慈善会也在不断提升募捐能力，发动和接受政府及社会各界的慈善捐助，开展形式多样的社会活动募集慈善资源。

以光明区慈善会为例。为了进一步壮大慈善资金，提高慈善救助能力，在区委、区政府的高度重视下，光明区慈善会积极开展了"广东扶贫济困日"、慈善定捐、福彩金资助、曙光助学、粤桂扶贫等募捐活动。2018年，光明区慈善会积极开展募捐工作，夯实各项慈善救助，不断推进慈善事业持续稳步发展。全年共募集善款711万元，救助支出412万元，救助和慰问困难群众累计达482人次。②

第一，广泛开展扶贫济困活动。2018年6月底，在全区范围内广泛开展2018年"广东扶贫济困日"爱心捐赠活动。在区政府大楼中，区委书记王宏彬率全体领导班子成员带头捐款，区机关全体干部职工踊跃捐款献爱心，区直各单位、各街道及爱心企业等多点同步进行。其组织6个街道、31个社区，发动辖区企业、股份公司、医院、学校、U站等机构平台以及社区居民参与募捐活动，做到社区募捐全覆盖。马田、公明、玉塘、凤凰等6个街道办事处精心组织、广泛发动，中国科学院大学深圳医院、

---

① 参见深圳市慈善会2018年年报。
② 参见深圳市光明区慈善会2018年年报。

光明集团、建发集团等单位积极参与，新德织造、新兴纺织、友邦塑料、三利谱光电、卫光生物等企业踊跃捐资，活动共募集捐款近 200 万元，有效助力了新时代广东脱贫攻坚事业。

第二，首次启动慈善定捐计划。为增强区慈善会资金实力，不断提升慈善帮扶能力，保证慈善会的良性运作，慈善会于年初启动实施首期慈善定捐计划，倡议各理事成员以定期定额、自愿捐赠的方式，积极参与慈善会慈善定捐计划，所募集的资金专项用于开展辖区困难群众重大疾病救助、重大事故救助、特殊困难紧急救助和慰问等慈善项目。该计划得到了维珍妮、新兴纺织及宏发集团等 15 家理事企业的鼎力支持，共募集善款 213 万元，为慈善救助注入了动力。

第三，成功申请福彩专项资金。区慈善会按照《深圳市福利彩票公益金管理办法》的文件精神，从 2016 年始积极协调区财政局、民政局等部门，争取资金支持。经过连续 2 年的努力，成功申请到 2018 年福彩公益金 220 万元作为慈善救助专项资金，专项用于辖区困难群众重大疾病救助、重大事故救助、特殊困难紧急救助和慰问等慈善项目，精准帮扶辖区困难群众，大大提升了慈善救助能力。

各级慈善会通过进一步创新工作方法和手段，拓宽慈善募捐渠道，掀起了慈善募捐的新高潮，创下了深圳市慈善募捐金额的新高。

（二）公开的募集资金流程，完善的募集资金平台

建好网络信息平台是传播慈善公益信息、加强慈善公益信息宣传交流的重要手段。

深圳进一步加强慈善宣传和引导工作，利用网络等新媒体加强慈善宣传，通过公开透明的方式，运用"互联网＋"等手段（研究打造线上众筹平台）扎实有效地工作，打造阳光慈善，提升公信力，赢得了社会各界更多的认可和支持。

以南山区慈善会为例。2018 年，为了搭建透明、公开的募集平台，南山区慈善会采取了以下措施。一是建好南山区慈善会会员微信群，会员们把关心、支持南山慈善公益的意见和建议通过简短的话语和图案图标随时反映出来，讨论交流，形成共识。① 二是建好南山慈善会网站及微信公

---

① 参见深圳市南山区慈善会 2018 年年报。

众号，使之成为传承慈善文化、宣传慈善精神的阵地；成为学习交流经验做法的窗口；成为了解相关政策规定、开展慈善公益活动的平台。换届后，区慈善会通过网站及微信公众号向社会发布了公益慈善专题信息30余条。三是在《消息报》开辟南山慈善公益广告栏目，向社会、民众宣传普及慈善公益的有关内容。四是创办《南山慈善汇》专刊，及时总结推广南山慈善好的做法和经验，宣传报道公益慈善先进企业和个人，展示南山公益慈善新风采。2018年10月，《南山慈善汇》首刊出版印发，受到了广大读者的一致好评，为进一步加强慈善宣传、培育慈善资源、拓展慈善领域，打造与南山经济社会发展相匹配的慈善事业奠定了良好的群众基础。

三、慈善救助：实施慈善救助，创新慈善项目

（一）扶贫救济

党的十八大以来，以习近平同志为核心的党中央把"让贫困人口和贫困地区同全国一起进入全面小康社会"作为我们党向全国人民做出的庄严承诺，将脱贫攻坚作为全面建成小康社会必须打赢的三大攻坚战之一，并将其摆到治国理政的重要位置。

为学习贯彻习近平总书记关于扶贫工作的重要论述和视察广东、深圳的重要讲话精神，全面落实党中央、国务院和省委、省政府关于打赢脱贫攻坚战的决策部署，聚焦"2019年年底95%以上相对贫困人口达到脱贫标准，90%以上相对贫困村达到出列标准"的目标任务，深圳市慈善会广泛统一思想认识，深刻理解扶贫攻坚战的伟大意义，深入开展2019年"广东扶贫济困日"活动，号召发动社会各界捐赠，协商共建社会主义新农村，决战脱贫攻坚，助力乡村振兴。深圳市慈善会根据中央、省、市脱贫攻坚及乡村振兴战略的部署要求，坚持因地制宜、创新体制机制，坚持区域合作、带动扶贫开发，坚持群众主体、激发内生动力，全力推动对口工作，助力打好脱贫攻坚战。

深圳市慈善会设立了"广东扶贫济困日"专项账户。扶贫款项将重点用在深圳对口帮扶涉及的九省（自治区、直辖市）相关地区，并已形成了包括教育帮扶、医疗扶贫、就业扶贫、产业扶贫、科技扶贫、文化扶贫等

在内的全新深圳扶贫模式。深圳市慈善会倡议各政府部门、机关干部、军队、企业、社会组织、社区群众、学生、爱心人士等社会各界群体积极响应，参与到"广东扶贫济困日"活动中，助力营造全社会"决战脱贫攻坚、助力乡村振兴"的浓厚氛围。市慈善会还进行了"深企帮千村"精准扶贫行动、扶贫访贫慰问活动、评选表彰先进活动。

除了"广东扶贫济困日"活动之外，深圳市各区日常帮扶活动也在有序开展。

2018年，罗湖区慈善会在关注户籍贫困人口的同时，聚焦非户籍常住人口、义工及特殊儿童等特殊贫困人群，开展"大爱罗湖"助困、助学、助医等多个慈善项目，累计帮扶和资助困难家庭、学生和重疾患者超过1400人次，发放资助金900多万元。其中，"大爱罗湖"结对帮扶项目帮扶困难家庭780多户，"爱心助学""幸福校园·爱心午餐""新芽奖学金"等助学系列项目资助学生560多名，户籍重疾救助项目资助100名重疾患者。[①]

2018年，盐田区进一步完善和拓展慈善救助项目，根据区慈善会已出台的资助政策，做好重大疾病低收入家庭子女入托入学等各类困难群体的帮扶资助工作，与时俱进积极拓展和丰富救助的内容和形式，使区慈善会的救助工作有效地帮助困难人群、更广泛地惠及弱势群体。自2016年以来，盐田区共投入扶贫资金6.1亿元，因地制宜地推出多项针对性帮扶项目，累计帮扶16416户贫困户共71422人减贫脱贫，成效显著。盐田区慈善会等社会各界爱心组织和爱心人士向凌云县、乐业县捐款捐物达1240万元，并在东源县设立了贫困户子女助学金，帮扶贫困学生446人，发放助学金104.4万元。

2018年，龙华区慈善救助项目陆续开展助医、助学、助困等救助计划，截至2018年年底，共救助653人次，由区慈善会发放救助金654.47万元。同时，其协助市慈善会开展"来深建设者关爱基金"救助项目，为375名劳务工提供了597.1万元重大疾病救助，为72名劳务工子女提供了105.5万元重大疾病救助。[②]

龙华区慈善会与深圳市德义爱心促进会合作，共同设立贫困大病儿童

---

① 参见深圳市罗湖区慈善会2018年年报。
② 参见深圳市龙湖区慈善会2018年年报。

救助项目，招募社区网络志愿者，计划通过互联网筹款的方式为龙华区的患儿提供救助支持。

深圳市慈善会和各区慈善会通过捐资助学等方式，共同推进扶贫济困事业发展，希望为更多的困难群众送去温暖、送去力量、送去希望，用社会各界的诚心之为、爱心之行、善心之举，为困难群众谋求更多福祉，为打赢全市脱贫攻坚战贡献力量。

（二）社区发展

维护与社区各类组织的关系，更好地运用现代化金融工具，促进社区共同体建设，深圳市的社区慈善会不断推动着深圳市社区治理体制的完善。

为了进一步探索社区组织和居民参与的公益模式，深圳市慈善会发起"深善空间慈善社区"项目。其以建设"深善空间慈善社区"为主题，以"共建慈善社区共享美好生活"为目标，推动社区基金（会）间的互动交流，联合各区慈善会、公益慈善组织、街道、社区、国企和民企、高校机构参与共建、共同探讨社区慈善发展思路，将公益慈善贴近群众生活作为主线，更加贴近民生；为深圳市社区公益慈善优秀项目、优秀组织，搭建三社联动交流、公益慈善供需无缝对接平台，营造社区公益慈善氛围。

"花样跳绳进社区"公益培训项目是深圳市慈善会的另一个品牌社区项目。深圳市慈善会·益全程社区发展促进基金致力于社会服务及公益慈善事业，为全社会提供免费的优质教育——体育·益课堂，旨在推动跳绳运动走进深圳每个街道社区，让每个社区的每个孩子都能受到优质的免费体育教育，在运动中强健体质，在运动中塑造品格，在运动中健康成长。其在公益慈善平台和社会各界爱心公益伙伴的支持与关怀下，为深圳市各个社区筹集公益善款，为孩子们开展"体育·益课堂——花样跳绳进社区"公益培训项目。

各区慈善会也参与到了社区公益实践当中。

龙华区慈善会大力推广聚善家园计划，并取得了显著成效。截至目前，慈善会推动发起成立社区基金共3家，分别是库坑社区基金、富康社区基金、观城社区基金。

龙华区慈善会与市食品药品监督局继续进行爱心篮项目合作，搭建食品物资捐赠平台，2018年，市食药监局继续为慈善会捐赠食品1万份

（总价值约 50 万元），发放物资 7395 件，受益人次 3102 人次。其稳步持续地开展老人食堂项目，共为 180 名龙华贫困老人提供了 57795 餐免费公益午餐。截至 2018 年 12 月底，其开展了公益集市、公益文化、便民服务等常规化公益活动 561 场次，直接参与人数达到 9.3 万人，累计有 4741 个家庭，758 个商家，757 个社会组织参与活动。①

坪山区慈善会积极探索"冠名基金"的慈善发展模式，联合区内社会组织培育了 2 个慈善冠名基金：深圳市坪山区慈善会·大同基金、深圳市坪山区慈善会·彩虹之路基金。大同基金主要用于资助区内社工及来深建设者子女进行助学培训，提升他们的服务技能和培养文化素养；彩虹之路基金主要用于资助市内 18 周岁以下患重大疾病的青少年儿童及其家庭，他们的加入为困难群体链接了更多慈善资源，为坪山慈善事业注入了新的活力，并且促进了社区慈善文化的形成及和谐社会的发展。②

（三）优质教育

我国社会主要矛盾已经转化为人民日益增长的美好生活需要和不平衡不充分的发展之间的矛盾，因而，新时代慈善事业的明确使命，就是要通过慈善行为进一步平衡地区差异、城乡差距和贫富差距，通过慈善力量补充社会保障体系，促进教育、科学、文化、卫生、体育、环保等领域的全面发展。

教育发展离不开慈善组织的参与，深圳市慈善会通过资助、学校援建等慈善项目为贫困学子提供了助学支持。

2018 年，光明区慈善会先后联合了民政局、教育局、广西田林县教育局以及辖区多家爱心企业，全年开展爱心结对助学活动 4 次，共资助贫困中小学生 226 名，发放助学金 70.28 万元。其中，困难群体子女助学帮扶行动资助了 130 名学生、发放助学金 34.5 万元；2018 年曙光助学行动及爱心延续活动资助了 36 名学生、发放助学金 16.6 万元。此外，区慈善会还定期开展爱心回访和慰问活动，慰问困难群众 100 人，发放慰问金 20 万元，组织爱心企业代表上门探望弱势群体和困难学生家庭，送去米、油等慰问品，传送社会关爱。2018 年 3 月，光明区慈善会开展光明区·田林

---

① 参见深圳市龙华区慈善会 2018 年年报。
② 参见深圳市坪山区慈善会 2018 年年报。

县"助力精准扶贫,圆梦贫困学子"慈善助学活动,精准帮扶田林县建档立卡贫困学生 60 名,发放助学金 19.18 万元。①

坪山区慈善会持之以恒地开展"爱心帮困助学活动",自 2010 年开始,至今已经开办了九届,共资助了 635 人次,发放助学金约 171 万元。该活动的开展有效缓解了贫困生的就学压力,在青少年中播撒了慈善助人的种子。

盐田区慈善会等社会各界爱心组织和爱心人士向凌云县、乐业县捐款捐物达 1240 万元,并在东源县设立了贫困户子女助学金,帮扶贫困学生 446 人,发放助学金 104.4 万元。

(四)健康福祉

目前,中国的慈善医院虽相继在江苏、苏州、南京、广州等地开办,但有关专家也指出,在我们现有的社会保障体系下,我们应该寻找其他途径来开拓资源,寻求其他方式以更好地缓解群众看病难、看病贵的问题。医疗救助制度的建设不可能孤军突进,吸纳各方社会力量参与医疗慈善事业是大势所趋。②

深圳市慈善会先后开设了"来深建设者关爱基金之重大疾病救助项目""来深建设者关爱基金之子女重大疾病救助项目"和"2019 年'太阳的孩子'康复工程"等重大疾病救助项目,协调医疗机构等各方组织,为对贫困大病家庭提供救助。

深圳市慈善会设立"劳务工关爱基金",为非深圳户籍的劳务工提供重大疾病救助,先后共有 175 人获得救助,金额达 162.2 万元。与此同时,该基金联合市卫生局发动医院加盟,等额放大救助额度,已有 22 家医院加盟。另外,该基金推出劳务工子女唇腭裂和肢残救助项目;与阳光医院合作设立"阳光救助基金",为白内障患者实施复明工程;与富士康集团合作救治 4 名白血病患者;等等。

以龙华区慈善会为例,龙华区慈善会协助市慈善会开展"来深建设者关爱基金"救助项目,为 375 名劳务工提供了 597.1 万元重大疾病救助,为

---

① 参见深圳市光明区慈善会 2018 年年报。
② 参见徐哲芳《慈善助医,让公立医院拥有一颗"慈善心"》,载《医院管理论坛》2013 年第 2 期,第 8~10 页。

72名劳务工子女提供了105.5万元重大疾病救助。① 同时，龙华区慈善会与深圳市德义爱心促进会合作，共同设立贫困大病儿童救助项目，招募社区网络志愿者，计划通过互联网筹款的方式为龙华区的患儿提供救助支持。

四、慈善精神：弘扬慈善理念，树立慈善品牌

（一）坚持精准务实，夯实慈善品牌

慈善事业的发展需要社会氛围，需要提高公民的慈善意识和加强社会慈善价值观的支撑，需要慈善宣传的引导和社会各界的参与推动。

深圳市慈善会从多渠道实现了社会资源与慈善理念的有机结合，并营造了"慈善就在您身边"的良好氛围。通过开展公益广告宣传，提高公众和社会各界对慈善事业的认知和了解。随着深圳市各类慈善会议和活动的举办，如国际慈善论坛、大型慈善义演晚会，特别是社会各界积极倡议的"鹏城慈善奖"的设立，把深圳的慈善宣传与激励工作推向了一个新高度，不断树立着鹏城慈善品牌形象。2019年，作为机构战略转型的重要手段，为适应当下环境的变化、捐赠需求的变化，利用品牌整合优势提高竞争力、品牌延伸性，更好地发挥品牌的规模效应，深圳市慈善会不断塑造新形象、新品牌、新形象。

各区的慈善会亦不断加强自身公益品牌建设。

2018年9月22日，南山区慈善会借中国第六届慈展会在深圳举办之机，广泛宣传、推介"公益南山、让爱飞翔"主题，展示"大爱南山"公益慈善成果，打开南山公益慈善发展前景窗口，受到与会代表和社会各界参观人员的高度赞扬。②

宝安区慈善会发挥区内两大媒体的宣传优势，将重大活动在《宝安日报》和宝安区电视台宣传报道，让大家了解区慈善会的工作，扩大慈善会的影响力。其与宝安日报社合作办了26期慈善相关栏目，打造了慈善文化宣传品牌。③

光明区慈善会围绕慈善会工作亮点、节点展开宣传，凝聚社会共识，

---

① 参见深圳市龙华区慈善会2018年年报。
② 参见深圳市南山区慈善会2018年年报。
③ 参见深圳市宝安区慈善会2018年年报。

以阳光慈善信息平台为主阵地，以主流媒体、网站、微信等自媒体为抓手，充分利用各类媒体对慈善公益活动进行全方位报道，打造"阳光慈善"，慈善氛围日益浓厚。其通过"广东扶贫济困日"、深圳慈善月等平台活动，全媒体营造慈善氛围，进一步提高了全区的慈善爱心氛围，进一步提升了社会对慈善的认知度，让更多社会各界爱心人士参与了慈善捐助。据不完全统计，全年社会媒体相关报道逾54篇，发放宣传资料45000份、环保袋等宣传物品5000多份，张贴宣传海报近1000张。

自2017年起，坪山区慈善会开创了坪山首本公益慈善杂志《坪山慈善》，目前已出版了五期，在宣传扶贫济困的慈善典型和凡人善举方面取得了积极的成效，为宣传坪山慈善事业、传递社会正能量创建了重要的平台，推动了慈善文化融入各行各业，形成了"人人关心慈善、人人支持慈善、人人参与慈善"的良好氛围。其还积极参与公益慈善活动，推动慈善文化深入社会各阶层。

（二）加强自身建设，塑造良好形象

进一步弘扬慈善观念，需要顺应社会发展需要，积极推动构建市、区、街道和社区四级慈善组织网络，把慈善事业延伸到基层，合理运用深圳市的慈善资源；同时加强慈善工作志愿者队伍建设，吸引更多人参与慈善事业，奉献爱心。

各级慈善机构要落实科学发展观，加强内部建设，建立和完善各项内部管理制度，进一步规范募捐渠道，在募捐接收、基金管理、财务管理、资金运作和费用开支等各个环节上加大管理力度；要加强和重视人才培养，加强与国内外先进慈善机构的交流，拓宽思路，改革业务和管理模式，提升慈善组织自身的专业能力和品牌形象。

第一，规范项目运作。对每一份资助申请进行分析研判，确保救助真实精准，进一步提升项目运作成效。

第二，积极开阔视野。组织工作人员参观中国公益慈善项目交流展，开阔慈善工作者视野，学习其他组织的先进经验。

第三，加强交流合作。积极开展国内外交流活动，交流学习经验，在项目品牌、人才培训等方面加强合作。

五、慈善组织：完善组织建设，提高管理水平

建立健全内部管理制度的有着重要性和效益性，能够取得一定的社会效益、企业效益和管理效益。内部管理制度是组织一切管理活动的基础，是组织管理的中心环节，更是慈善组织公信力的保障。

（一）深圳市慈善会组织机构

深圳市慈善会内设组织架构包括行政人事部、财务管理部、品牌宣传部、项目中心、筹资合作部、社会帮扶部。组织内部职责分明，有机地统一在整体内。行政人事部负责健全各项内部管理制度，做好行政内务和人力资源管理、培训开发和外联接待交流等工作。财务管理部负责建立健全财务管理制度，做好资金管理工作和理财增值工作。品牌宣传部负责媒体传播策划、品牌经营、自媒体平台搭建和维护等，做好年度传播计划和相关活动项目的媒体宣传工作的组织实施工作。项目中心负责制定和实施资源开发和资源整合等相关业务的总体规划，建立慈善项目体系，结合机构战略重点培育发展社区、教育创新、健康促进和公益金融等品牌项目，实施和发展社会有效资源对接和战略合作关系。筹资合作部负责策划、组织并实施募捐计划和募捐活动，服务、管理和发展冠名基金，与企业建立平等合作的战略伙伴关系，进行大客户拓展与管理，开发与运营品牌募捐项目和人人公益、线上筹资等工作。社会帮扶部紧扣民生、精准扶贫，做好对口帮扶等各项社会帮扶工作的动员组织和落实工作。（见图1）

（二）宝安区慈善会组织建设与制度建设

区级慈善会组织架构也在不断完善。以宝安区慈善会为例，其于2018—2019年进行了系列改革。2018年，宝安区慈善会严格执行章程，修改了《宝安区慈善会财务管理制度》和《宝安区慈善会冠名基金管理暂行办法》。坚持第三方审计和每季度向监事会报告财务收支情况的工作制度，不断提升区慈善会的公信力。

1. 严格实行第三方审计，确保慈善金规范使用

区慈善会在政府采购专业机构中认真筛选，聘请第三方审计机构，分别对2017年度慈善金的收支情况、2013—2017年5年慈善金收支情况、

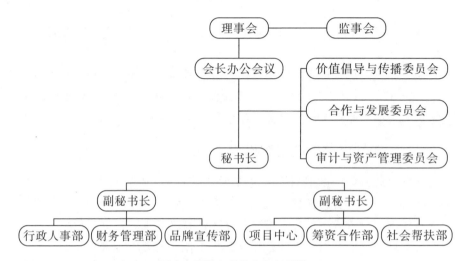

图1 深圳市慈善会组织结构

2013—2017年5年日常工作经费收支情况进行审计。审计结果表明,宝安区慈善会财务收支均符合《基金会管理条例》和《民间非营利组织会计制度》的规定。

2. 严格实行信息公开,接受社会监督

区慈善会根据《慈善组织信息公开办法》的规定,定期向社会公开慈善金的收支情况;通过微信公众号、慈善会网站、报纸、电视等媒介,公开每一笔慈善金的收支情况,接受社会监督。市民也可通过慈善会微信公众号、网站等途径查询慈善金使用情况。

3. 不断修改完善管理制度,形成一套完整的制度体系

区慈善会根据《慈善法》的要求和工作实际进行相关修改和完善工作。

4. 优化监事会成员的组成,充分发挥监事会的作用

区慈善会以第三届理事会换届为契机,优化监事会成员的组成,推荐选举市民盟副主委、市人大常委兼任监事长;坚持每季度向监事会报告慈善金收支情况的会议报告制度;组织监事会成员到广西大化、都安实地检查2017年对口帮扶"水柜"项目资金的落实情况及项目资金执行台账。[①]

---

① 参见深圳市宝安区慈善会2018年年报。

六、问题与建议

深圳市慈善会事业的发展还面临不少挑战,主要表现在慈善资源的发掘还不充分,慈善项目内容和形式仍需夯实,慈善宣传力度还有待加强,等等。

第一,持续大力助推困难帮扶行动。市慈善会持续做好困难群体慈善帮扶工作,配合有关部门开展好定期回访和跟踪救助,及时解决新增合理诉求,进一步抓好"志智双扶",充分激发困难群体内生动力,不断巩固帮扶工作成效,确保高质量完成困难群体帮扶任务,努力让辖区困难群体更多更好地享受发展成果,努力在全社会营造合力攻坚的良好氛围。

第二,高效运作提升项目救助水平。市慈善会认真开展好困难群众迫切需要、社会效果明显的救助项目,扩大困难群体受助面,提高救助质量,增强社会救助效应;加大项目化运作力度,继续开展重疾医疗救助、突发事故救助、特殊困难救助和助学等品牌项目,以走访、调查、公示等方式提升项目效果,使得救助对象更精准、救助更及时、手续更简洁、效果更明显;借助街道、社区捐助站点及时收集求助信息,重点关注身边的、紧急求助的特殊求助个案,通过及时有效的救助赢取社会信任。

第三,多元募捐增强慈善资金实力。市慈善会大力开展"广东扶贫济困日"等募捐活动,进一步加大募捐的力度,做强做大慈善实力;建立经常性联系机制,加强与捐款企业和爱心人士的沟通,及时反馈所捐善款的使用情况及其社会效果,听取他们对实施慈善救助的意见,加大对捐款单位、个人的表彰宣传力度,以良好的服务吸引他们再参与、再投入;探索运用互联网拓宽资金募集渠道,认真落实税收优惠政策;加强与辖区重点大型企业、纳税大户、爱心企业的沟通联络,进一步调动他们为市区慈善事业做贡献的积极性,发挥他们的模范带头作用,为慈善事业贡献力量。

第四,营造氛围促进全民慈善共识。市慈善会加强与各种新媒体的合作,及时提供活动信息,宣传市区慈善会工作取得的成绩和经验;加强自身宣传阵地建设,运用网站、微信公众号等传播信息的手段,加快更新,使慈善信息传播更广、更具影响力;加大先进典型案例的宣传力度,对各类热心企业和个人、社会影响较大的慈善救助项目、各街道慈善工作的成功经验等进行宣传报道,增强慈善宣传的效果,营造慈善氛围,不断扩大慈善工作的影响力和感召力。

深圳慈善信托发展报告

——如何为全国发展慈善信托"破难题、探新路、做示范"

杨钦焕[*]

摘要：深圳经济特区作为我国改革开放排头兵，致力于建设中国特色社会主义先行示范区，在推动公益慈善事业改革发展方面做出了积极的探索。慈善信托作为我国现代慈善事业发展中的新生事物，是发展现代慈善事业多元形态的重要组成部分。深圳应当充分利用信托的财产隔离、破产保护、使命清晰、运作灵活等制度优势，在大力发展慈善事业的过程中积累经验、培养人才、完善制度。随着我市社会结构、慈善环境等发生重大变化，传统慈善形态已难以满足社会力量参与慈善事业的现实需求，有关设立慈善信托的社会需求日趋强烈。因此，深圳经济特区积极推动慈善信托创新具有重要的意义，将为中国特色的现代慈善信托制度贡献深圳经验和深圳方案。

关键词：慈善信托；优势领域；法律制度；先行示范区

党的十九届四中全会首次提出"重视发挥第三次分配作用，发展慈善等社会公益事业"，这表明慈善事业在第三次分配中的作用日益凸显，对于促进社会的公平、和谐具有重要意义，而社会财富进入慈善事业主要包括慈善捐赠和慈善信托两种方式。慈善信托是指委托人基于慈善目的，依法将其财产委托给受托人，由受托人按照委托人意愿以受托人名义进行管理和处分，开展慈善活动的行为。在慈善信托中，信托为慈善目的而存在并运作，信托的相关利益归属于不特定的慈善受益人。在国外，从慈善信托雏形的出现到今天的发展已有几百年的历史，已经成为人们所熟知和常用的慈善制度，慈善信托与慈善捐赠在慈善事业发展中的作用可以说平分秋色。我国虽然拥有乐善好施、扶贫济困的优良传统，但是在现代慈善事业发展中起步较晚，也走了许多弯路，当前人们从事慈善事业主要通过捐赠财物、提供志愿服务或者成立慈善组织等方式，而现代慈善需要更高效

---

[*] 杨钦焕，深圳市社会公益基金会秘书长。

率、更大规模的慈善行动以解决人类面临的可持续发展问题，对于慈善财产也要求更清晰的责权划分和更专业的财富保值增值管理，慈善信托以其独特的制度优势成了一种全新的选择。

一、慈善信托和慈善捐赠的关系简析

慈善信托和慈善捐赠都是为了慈善目的而将财产所有权转移出去，用于开展慈善事业。慈善捐赠财产、慈善信托财产都只能用于慈善目的，但是，慈善信托与慈善捐赠又是两种完全不同的行为，因为他们是基于不同的法律关系进行的，法律关系的不同造成了两者的很多差异，这主要体现在四个方面。

（一）法律关系不一样

慈善信托法律关系是由委托人、受托人和受益人三方当事人构成，属于我国《信托法》所称的信托当事人。慈善信托要求设立时受益人不特定，但这并不等同于慈善信托当事人中缺少受益人，信托文件需要明确受益人的选择条件和程序，所以，慈善信托仍然是三方当事人形成的信托法律关系。慈善捐赠属于基于慈善目的的赠与行为，是一种合同法律关系。合同的受赠方既可以是慈善组织，也可以是直接受益人，慈善捐赠只涉及两方当事人。

（二）出发点不一样

虽然都是为了慈善事业的第三次财富分配，但慈善信托和慈善捐赠的基础逻辑有区别，慈善信托出发点是基于委托人意愿向受托人交付财产并要求按意愿执行，慈善捐赠则基于对慈善组织提出的使命或公益项目的认可而进行捐赠和支持。慈善信托为了更好地执行委托人意愿，在法律上对于受托人的义务有明确规定，委托人还拥有设置信托监察人和撤换受托人的权利，对慈善信托财产的情况进行监督，以防止善款被滥用。在慈善捐赠中，捐赠人虽然可以通过书面的捐赠协议对捐赠财产的种类、数量、用途、交付时间等内容进行约定，但是在捐赠行为发生后，捐赠人对于受赠人是否按照约定使用慈善捐赠财产只拥有监督权和有限的制约手段。

（三）财产属性不一样

慈善信托的受托人不享有信托财产的完整所有权，需要独立做账，在财务报表上以受托管理的财产形式存在，与受托人固有财产分别管理，法律明确赋予财产隔离和破产保护的权利，信托财产不仅独立于受托人的财产，也独立于委托人的财产。慈善捐赠的资金则属于慈善组织所有，在财务报表上计为收入财产，一般无法独立于受赠人的其他捐赠财产，当然也有部分捐赠收入因为捐赠人提出条件限制或用途要求，形成了限定性捐赠财产，慈善组织应当按照捐赠意愿和约定使用限定性捐赠财产，但即便是捐赠人要求设立专项基金，在法律上专项基金也无法实现与受赠人其他财产的风险隔离。

（四）管理规则不一样

慈善信托财产如何管理主要依据信托文件（合同或遗嘱），包括受益人选择的程序和条件，年度公益支出的占比或数量，受托人管理服务费用的收取，投资理财的方式和标的，等等，这些都可以通过信托文件进行约定，法律和政策并未进行强制性限定。而慈善捐赠财产的管理拥有一系列标准化的政策和规则，包括从慈善组织的治理结构、公益支出和管理费用、信息公开和年度报告等都有明确要求。

二、慈善信托有优势的适用领域

慈善信托的最大特征在于信托文件的严肃性和受托人忠实履行委托人意愿的信用基础，国家对于信托文件和信托财产的保护非常严格，在司法实践中建立了破产保护和财产隔离制度，以确保信托慈善目的得以实现。因此，信托具有使命稳定性、财产安全性、管理灵活性等特点，基于这些特点，在六种情形下，慈善信托比慈善捐赠有着明显的制度优势。

（一）慈善信托适用于遗产用于慈善事业

《慈善法》明确将遗嘱视为有效的信托文件之一，在西方国家的实践中遗产也是慈善信托的主要来源之一，由于财产拥有者的离世，难以对财产使用过程进行有效监督，在其意志清醒时，基于个人志愿对财产用于慈善事业做出安排，通过不可变更的遗嘱或信托合同，可以确保委托人意愿得到法律的周全且长期的保护。因此，遗产用于慈善事业，可以首选慈善信托方式。

（二）慈善信托适用于非货币财产用于慈善事业

非货币财产主要指不动产、股权债权、保险受益权、知识产权、贵重物品等，这些财产往往附着其他经济利益或名誉利益，同时存在估值变动和一定的变现条件等特征，因此，直接捐赠非货币财产或变现后捐赠给慈善组织会带来许多财产处置的不确定性影响。慈善信托可以通过信托文件的约定，确保财产的存在形态或变现的过渡性安排，比如某个有历史纪念意义的不动产可以约定今后不得改变建筑风貌和只租不售等条件，某个股权约定受托人必须和委托人保持公司决策投票的一致，等等。

（三）慈善信托适用于大额或长期性财产用于慈善事业

在用于慈善事业的资产数额特别巨大或需要较长周期使用慈善财产的情况下，往往面临慈善组织难以承载或有其他管理风险。比如慈善组织有公益支出比例的要求，尤其是公募基金会需要支出上年度收入的70%的规定难以满足，对于大额财产快速使用也难以保证使用成效。同时，慈善组织也面临经营风险，如债务纠纷、行政处罚或治理结构危机等问题，可能危及捐赠财产安全。因此，选择慈善信托，可以通过信托合同规制受托人行为，同时享有财产隔离和破产保护的保障。

（四）慈善信托适用于家族或家庭财产用于慈善事业

家族或家庭财产与企业或个人财产不同，往往具有一定的产权结构，不容易进行简单清晰的划分，因此，常规慈善捐赠中财产处分的方式难以满足要求，而慈善信托则可以进行精细化的约定，甚至可以在时间维度上做出远期的安排。同时，家族财富中安排一部分财产用于慈善事业，也可以提高家族的凝聚力和文化传承。

（五）慈善信托适用于对慈善财产投资要求较高的情况

慈善财产和其他财产都有一个共同的属性，就是都是财富的一种存在形式，同样面临保值增值的需要和价值贬损的风险。慈善财产作为第三次分配的产物，未来将有更大的存量和增量空间，对慈善财产做好投资管理是不得不面对的课题，尤其是风险偏好较高或投资行为较为复杂的情况下，慈善信托比慈善组织具有较大的制度优势，可以通过信托文件进行规划和授权，也可以由信托公司的资产管理专业能力进行加持。

（六）慈善信托适用于对慈善领域涉及较多或涉及业务主管部门的情况

成立慈善组织在业务范围上会受到许多限制，大部分的社会公益事业领域都需要业务主管部门批准，而慈善信托采用备案制管理为慈善财产更加开放用于各类社会公益事业提供了有效路径。同时，也应考虑一定的制约因素。比如，信托公司担任受托人时，需要寻找具有相关领域相应专业能力的慈善组织担任项目执行人，慈善组织担任受托人时，慈善信托的目的需要符合慈善组织自身的业务范围要求。

以上慈善信托在相关情形下的制度优势非常明显，但慈善组织在慈善事业发展中同样具有重要的位置，也有着许多自身的优势，比如专业化的执行团队、法人形态下的现代治理结构、基于使命和品牌可以统合多元化资源的优势等。

三、慈善信托的主要法律制度概述

慈善信托在中国一直伴随着法律制度的不断完善而发展，2001年10月1日起施行的《中华人民共和国信托法》（以下简称《信托法》）提出框架性的公益信托制度，在实践中也有一些案例陆续面世，但总体上由于配套制度不健全而显得举步维艰。随着2014年10月29日国务院印发《关于促进慈善事业健康发展的指导意见》（国发〔2014〕61号）、2016年9月1日《中华人民共和国慈善法》实施、2017年7月7日银监会和民政部联合印发《慈善信托管理办法》等，使慈善信托政策法规体系日趋完善，在实践层面得以广泛推动。我们梳理现有的慈善信托法律制度，虽然还有一些不完善之处，但以《信托法》《慈善法》为基础，辅之以相关行政法规、规范性文件和地方性政策为基本框架的制度体系已经逐步形成。

（1）2001年出台的《信托法》是我国慈善信托发展早期的主要法律依据，《信托法》释义中提道："依照信托的目的，信托可以分为公益信托与私益信托。私益信托是委托人为了自己和其他特定人的利益而设定的信托,是为了私人利益。公益信托是委托人为了社会公益目的而设立的信托,其目的必须有利于全社会或者社会中的部分公众。"《信托法》不仅有信托业基本法律架构的规定,还专设第六章用15个法律条款,对公益信托的法律适用、公益信托的范围、国家鼓励公益信托、公益信托设立及确定受托人、公益信托的信托财产及其受益的用途以及公益信托的监察人、受托人、公益事业管理机构等各方的权利义务等做出明确规定。

(2) 2016年出台的《慈善法》是我国现代慈善事业首部综合性根本大法,同样用专章对慈善信托进行了规定,同时也明确了本法所称的慈善信托属于公益信托。因此,慈善信托在《慈善法》有明确规定的条款以外,更多涉及信托基本制度的规范还应当遵循《信托法》的规定。对比《信托法》和《慈善法》,其中关于慈善信托的内容主要有四个较大的不同之处:一是从审批制改为备案制;二是主管部门从相关公益事业管理机构的模糊表述改为民政部门的明确指定;三是受托人从宽泛的拥有完全民事行为能力的自然人和法人,限定为慈善组织和信托公司;四是监察人不再要求必须设置,改为由委托人和受托人协商确定是否需要。

(3) 2017年出台的《慈善信托管理办法》是我国规范信托行为最全面的部门规章,由国家银监会和民政部共同印发,从慈善信托的设立、备案、财产的管理和处分、变更和终止、促进措施、监督管理和信息公开、法律责任等方面进行全方位的规范,包括对信托文件应当载明的内容、办理备案需要提交的材料清单、信息公开的内容和时限以及委托人、受托人、监察人和备案机关的权利义务等操作性事项都有了详细规定,使慈善信托的设立备案和管理运营有明确的规范可循。

(4) 各地陆续出台的地方性实施细则为慈善信托的创新实践指引、优化管理流程、补充细节规范等提供了政策依据,是慈善信托法律制度的丰富和补充,各地的政策法规也都有一些创新和突破。例如,《北京市慈善信托管理办法》规定"所有委托人和受托人共同签署书面文件"将更好地保障委托人主导的慈善目的,限制受托人主导发起的集合信托计划;《广东省慈善信托管理工作实施细则》提出了许多制度创新,包括"慈善信托接受捐赠""委托人持慈善信托备案回执依法享受税收优惠""慈善信托事务执行人"等全新的提法让慈善信托实践有了更加广阔的政策空间;《江苏省慈善信托备案管理实施办法》专门在备案管理层面进行了更加细致的规范。

（5）相关税收政策及其他的法律制度有待完善。《信托法》《慈善法》等基本法律中都有国家鼓励发展慈善信托、依法享受税收优惠的规定，但在我国税收法定原则下，需要在税法层面跟进做出具体规定，才能使慈善信托的税收优惠成为现实。目前，慈善信托的税收优惠主要设计了三个方面的问题：一是慈善信托自身收入的免税待遇。由于信托收入为受托管理财产，所以没有慈善组织面临的营业收入所产生的增值税或所得税问题。二是委托人享受公益性捐赠税前扣除的待遇。《中华人民共和国个人所得税法》（以下简称《个人所得税法》）和《企业所得税法》规定的公益性捐赠税前扣除资格都是面向公益性社会组织进行认定的，信托公司担任受托人时无法获得资格认定；慈善组织担任受托人时因不计入捐赠收入而无法出具公益性捐赠专用收据为委托人办理税前扣除，导致委托人无法享有与慈善捐赠同等的税前扣除优惠。三是慈善信托财产交易过户产生的税费。目前不动产、股权信托过程中均面临信托财产登记制度缺失的问题，委托人将非货币财产交付受托人时视同销售，办理过户前需要额外缴纳各种销售税费。税收优惠没有落实已经成为制约慈善信托发展的最大瓶颈。

在实践中，为了提高委托人投身慈善信托的积极性和推动慈善信托的实施，信托公司和慈善组织也通过各种合作为委托人获得公益性捐赠税前扣除待遇，常见的方式主要包括三种：一是委托人将资金捐赠给慈善组织并定向用于设立慈善信托；二是采用双受托人模式，资金先进入慈善组织受托人再转入信托公司受托人；三是慈善信托设立后在后端选择慈善组织作为项目执行人将捐赠收据开给委托人。这在一定程度上解决了公益性捐赠税前扣除的问题。

除此之外，慈善信托信息公开管理制度、慈善信托财产登记制度、慈善信托接受捐赠财产管理制度、慈善信托独立做账会计制度等均需要加快制定。

四、深圳市慈善信托发展概况

深圳在慈善信托发展方面一直走在全国前列，早在2002年，深圳市工贸局就出资1亿元在平安信托设立了国内第一支公益性质的信托计划

"新疆助学公益信托"。2014年，深圳市政府明确提出"探索家族信托和慈善公益信托运行模式，支持财富传承和公益事业发展"的要求。2015年，民政部在深圳召开慈善信托试点工作座谈会，并在深圳开展慈善信托试点工作进行研讨。国家税务总局、银监会、广东省民政厅、深圳市政府及相关职能部门的负责同志，以及有关专家学者、慈善组织和金融机构负责人共70余人参加了座谈会。

2016年9月1日，《慈善法》正式实施的第一天，深圳市民政局完成了第一单慈善信托备案"中国平安教育发展慈善信托计划"，开启了慈善信托落地实践的征程。自从《慈善法》实施以来，深圳市积极推进慈善信托备案工作，截至2019年12月底，共备案9单慈善信托（含注册地在深圳的慈善组织在广东省民政厅备案的），资金累计约10310.45万元，其概况如下：

（1）华润深国投信托有限公司有3单。①资金用于持续支持雅安市范围内"家庭、社区、学校、城市"等多层面的防灾减灾及灾后教育行动，以持续提升公众灾害应对能力的"华润信托·壹基金雅安防灾减灾慈善信托"；②资金用于各华润希望小镇扶贫和教育项目的"华润信托·润心慈善信托计划"；③资金用于支持和园文化发展中心，助力和园成为岭南传统文化承载平台，促进岭南文化的传承、再造和发扬的"华润信托·和园文化保育慈善信托计划"。

（2）深圳壹基金公益基金会有1单。这1单是资金用于为潮汕地区（潮州市、汕头市、揭阳市及汕尾市，含地级市代管的县级市）的儿童提供支持和资助的"深圳壹基金公益基金会－林氏家族慈善信托"。

（3）平安信托有限责任公司有2单。①资金主要用于教育发展等慈善事业的"中国平安教育发展慈善信托计划"；②资金用于成都－壹基金青少年与未来防灾体验馆的设备设施维护、更换和添置，以及支持地震、防灾和自救等方面教育事业的"成都－壹基金青少年与未来防灾体验馆设备设施维护与更换基金慈善信托"。

（4）深圳市社会公益基金会有3单。①个人发起的关注青年公益创新实践的小额慈善信托——"兴辰慈善信托"；②大鹏新区管委会发起的"半岛生态文明建设公益信托"，政府出资2000万元，社会募集260多万元；③一家财富管理公司发起，出资50万元成立的"新湖财富·关爱儿童慈善信托"。

总体来看，深圳市慈善信托备案尽管单数不多，但资金总量较大，而且慈善信托的设定目的主要在抗震救灾、扶贫济困和儿童发展等多个慈善领域，有效地推进了深圳市乃至深圳周边地区的慈善事业发展。

五、深圳市慈善信托实施的有益经验

（一）强化慈善信托的宣传推广和能力建设

为推进深圳市慈善信托的政策理念普及和相关方面的能力建设，2016—2019年，深圳市民政局委托深圳国际公益学院、深圳市社会公益基金会等专业机构连续4年举办慈善信托专题培训班，系统解答慈善信托备案流程、项目设计和资金运作中的一系列问题，提升了深圳市慈善信托运作方的规范认知及其相关运作能力，推动了深圳市慈善事业发展。

（二）鼓励慈善信托设立管理委员会进行科学决策

从2016年9月1日设立的第一单慈善信托"中国平安教育发展慈善信托计划"设立信托理事会开始，深圳大部分慈善信托都建立了类似的信托决策机构。以深圳壹基金公益基金会为例，主要通过设立慈善信托管理委员会，监管慈善信托运作。该会成员由慈善信托的委托人、受托人等主体共同组成，秉承相互协商、共同合作的原则，集体负责和监管慈善信托运作，有效保证了慈善信托的运作效率和质量。

（三）鼓励慈善信托制定项目实施计划

为了支持特定慈善项目而设立的慈善信托，应在设立之初就做好详细的实施计划，使慈善项目得以科学有序地推进。以平安信托有限责任公司的"成都-壹基金青少年与未来防灾体验馆设备设施维护与更换基金慈善信托"为例，该单慈善信托在运作中制定了详细的实施计划，以年为单位，不断增加对成都-壹基金青少年与未来防灾体验馆设备设施维护、更换和添置的资金使用量，以保证场馆能够永续达到其应有的、在青少年防灾方面的教育效果。

（四）推动政府资金设立慈善信托

政府相关部门能够以委托人名义申请财政性资金设立慈善信托，委托信托公司或慈善组织对信托财产进行管理和运用，以财政性资金为杠杆带动社会资源共同参与，对相关慈善事业提供持续性支持。常规情况下，政府资金是事务性、预算化导向的，针对某个具有明确预算的特定事项进行购买服务或资助。而慈善信托提供了另一种可能性，即财政性资金可以为某个公益目的提供更具长远性、可持续性的支持，同时还可以发挥杠杆作用，带动社会资源共同参与。深圳早在2001年就采用财政性资金设立支援新疆教育事业的信托计划，2018年深圳大鹏新区管委会设立的"大鹏半岛生态文明建设慈善信托"也取得了良好的成效并获得第四届"鹏城慈善奖"。

（五）支持慈善信托参与脱贫攻坚

深圳积极推动慈善信托服务于脱贫攻坚国家战略，慈善信托具有资产管理效率高、项目支持灵活度高、管理运营可持续化等特征，有利于脱贫攻坚项目获得更好的支持。以"华润信托·润心慈善信托计划"为例，华润集团以基础设施建设和产业发展为主要形式在贫困老区建设希望小镇，慈善信托则通过员工和客户的参与，采用小额灵活资助，为希望小镇的发展提供更加人性化的服务和支持，得到受益人的广泛好评。

六、深圳市慈善信托发展中遇到的问题及其相关建议

深圳慈善信托的发展也是全国慈善信托发展的一个缩影，既有鲜明的创新，也遇到了许多瓶颈和困难。对于下一步的发展，深圳应当立足于建设中国特色社会主义先行示范区的高度认真总结和积极作为。考虑到国家层面已经有比较全面的法律法规和政策体系，深圳市应当秉持务实、创新的原则，提出一些有利于慈善信托事业发展的具体措施，针对性地解决慈善信托实践中遇到的现实问题，为慈善信托的设立、管理、运营、监督提供"体验好、效率高"的政策环境。

（一）慈善信托监管成本较高，监管措施需要进一步明确和简化

问题：深圳市慈善信托备案过程中，由于慈善信托对于监管部门和受

托人都是新生事物，许多监管政策也是在陆续出台和完善中，不确定因素较多，人管部门人手不足，因此导致监管趋严且沟通成本较高。同时，信托公司担任受托人的需要接受民政局和银保监会的监管，并分别提供相关材料，而且材料内容侧重点不一致，加上审核时间较长，从而降低了慈善信托设立的意愿，影响慈善信托发展。

建议：按照"尊重信托当事人意愿、简化监管流程、降低运营成本、提升监管效率"的原则，监管部门对工作中遇到相关法律法规没有规定的情形，要从促进和规范慈善事业发展角度，根据慈善信托本质要义和立法本意研究相关处理措施，同时支持实践过程的探索和创新，逐步发展和完善慈善信托的监管、服务体系。市、区民政部门和银行业监督管理机构应当建立经常性的协作机制，指定专人负责慈善信托事务，定期联合召开慈善信托监管服务联席会议，切实提高监管有效性和服务质量，还要建立行业规范和标准，健全内部运作机制，提高信托服务质量，培育一批具有公信力和专业能力的受托机构。民政部门要在官方网络平台或指定网络平台开发建立慈善信托的信息公开和备案、报告受理系统，以简化管理手续，提高工作效率。同时各级政府部门还可以依法通过购买服务、资助、补助等方式，对职能范围内相关慈善信托事务的服务主体提供支持。信托公司可以通过中国信托登记有限责任公司提供的"中信登"网络平台，简化慈善信托备案内容及其相关流程，并以此为媒介执行相关事务，进而实现民政局、银保监会共享慈善信托备案信息，以此提高慈善信托审核效率，充分调动慈善信托运作的积极性。

（二）慈善信托适用的优势领域没有得到充分开发

问题：深圳市9单慈善信托资产以现金为主，资产形式单一，而且以企业或慈善组织财产委托为主，遗产、非货币财产、大额财产、家族财产等优势领域还没有被充分开发，限制了许多有爱心的自然人和法人的资产委托行为，如委托股权、房产和艺术品等其他形式的资产，这将不利于慈善信托的多样性和可持续性发展。

建议：一是政府要积极引导公众在管理和传承社会财富的过程中，了解慈善信托的制度优势和价值取向，形成现代财富观和乐善好施的浓厚社会氛围，吸引一批热心公益慈善事业的企业家设立慈善信托；二是政府要充分利用报刊、广播、电视、互联网以及其他公共媒介资源，做好慈善信托法律政策和社会意义的宣传教育，推广慈善信托中的优秀典型和先进经验，打造慈善信托的深圳品牌；三是政府应对股权、艺术品、不动产等领域的信托给予特别指导，协助共同解决政策难点，打造一批有示范效应的慈善信托案例。

（三）慈善信托多数尚未设立监察人

问题：深圳市9单慈善信托出于提高慈善信托运作效率的目的，只有"大鹏半岛生态文明建设慈善信托"成立时设置了监察人，"华润·润心慈善信托"成立后追加设置了监察人，其他仅依靠受托人内部成立的管理委员会来承担慈善信托监察人一职务，负责监管慈善信托的资金运作。从长久来看，若慈善信托受托人不能委托专业化的第三方机构担任监察人，将不利于保障慈善信托资金的有序、合理运作，也不符合慈善信托设立的规范性要求。

建议：深圳市慈善信托应当根据具体情况设立监察人，单一委托人的慈善信托，可不设监察人；集合性质或开放增加委托人的慈善信托，应鼓励设立监察人。在深圳，可以委托慈善行业组织或律师事务所、会计师事务所、研究机构等担任监察人，从而对内保障慈善信托资金的有序合理运作，对外提升慈善信托的公信力，带动慈善信托的规范化运作。

（四）税收优惠未落实问题

问题：慈善信托的税收问题主要包括三个方面：一是慈善信托自身收入免税问题，二是慈善信托委托人获得公益性捐赠税前扣除待遇的问题，三是慈善信托非货币财产过户时面临的交易性税收问题。

建议：目前慈善信托税收优惠难以落实，建议由民政部协商财政部、国家税务总局专门就税收优惠问题发一个规范性文件。对于慈善信托受托人开具捐赠发票的资格、受益人为慈善组织时应当将捐赠票据开给委托人还是受托人、慈善信托如何落实税收优惠，以及怎么划分税收优惠落实的相关权限等一系列问题，广东省民政厅也提出委托人凭慈善信托备案回执办理税收优惠的规定，但具体在税务部门如何操作也需要进一步明确。非货币财产信托过户视同销售的税收问题，根据国际经验，需要通过信托财产登记制度进行解决，国家有关部门已经进行了较长期的政策研究，目前还没有很好的解决方案，但深圳可以利用特区立法权，在深圳慈善条例中建立针对慈善信托的财产登记制度，这能有限解决对标准化债券、上市公司股票、不动产等产权登记清晰的资产类型进行规定的问题，可以在财产证书上备注"慈善信托财产"，进而要求办理过户的部门不要求提供完税证明。

（五）信托财产保管成本较高问题

问题：目前慈善信托设立相比慈善捐赠最大的增量成本在于增设了信托保管银行这个环节，银行保管制度是针对高风险的金融行为而设定的，所以保管银行承担着很高的责任和繁杂的事务，一般只有超过3000万元的金融产品银行才愿意提供保管服务，而且收费不菲，但多数慈善信托规模较小或者管理费承担能力较弱，这时银行往往基于社会责任免除保管费，但不可大规模推广。

建议：商业银行为慈善信托提供资金保管服务，根据慈善信托财产保管的实际需要设定保管服务事项，在保障慈善信托财产独立、安全的前提下简化服务程序，或者采用监管类专用账户替代保管账户，降低管理成本。非货币财产设立慈善信托时，如果信托合同约定将收益直接捐赠给受益人或慈善项目执行机构的，可以不开设慈善信托资金专户，由受托人根据信托合同约定的受益人或慈善项目执行机构评选条件和程序使用资金。

（六）慈善信托发展初期的加强政府扶持的问题

问题：对于参与慈善信托的各方来说，包括政府办事人员、受托人、委托人、监察人、保管人、项目执行人等，都对慈善信托比较陌生，不敢轻易立项或启动慈善信托工作。缺乏经验和不可预见性成为阻碍慈善信托发展的重要原因之一，政府可以加强扶持政策，释放扶持信号，增强各方参与的积极性和信心。

建议：政府可强化慈善信托发展初期的扶持力度，重点培育和提升受托机构的管理服务水平，对设立慈善信托给予实质性的资助补贴。目前，深圳市福田区已经率先对慈善信托给予财政资助，每单慈善信托最高可以获得不超过50万元的资助，以鼓励更多的信托公司和慈善组织配置专业人才、建立慈善信托服务机制。全市性的资助补贴政策也可以在福田试点成功的基础上进一步完善推广。

（七）关爱特殊群体慈善信托中特定受益人的问题

问题：慈善信托的基本要求是受益人不特定性，但现实中，存在许多慈善信托以残疾人、贫困家庭、对社会有特殊贡献人群和其他需要特别关爱人群为定向受益人的需求，需要更有针对性的政策支持才能顺畅运作起来。

建议：针对一些为特殊人群设立的慈善信托，允许不排除利益关联人作为受益人的情况。比如，一个残疾人的监护人设立了关爱残疾人的慈善信托，应当允许将与其有利益关联性的残疾人也纳入受益人范围，这种情形在目前慈善捐赠领域普遍存在，社会公众也可以理解这种行为的慈善属性。应当聚焦于慈善信托受益人是否满足信托目的的条件和程序，在公平的评审机制和充分的信息公开体系下，应当给予平等对待。

（八）鼓励创新发展政府资金信托模式

问题：常规情况下政府资金是事务性、预算化导向的，会针对某个具有明确预算的特定事项进行购买服务或资助，这种机制下，财政资金在支持长远性、可持续性、基础性、不确定性等特点的项目时并不具备优势。

建议：党的十九届四中全会提出"创新公共服务提供方式，鼓励支持社会力量兴办公益事业"，政府在经济发展领域出台了许多产业政策，通过设立各类扶持基金、引导基金帮助相关产业得以发展。同理，为了发展社会公益事业，政府也可以在特定的社会领域出资设立慈善信托，面向扶贫济困、科教文卫、生态环境、社会服务等领域提供扶持资助（公共服务实体信托是国际上非常重要的慈善信托形态，许多著名的大学、博物馆都是以慈善信托的形式在运行），发挥政府资金的引导作用和杠杆作用，鼓励和支持社会力量兴办公益事业。慈善信托作为一种可持续公益的法律形式，所有法人、自然人都可以出资设立，深圳在政府出资设立慈善信托和基金会方面都有许多成功的经验，应当研究、总结和推广。

七、结语

深圳经济特区具备大力发展慈善信托的经济、社会和政策基础，在下一步的慈善信托推进过程中，应当着重建立健全慈善信托的制度设计，积极回应慈善信托实践对规则创新的需求，解决慈善信托发展中的突出问题，促进我市慈善信托健康快速发展，释放社会做慈善信托的活力，使慈善信托得到广泛认可和实践。

我们相信，深圳经济特区对于慈善信托的大力发展的积极实践，将使全社会普遍树立现代财富观，并且乐于、善于运用慈善信托等现代财富管理方式；将使中国特色的慈善信托在设立、运营、监管、扶持等方面的机制日趋成熟；将使慈善信托聚集社会财富服务公益、保障民生的效应显著增强，为全国发展慈善信托"破难题、探新路、做示范"。

粤港澳大湾区视野下的深圳公益慈善创新发展报告

霍英泽　周如南[*]

摘要： 党的十九大明确提出了社会主义现代化的目标。作为改革开放的前沿阵地，深圳市政府在公益慈善领域的制度创新和改革创新上多有探索，激发了社会组织、企业、社会企业等多元主体共同参与社会治理的社会创新生态。而随着建设粤港澳大湾区和社会主义先行示范区等目标的提出，"共建共治共享"成为深圳公益慈善领域发展的着力点。报告总结了近年来深圳市在制度创新和改革创新上的举措，梳理了公益金融、社会企业、社区基金会等新兴主体在深圳的发展情况，对深圳社会创新相关发展在粤港澳大湾区建设中的角色做出了展望。

关键词： 公益慈善；社会创新；粤港澳大湾区；战略探索

一、政策引领深圳公益慈善创新发展

党的十九大明确提出了社会主义现代化的新目标，要求加快推进国家治理体系和治理能力现代化。作为改革开放的前沿阵地，深圳在经济高速发展的同时，早在 2004 年即开始了社会组织现代化建设的探索，在政策先行的背景下引领全国探索登记管理办法改革和推动政府购买服务。2009年，民政部与深圳市人民政府签订了《推进民政事业综合配套改革合作协议》，继续推进和深化社会组织改革，鼓励社会组织购买服务，并支持各区积极建设社会组织孵化基地，这种以强化顶层设计和搭建平台逐年深化社会组织管理改革的方式，有效地推动了社会组织的快速发展。社会组织活跃在基层治理中，充实了公共服务的供给。[①] 深圳市社会组织总会、深圳市慈善事业联合会、深圳经济特区社会工作学院、深圳市社会组织研究

---

[*] 霍英泽，香港中文大学硕士，广州市社会创新中心研究员；周如南，中山大学传播与设计学院副教授，广州市社会创新中心理事长。

[①] 参见深圳市社会组织管理局、深圳国际公益学院《深圳社会组织蓝皮书：深圳社会组织发展报告（2018）》，社会科学文献出版社 2019 年版，第 3 页。

会、中国慈展会发展中心、各社会组织孵化基地等枢纽型组织的建设也为深圳公益慈善领域信息交流、人才培养等打下坚实基础。

在基层治理稳步推进的同时，"改革创新"和"制度创新"成为深圳市近年来推动公益慈善领域发展的关键词。2012年，深圳市把"推进社会组织的改革发展"列为年度6项重点改革之一，出台了相关政策，改革社会组织登记制度、引入行业协会竞争机制、建立综合监管体制等。同年7月，首届中国慈展会在深圳召开。党的十八届三中全会明确提出了要创新社会治理体系，增强社会发展活力和提高社会治理水平。紧随着党中央和国务院的政策，深圳市在2013年制定出台了《民政工作改革创新三年计划（2013—2015）》，强调继续推进公益慈善领域内的制度创新和改革创新。而在2016年《慈善法》颁布后，深圳市制定了一系列政策来配合《慈善法》的实施、并公布和制定了《慈善组织信息公开办法》，推动了深圳慈善事业信息公开制度的完善，强化了深圳慈善事业的公信力，同时对《慈善法》做出了地方性的制度创新。当前，深圳正在积极推动《深圳经济特区慈善事业促进条例》的制定工作，努力推动深圳慈善事业的现代化，为深圳慈善事业的发展打破制度限制。

伴随着社会治理的进一步深化，深圳市政府在公益慈善领域内的改革创新和制度创新激发了社会组织和企业参与社会治理的活力，使脱胎于传统公益慈善领域外的新型社会治理主体开始在深圳孕育，并逐渐尝试商业与公益的融合。2014年，深圳开始推动社区基金会的发展，出台了《深圳市社区基金会培育发展工作暂行办法》，截至2019年，深圳市已有29家社区基金会。福田区发挥其作为中国金融枢纽之一的优势，于2018年出台了《福田区关于打造影响力投资高地的扶持办法》，提出了用5年时间建设为全国影响力投资高地的目标，为影响力投资、社会企业和慈善信托等公益金融发展提供了政策保障，引领全国推进了公益金融建设。面对全球可持续发展的倡议和共识，福田区也积极引领全国探索绿色金融。在推进行业协会和企业社会责任建设的同时，社会企业这一运用商业手段解决社会问题的新型社会主体也在深圳迅速发展，多家社会企业支持机构齐聚深圳，打造了一条包含社会企业孵化、认证、融资、咨询等功能的社会企业生态链；社会设计、公益咨询、公益传播、教育创新等概念也在深圳蓬勃发展。传统公益慈善机构的创新参与和多元主体的兴起，贯彻落实了党的十九大报告的重要指示精神："打造共建共治共享的社会治理格局。

加强社会治理制度建设,完善党委领导、政府负责、社会协同、公众参与、法治保障的社会治理体制。"

2019年,伴随着《粤港澳大湾区发展规划纲要》和《中共中央 国务院关于支持深圳建设中国特色社会主义先行示范区的意见》的发布,深圳公益慈善领域建设又面临新的挑战。该纲要指出了深圳在大湾区建设中的引领角色——建设成为具有世界影响力的创新创意之都,并提出促进粤港澳大湾区各城市间的社会保障和社会治理合作。该意见更明确了深圳要实施创新驱动发展战略,在构建高质量发展的体制机制上走在全国前列。而为了实现该意见所赋予深圳的五个战略定位,尤其是建设城市文明典范和民生幸福标杆,深圳公益慈善事业的创新发展和持续开拓无疑将发挥重要功能。其后,党的十九届四中全会审议通过了《中共中央关于坚持和完善中国特色社会主义制度 推进国家治理体系和治理能力现代化若干重大问题的决定》,该决定明确指出要"完善覆盖全民的社会保障体系","重视发挥第三次分配作用,发展慈善等社会公益事业",同时提出要创新公共服务提供方式,鼓励支持社会力量兴办公益事业。"创新"作为深圳的城市名片,不仅从改革开放以来便引领深圳走在国际前沿,更将成为深圳公益慈善领域在新时代蓝图下的发展着力点。

二、政府主导培育社会创新生态

"社会创新"作为一种现代社会发展和社会问题解决的有效机制,日益成为一个正在改变世界的全球性现象。随着中国社会转型所带来的社会矛盾的显现的和社会问题的日益复杂化,政府职能转变和社会结构的变化也推动着政府社会治理模式的转变。社会创新理论愈发受到政府和公益慈善领域的关注。本篇报告中将"社会创新"理解为政府、企业、第三部门或公民个人单独或合作创造性地整合利用社会资源,通过新的途径或方式来解决社会问题或满足社会需求的富有成效的实践过程。① 与传统公益慈善领域参与社会治理不同,社会创新生态打造强调主体的多元性和协同发展的能力,也倡导在解决社会问题的同时能维持社会创新生态的可持续

---

① 参见纪光欣、卞涛《论社会创新》,载《中国石油大学学报(社会科学版)》2010年第3期,第43~47页。

发展。

社会创新的参与和实施的主体可以包括政府机关、事业单位、群团组织、企业、传统公益慈善机构等，在社会发展和创新中所孕育的新型主体也可继续参与到社会创新中，如社会企业、社区基金会等。对于政府机构来说，社会创新的表现形式可以为针对法律政策、治理理念的制度创新和改革创新等。在传统公益慈善领域，社会创新可以表现为用新的方式方法开展公共服务，也可以表现为开拓新的公共服务领域等。随着中国社会的转型和发展，党中央提出了实现社会治理现代化的目标，这激发了各地政府和公益慈善领域对社会创新的关注与实践。而深圳作为改革开放的前沿，在社会创新上卓有成效，《中共中央 国务院关于支持深圳建设中国特色社会主义先行示范区的意见》更明确了中央支持深圳实施综合授权改革试点，并为深圳实施制度创新和改革创新做出指示。

制度创新和改革创新为多元主体共同参与社会创新提供了保障。2009年，民政部与深圳市人民政府签订了《推进民政事业综合配套改革合作协议》，积极推动政府的职能转移，推进和深化社会组织改革，鼓励社会组织购买服务，并支持各区积极建设社会组织孵化基地，为社会创新在深圳孕育提供了摇篮。2014年，深圳开始推动社区基金会的发展，出台《深圳市社区基金会培育发展工作暂行办法》。2018年，《福田区关于打造影响力投资高地的扶持办法》出台，为社会企业和公益金融发展提供了政策支持。在法律保障和政策引领下，深圳市社会创新生态初步形成，专项资金、社会创新赛事及枢纽型机构协同打造了社会创新支持平台。社会企业、公益金融、社区基金会等公益慈善创新项目积极发展并尝试着将商业与公益相融合，为实现共治共建共享新格局和粤港澳大湾区社会治理合作前景做出了表率。

（一）专项资金、社会创新赛事、枢纽型机构打造社会创新支持平台

为推动政府职能转变和服务购买，深圳已设立"民生微实事""社会建设创新专项资金""福彩公益金"等专项资金，支持社会组织承接公共服务。其通过政策引导、培育扶持、推动政府职能转变和服务购买，为社会创新提供服务空间和资金支持。

2014年，福田区围绕"创新社会治理模式、发展基层社区民主"，

创新推出"民生微实事"改革项目。2015年10月,深圳市政府出台了《全面推广实施民生微实事指导意见》,以各区政府为领导单位,在全市各社区实施"民生微实事",市、区两级财政按每个社区200万元/年的经费支持,鼓励社会组织针对居民需求开展服务。2010年开始,深圳市民管局建立了福利彩票公益金与财政资金对接的机制,创立了以福利彩票公益金开拓项目、财政预算资金承接成熟项目的服务购买模式。2018年,深圳市可安排福彩公益金为58302.5万元,资助了社会福利事业类、社区服务类、公益事业类、残疾人事业类、基建类五大类40个公益慈善项目。

深圳市各区政府也均设有社会建设创新专项资金,支持行政机关、事业单位、社会组织开展社会管理、救助、保障、福利、社区服务等领域的社会建设和民生创新项目。其中,"创新性"成为项目申报的重要标准。以福田区为例,2019年福田区人民政府办公室印发的《福田区社会建设专项资金使用管理办法》,鼓励社会企业与社会组织并行开展社会公益服务、社区便民服务、创新社会治理、社会组织培育激励等社会建设领域的相关项目,最终共资助了79个资助项目,受助领域覆盖防诈骗、心理援助、绿色城市、社会组织能力建设、反家暴等。同时,行政机关、事业单位、人民团体自行承办或开展的社会建设项目不再被纳入专项资金的受助范围。总体来说,深圳市社会组织承接政府职能转移和购买服务的能力在不断增强,为社会组织提供参与社会治理的空间的同时,也通过提倡创新等方式激励社会组织提高项目执行、社区实践等方面的能力创新。

1. 各级公益创投、社会创新赛事在深涌现

从2009年起,深圳市政府相关部门开始主办深圳公益项目创意大赛,交由深圳市社会公益基金会承办。2012年开始,这一地方性公益项目大赛又依托中国慈展会,由深圳拓展到全国,转型为"中国公益慈善项目大赛",成为中国级别最高、参与最广、影响最大的公益创投赛事。8年来,大赛累计参赛项目达7451个,覆盖全国34个省级行政区划单位(含港澳台地区),累计获奖项目达520个,福彩公益金投放资助金2160万元,带动超过5亿元社会资源参与公益慈善事业。在2019年,赛事组委会更围绕社会创新对项目大赛进行了赛制改革,在全国首推"社创板"理念和运营模式,对入选社创版的揭牌项目提供公信力保障、基础创投资助金(不超过20万元)、资源对接和路演宣传、能力建设和陪伴成长等服务。在第七届中国慈展会上,"社创板"首批30个项目揭牌。聚焦科技扶贫、产业扶贫、教育扶贫、健康扶贫、生态扶贫,"创新扶贫"的主题进一步强化。

深圳各区也发展了各有特色的公益创投赛事。龙华区连续7年专门面向社会组织开展创投资助活动,创投机制和流程不断优化,服务对象多为基层社区。在发展水平与深圳先发展区域相比相对滞后的坪山区,政府则透过公益创投项目大赛、购买服务等方式,着重扶持为困难群体提供基础性和发展性社会服务的本地社会组织。南山区除了连续多年举办社会组织公益创新大赛外,更发挥了其高校资源优势。2018年4月,南山区民政局举办"益创星·2018——南山大学生社会创新项目大赛"以来,收到124个大学生社会创新项目。深圳大学在2018年5月举办了学校首届公益创新创业项目大赛;2019年又联合深圳社会公益基金会、国际公益学院等机构举办了2019年粤港澳大湾区大学生公益创新创业项目大赛,旨在推动湾区社会创新,这是国内首个全国性的大学生公益双创专项赛事。商业机构也参与到了大学生社会创新赛事的筹办中,2018年8月25日,由刺猬教育科技有限公司、深圳大学管理学院主办的首届刺猬全球公益创新大赛决赛在深圳大学举行,共吸引了来自全球1232所高校的2389支队伍组队参赛。粤港澳大湾区的发展也吸引了国际性创新创业平台落户深圳。霍特奖(Hult Prize)是国际知名社会创新创业类型的赛事,被《时代杂志》赞誉是"全球五大创变想法"之一,2018—2019年,霍特奖大中华区和地处深圳龙岗区的香港中文大学(深圳)连续2年共同举办霍特奖大湾区创新挑战赛,集聚了来自香港大学、香港中文大学、澳门大学、广东以色列理工学院等25所粤港澳大湾区高校的学生队伍。

2. 兴建社会组织孵化器

深圳市积极为社会组织搭建各种服务平台,为社会组织提供资源对接、能力建设等服务,促使社会组织往服务专业化、分工精细化方向发展,逐渐形成发展有序、门类齐全、层次丰富的深圳社会组织生态系统。2010年3月,深圳市民间组织管理局启动了"社会组织培育实验基地",探索先培育后登记的管理模式,委托开创了中国公益孵化器模式的恩派非营利组织发展中心运营。而后,各区(新区)纷纷设立了社会组织孵化服务基地,如罗湖区社会创新空间、福田区企创非营利发展中心、南山社会组织创新苑等,采用"政府支持、社会运作、多元互动、合作共赢"的运作模式,形成多级联动的社会组织服务平台集群,孵化和培育社会组织,通过社会组织间的分工与合作,以社会组织服务社会组织,促成社会组织的内循环和自造血,有效地提升了深圳社会组织的质量,助推了深圳社会组织的专业化、精细化发展。

据不完全统计,深圳市共有9个区设立了社会组织服务基地,运营主体多样:龙岗区和南山区在区级平台外,在多个街道甚至社区设立服务中心;福田区的深圳社会组织总部基地(福田)和罗湖区的罗湖社会创新空间委托恩派公益(深圳)、深圳企创非营利组织发展中心、光合春田社会组织联合发展中心等社会组织运营;深圳市妇联、市团委也针对妇女儿童、青年等群体成立了相关领域的社会组织服务基地。这些社会组织服务平台的名称有孵化基地、创新空间、公共空间、总部基地等,服务内容也相对有所侧重,如在相对发展水平较高的南山区、福田区、罗湖区、龙岗区等,"创新"成为社会组织服务平台名称和开办服务的关键词,也较关重受助项目和机构的创新性。

政府的扶持培育、推动职能转移与服务购买,促进了社会组织的繁荣发展,社会组织内部的分工也日趋细化。一批枢纽型社会组织成长了起来,成为社会组织自我服务、自我管理的桥梁纽带,并在培育深圳本土社会创新力量上起到关键性作用。

大部分枢纽型机构由政府主导建设,南山区通过培育发展枢纽型的民办非企业单位,如南山区社会组织创新苑、南山区社会创新促进会、"社创+"社会组织服务中心等区域枢纽型社会组织和服务机构,推出具有区域特色的品牌公益和社会创新项目,还创建了深圳首个社会组织高校社会实践基地,以公益慈善和社会服务助推"三区融合"(高校校区、科技园区和公共社区)。由深圳市民政局主管的深圳市社会公益基金会成立于1991年7月18日,是致力于社会创新、聚焦公益创投的省级5A公募基金会,也是中国公益慈善项目大赛的承办单位。其自2009年起聚焦"支持社会创新项目的资源枢纽和公益创投平台"的发展战略,共计筹集善款超过2.7亿元,资助逾1000个公益创新项目,已成为涵盖公益创投支持体系、联合募捐、专项基金、慈善信托一体化服务的平台型公益基金会。深圳市社会公益基金会还同各区社会创新平台展开合作,如在龙岗区,龙岗社会创新中心联合深圳市社会公益基金会共同发起设立了龙岗社会创新公益基金,以期充分整合和调动各方资源,建设社区公益价值链。群团组织也通过扶持枢纽型机构参与社会创新。深圳市妇联在2013年指导成立并主管枢纽型社会团体——深圳市妇女社会组织促进会，委托其运营管理服务基地，并依托服务基地的良好平台，为全市妇女社会组织提供枢纽型社会服务，共同推动深圳妇女儿童社会公益事业发展。深圳政府也引进了全国性的枢纽型机构在深圳开展业务，2010年，专注于社会创新并开创了中国公益孵化器模式的恩派公益受深圳市民间组织管理局委托运营"社会组织培育实验基地"，由此进入深圳，并后续积极参与到中国慈展会、各社会组织服务平台运营、社区治理等多领域的社会创新工作当中。深圳市慈善事业联合会、深圳市社会组织总会、深圳市社会组织研究院、深圳经济特区社会工作学院等机构更是在完善行业制度建设、开展行业及人才培育等方面保障了行业稳步发展。

（二）促进公益与金融相融合：福田区打造社会影响力投资高地

影响力投资是一种区别于传统投资方式的新兴投资类别，兼顾社会效益和经济效益，在实现财务回报的同时，产生对社会和环境正面且可测量的影响。其可以投资于企业、社会机构或基金，其中包含影响力债券、公益创投、慈善信托、普惠金融等。洛克菲勒基金会在2007年首次提出了这一概念，提出了融合社会价值，环境价值和财务价值协同的投资，吸引了政府、投资界和公益界的广泛关注，并逐渐在全球推广开来。自2012年，深圳市创新企业社会责任促进中心即与深圳市慈善会联合主办"公益星火"计划，创新兼具金融能力和公益视野的社会影响力投资人才。党的十八届三中全会以来，国务院等相关部门多次从不同角度强化推动社会资本进入民生领域，推进幸福产业服务消费，进一步激发了社会领域投资活力等，也帮助政府和企业逐步了解到影响力投资的价值。2017年12月，福田区政府在由深圳国际公益学院主办的全球公益金融论坛暨2017社会影响力投资峰会上推出《福田区关于打造社会影响力投资高地的意见》，成为第一个推出相关扶持政策的地方政府。2019年1月，福田区首次提出"建设可持续金融中心"，成为全国首个提出发展可持续金融的地方政府。随后《粤港澳大湾区发展规划纲要》指出，要大力发展特色金融产业，在发展绿色金融、金融科技等领域提出具体举措。福田打造中国影响力高地，既迎合了全球金融创新发展的趋势，也在为粤港澳大湾区金融创新建设先行探路。

1. **福田区主导打造社会影响力投资高地**

深圳市福田区自2011年起明确提出把"首善之区"作为发展战略，福田区也是深圳的金融强区，是深圳证券交易所（以下简称"深交所"）及众多金融机构、创投机构的所在地。其以社会影响力投资创新解决社会问题的方式满足了公益慈善与金融的双重需求。2018年3月，福田区政府推出《福田区关于打造社会影响力投资高地的扶持办法》，设立专项资金3000万支持社会影响力生态建设，意图完善配套支持政策体系，营造优良的生态环境，提出了建立"一圈、两区、三平台"的目标：①社会影响力投资生态圈；②社会影响力投资国际信息交流平台和社会影响力投资信息汇集与交易平台；③创新政策试验区、总部聚集区、研发核心区。这是为了最终推动实现"用5年时间打造全球社会影响力投资高地和公益金融中心"的发展愿景。同时，福田区根据"分类扶持、重点培育、盘活存量、提升增量"的原则，按照社会影响力投资的特点以及投资业态的不同运作模式，分类予以扶持，鼓励社会影响力投资相关主体快速创新发展，主体包括但不限于企业、金融机构、社会组织和有关中介组织。这些具体扶持措施包括支持发行社会影响力债券、产品模式和机制创新、支持设立社会影响力投资引导子基金、支持基金会和中介组织落户等。

在福田区发布的《2019年福田区社会建设专项资金使用管理办法》中，对社会影响力投资的资助已成为单独的大类，资助总额共100万，最终受资助的社会影响力投资类拟资助项目共13家。

2. **领军机构齐聚深圳**

作为中国三大金融聚集区之一，福田区吸引了多家机构协作助力影响力投资发展。作为影响力投资的重要推动者，深圳国际公益学院在2017年举办了首届全球公益金融论坛暨2017社会影响力投资峰会。在论坛举办期间，多家金融、公益、实业、媒体等机构共同发起《全球社会影响力投资共识》（也称"香蜜湖共识"），呼吁各国政府与地区广泛开展合作对话，构建全球社会影响力投资合作网络平台，努力赋予财富以更多的社会价值。目前，加入"香蜜湖共识"的单位已达111家。深圳国际公益学院还建有公益金融中心，对影响力投资进行研究、提供相关服务等。由友成企业家扶贫基金会、中国社会治理研究会、中国投资协会、吉富投资、清华大学明德公益研究院领衔发起，近50家机构联合创办的中国首家专注于促进可持续发展金融的国际化新公益平台"社会价值投资联盟"也落户深圳，其发展方向包括研发可持续发展价值量化评估体系、建设可持续发展投资资源聚集平台、打造国际化的可持续发展金融新媒体传播中心等。

3. 慈善信托相关制度逐步完善

慈善信托是指委托人基于慈善目的，依法将其财产委托给受托人，由受托人按照委托人意愿以受托人名义进行管理和处分，开展慈善活动的行为，其具备财产隔离、运作灵活等制度优势，有利于调动各方面慈善资金参与慈善事业的积极性。深圳在慈善信托的开展方面一直处于国内前沿。早在2002年，深圳市政府即委托平安信托设立国内第一支公益信托"新疆助学公益信托计划"，在平安信托的运作和管理下，2002—2017年累计回报收益达1.1亿元，用于资助新疆的教育事业。2014年，积极开展慈善公益信托等创新公益金融产品试点工作被列入了当年深圳市政府1号文件《深圳市人民政府关于充分发挥市场决定性作用全面深化金融改革创新的若干意见》中，为此制定了一系列试点方案。随后在2015年，深圳市又被民政部列为中国慈善信托试点城市。2016年《慈善法》修订后列专章规定了慈善信托。在慈善法正式施行的当日，深圳市即完成了对国内首个慈善信托计划——"中国平安教育发展慈善信托计划"的备案。经过平安银行近2年的运作管理，该慈善信托累计总规模超过2000万元，已资助包括"幕天公益·捐书助教""中国支教2.0·远程网络教室""蔚蓝行动·关注特殊儿童教育"等在内的10余个教育类慈善项目，落地公益资金超过千万元。

当前，慈善信托相关的规章进度正在进一步完善。《广东省慈善信托备案管理工作实施细则》规定"慈善组织开展慈善信托业务，在社会组织评估时予以激励"，"县级及以上地方人民政府民政部门应当将慈善信托作为促进慈善事业发展创新项目重要指标纳入地方慈善综合指标评价体系，引导和推动社会各界运用慈善信托方式参与慈善活动"。慈善信托因其募集方式和管理方式的灵活性，在调动资金上速度较快，而受到捐赠者的青睐，慈善信托相关制度建设的必要性得到了验证。当前，面对粤港澳大湾区建设下金融融合的趋势，地方性的慈善信托管理制度也亟须进行适当调整，如何在充分吸纳湾区公益和商业资本的同时，在不同地区的法律政策背景下对慈善信托进行监管也是需要探索的重点。

（三）多方共建社会企业行业生态链

社会企业被广泛地定义为一种用市场手段和商业思维解决社会问题的

组织形态，是社会创新中一种重要的组织形式上的创新。社会企业的概念在2006年左右被引入中国，随后在国际机构、基金会及投资基金等的支持下，社会企业在中国快速发展。近年来，社会企业也受到成都、深圳、顺德等地政府的重点关注，被视为社会治理现代化中的一种新型主体。2018年，深圳市福田区出台了《关于打造社会影响力投资高地的扶持办法》及实施细则，其内容包括支持社会企业发展。在2019年福田区人民政府办公室印发的《福田区社会建设专项资金使用管理办法》中，"社会企业"被定义为——社会企业是指具有特定的社会目标，通过商业活动解决社会问题，并符合社会企业有关认证标准的特殊企业。得益于深圳市金融枢纽地位和政策支持，越来越多的社会企业在深圳成立，多家社会企业支持性机构也齐聚深圳，包括中国慈展会发展中心、深圳市创新企业社会责任促进中心、深圳市社创星社会企业发展促进中心等，一条包含社会企业孵化、认证、融资、咨询等功能的社会企业生态体系已在深圳初步形成，为社会企业在中国的发展起到了示范作用。

1. 中国慈展会引领社会企业认证体系建设

社会企业认证是通过认证体系将社会企业与传统企业和社会组织相区分的过程，是社会企业生态体系构建的重要一环。当前，全球已有22个国家具备较完整的社企认证体系。2014年，佛山市顺德区政府在国内最早开展社会企业认证，但主要关注地方层面。2017年，深圳中国慈展会发展中心、北京大学公民社会研究中心、中国公益研究院、南都公益基金会、深圳国际公益学院、亿方公益基金会和中国人民大学尤努斯社会事业与微型金融研究中心共同发起了中国慈展会社会企业认证，具体认证工作由深圳市社创星社会企业发展促进中心（以下简称"社创星"）和成都共益社会企业认证中心负责。这是中国内地第一个民间性、行业性的社会企业认证办法，截至2019年，共认证了308家社会企业。在2019年认证的74家社会企业中，有13家落户于深圳。这些通过认证的社会企业将获得社会企业标识的使用权，并由相关单位提供资源对接、传播支持等服务。在这一本土认证体系之外，部分社会企业也选择参与美国民间机构B Lab发起的共益组织（Benefit Corporation）认证，认证通过的社会企业被称作共益企业（也称"B Corp"），目前认证为B Corp的15家中国内地企业中，有2家在深圳：深圳市联谛信息无障碍、深圳偶家科技。近年，北京乐平基金会也与B Lab达成合作，在中国倡导共益企业建设。2019年，公益企业中国倡导团队与香港中文大学（深圳）社会实践中心合作，培训高校社创青年掌握测评工具，为有意参与共益企业认证的3家机构提供了共益影响力测评服务。

2．支持型机构协同助力社会企业发展

支持型机构是社会企业发展的重要推手，不仅为社会企业提供孵化、认证、传播、资源对接、能力建设等专业服务，也面向社会倡导社会企业理念。广东省作为较早推广社会企业概念的地区，聚集了大部分中国社会企业支持机构，建立了各有侧重、相互协作的社会企业支持体系。除承办中国慈展会和建立社会企业认证体系外，落户于深圳的中国慈展会发展中心、社创星社会企业发展促进中心、恩派公益又协同北京亿方公益基金会等机构，在2019年协同发起了中国社会企业服务平台，在为全国社会企业提供支持性服务的同时，也将开展在线课程、案例研究等行业支持工作。而在推行社会企业概念较早的香港地区，最早由香港政府主导建设的社企民间高峰会（Social Enterprise Summit，SES）已形成亚洲地区社会企业行业支持性机构的交流平台。

（四）社区治理模式探索：社区基金会的兴起与发展

中国对社区基金会的关注起于2008—2009年。2008年，深圳桃源居地产开始建立桃源居公益发展基金会，关注自身地产社区的公益发展，这是中国第一家社区基金会。作为一种重要的新兴基金会类型，社区基金会更聚焦于社区发展（而非专注于社区发展的某一领域，如教育、卫生），也更强调资金来源和服务人群的本地化。其被视为国家转型时期，解决城市社区治理困境、提高社区居民福利供给的一种制度性安排和权力资源配置，营造社区、居民、基金会、社会组织共同参与社会治理的一种创新方式，以及提高社区居民福利供给的一种制度性安排和权力资源配置。

从2012年《深圳市委市政府关于进一步推进社会组织改革发展的意见》中鼓励成立社区非公募基金会，开展社区服务，推进社区建设，到2013—2015年深圳市政法委（社工委）将社区基金会培育建立作为改革举措，纳入年度重点工作，积极推动出台管理办法，开展社区基金会试点，再到2014年《深圳市社区基金会培育发展工作暂行办法》的正式出台，降低注册、成立门槛，积极推动行业发展，随着规范化管理制度的逐步建立，社区基金会有了更为明确的发展路径。与此同时，在市级政策的推动下，地方政策不断完善推动。首个试点区域光明区于 2015 年出台了《光明新区开展社区基金会试点工作实施方案》，培育、指导了旗下五家社区基金会的成立。同年，其出台了《光明新区社区基金会管理办法》，从章程、管理制度到项目检测、企业冠名，在当地党工委支持下，均给出了地方实践的指引手册。深圳对社区基金会的规范管理，示范效应辐射全国，如广州政府借鉴深圳经验，不断健全社区基金会相关政策，其 2016 年《关于培育发展社区组织的意见》首次将社区基金会登记办法进行了明确说明，并将其纳入公益慈善类组织范畴。在政策支持下，社区基金会如雨后春笋般在深圳市兴起，截至 2019 年年底，共成立了 31 家社区基金会。这些社区基金会的初始基金、发起单位、区位及服务对象、战略定位各有侧重（见表1），形式多变而各有创新。其中，深圳蛇口社区基金会是中国第一家民间主导发起的社区基金会，其第一届理事会的 7 位理事和 1 位监事由 89 位捐款人直接选举产生；桃源居公益发展基金会是全国第一家社区基金会，由深圳桃源居地产集团主导发起，注资一亿元成立。而后为支持旗下桃源居中澳实验学校建设，又新设立"桃源居社区教育发展基金会"，支持社区教育事业发展，包括培优助学、教育研究和文化交流等。截至 2019 年年末，桃源居社区教育发展基金会资金已累计至 1.68 亿元；而在宝安区、坪山区等地，政府主导建设的多家社区基金会的发展策略和业务模式又同深圳各地区慈善会相近。

表 1　深圳市社区基金会详情

名　称	地级市/区/县	成立时间	运营状态	类型	注册资金
深圳市桃源社区发展基金会	宝安区	2008/7/16	正常	企业发起	1 亿元
深圳市桃源居社区教育发展基金会	宝安区	2012/7/19	正常	企业发起	600 万元
深圳市南坑社区圆梦慈善基金会	龙岗区	2014/2/13	正常	政府发起	200 万元
深圳市裕和溪涌社区发展基金会	大鹏新区	2014/5/5	正常	企业发起	200 万元
深圳市龙岗区南岭村社区基金会	龙岗区	2014/5/13	正常	政府发起	100 万元
深圳市光明新区玉律社区基金会	光明新区	2014/6/10	正常	政府发起	200 万元
深圳市光明新区凤凰社区基金会	光明新区	2014/6/17	正常	政府发起	500 万元
深圳市光明新区白花社区基金会	光明新区	2014/6/25	正常	政府发起	200 万元

续表1

名　　称	地级市/区/县	成立时间	运营状态	类型	注册资金
深圳市光明新区新羌社区基金会	光明新区	2014/7/4	正常	政府发起	200万元
深圳市光明新区圳美社区基金会	光明新区	2014/7/21	正常	政府发起	200万元
深圳市福田区华强北街道社区基金会	福田区	2014/9/22	正常	政府发起	105万元
深圳市坪山区新区坪山社区基金会	坪山新区	2014/12/15	正常	混合发起（坪山经济发展有限公司联合6名自然人）	500万元
深圳市盐田区永安社区基金会	盐田区	2015/1/5	正常	政府发起	100万元
深圳市宝安区海裕社区基金会	宝安区	2015/1/15	正常	政府发起	160万元
深圳市龙华新区樟坑径社区基金会	龙华新区	2015/7/4	正常	政府发起	100万元
深圳市光明社区基金会	光明新区	2015/8/26	正常	政府发起	800万元
深圳市南山区蛇口社区基金会	南山区	2015/9/30	正常	居民发起	100万元
深圳市坪山新区坑梓社区基金会	坪山新区	2016/1/7	正常	政府发起	300万元
深圳市盐田区梅沙街道社区基金会	盐田区	2016/2/2	正常	政府发起	113万元

10年以来，中国社区基金会的数量在不断增长，在此过程中，各社区基金会在不断累积经验、探寻有效发展道路的同时，制约基金会可持续发展的一些问题也随之凸显出来。以深圳为例，在2014—2019年间成立的27家社区基金会中，除蛇口社区基金会外的26家社区基金会均由政府主导发起，并由企业注资或企业同政府融合注资。地方政策固然极大地增加了深圳市社区基金会的数量，推动公共资源涌入社区基金会，也吸引了全国媒体、学界和社区的关注，但随着社区基金会的持续发展，政府主导发起社区基金会这一模式存在的问题开始浮现，大量政府资源的注入可能形成对政府的资源依赖，而较少关注撬动本地社区资源。社区基金会也可能面临与官办慈善机构相类似的困境，面临发展动力缺失、管理权力模糊等问题。在2017年，深圳市宝安区某家社区基金会即被深圳市民政局列入活动异常名录的市级基金会名单。

粤港澳大湾区的建设也对社区基金会参与社区治理提出了新的挑战和机遇。2017年6月,中共中央、国务院出台《关于加强和完善城乡社区治理的意见》,鼓励通过慈善捐赠、设立社区基金会等方式,引导社会资金投向城乡社区治理领域。《粤港澳大湾区发展规划纲要》中指出,要促进社会保障和社会治理合作,加强跨境公共服务和社会保障的衔接,面对粤港澳大湾区的建设需要,社区基金会这一新型社会主体可能凭借其资金来源和服务对象的本土性、资金筹集及使用的灵活性、管理结构的多样性等特点,成为粤港澳大湾区社会保障和社会治理合作背景下社区建设及治理的主力机构。

三、多元主体参与社会创新

(一)跨界项目融入社会创新

伴随着中国的现代化转型和发展,社会创新理念最早被研究社会转型的学界和公益慈善领域所关注,进而推动并与政府合作推进社会创新建设。而随着经济的发展和社会治理制度的改革,在政府和公益慈善组织等传统公共服务提供者之外,社会创新的理念又以自知或不自知的形式融入了建筑、教育、环保等关注民生问题的领域中。在以创新为城市发展灵魂的深圳,"社会创新"也逐渐成为更多领域在战略开拓上的焦点。产业多元和人口相对年轻化的深圳,也正在孕育着社会创新青年社群。

1. 面向社会的设计

社会设计是运用设计手段,创新使用设计方法来解决社会问题的设计领域。在最近两年,社会设计的理念也被深圳一些机构所采纳,融入艺术、环境等相关项目中。"2017年深港城市\建筑双城双年展(深圳)"即以"城市共生"为主题,探索艺术如何介入城市更新。自2016年起,位于深圳福田的小鸭嘎嘎公益文化促进中心即发起"看得见力量-SDG(Sustainable Development Goals,可持续发展目标)社会设计挑战",向社会各界征集回应联合国可持续发展目标的社会设计项目,至今已连续举办四届。在深圳岗厦村一座建筑的屋顶,大自然保护协会、桃花源生态保护基金会等机构设计发起的绿色屋顶示范项目受到深圳市海绵城市建设工作领导小组办公室(以下简称"海绵办")等部门的关注和支持,为深圳建设绿色城市和城中村改造提供创新范例。在海上世界文化艺术中心的广场上，设计互联（海上世界文化艺术中心）与共益企业众建筑，于2019年年末联合主办了以社会设计为主题的展览，面向深圳市民传达社会设计的理念。

在深圳河对岸的香港，社会设计概念的传播时间较早，社会设计已成为公共设施和公共服务的重要理念，香港知专设计学院设有社会设计工作室培养专业人才。而为了响应《中共中央 国务院关于支持深圳建设中国特色社会主义先行示范区的意见》中提到的大力发展数字文化产业和创意文化产业等目标，深圳创新创意设计学院即将落户深圳宝安区。2018年，同济大学设计创意学院也在深圳设立未来需求实验室，聚焦设计驱动产业转型升级。面对粤港澳大湾区发展带来的建筑、艺术、公共服务等产业的发展和融合，社会设计能否成为深圳专业教育和公共服务建设的一部分，尚需政府和社会各界共同探索需求和前景。

2. 新型教育创新机构在深圳发展

当前，教育创新已成为中国教育发展的重要战略之一，表现在教育机构体系建设、师资培养、课程设置等方面。深圳近年来大力推进教育改革，推进公办中小学学位点的增加并斥巨资吸引全国优秀人才，在高等教育上也积极引进中外知名大学在深圳办学和设立研究机构。《粤港澳大湾区发展规划纲要》提出，要打造粤港澳大湾区教育和人才高地，具体举措包括鼓励探索三地中小学校、幼儿园结为"姊妹学校""姊妹园"等。合力推动教育创新已成为大湾区建设的共识。而在政府主导推进的公办教育创新之外，深圳民间也在积极探索多元的教育创新方式。

部分公办学校和民间机构倡导的教育理念关注教育如何回归人本身的培养和自我实现。成立于2013年的深圳明德实验学校是一所12年一体化的公立学校，以自由教育为办学理念，同时创新管理模式，由深圳市福田区政府和腾讯慈善公益基金会合作办学，委托双方共同成立的明德实验教育基金会进行管理，2018年，先锋教育·安格学院在深圳投入运营，通过导师制来带领学生进行项目制学习、社会化学习等。2019年6月，由21世纪教育研究院主办的第三届LIFE（Learners' Innovation Forum on Education）教育创新峰会以"创新：让教育回归本质"为题，在深圳召开，吸引了中外近千名教育创新相关人员参与。创造教育课程体系——STED（Science、Technology、Engineering、Design，科学、技术、工程、设计）

也被多家机构运用到教育项目中。其中，落户于南山区的齿轮梨创学院建立了背景资深的导师队伍，为深圳多家知名中小学提供课程，多次获政府表彰和传媒报道，其也积极地融入社会创新相关的社会互动中去。很多机构也选择通过网络开展线上课程，以深圳途梦教育为例，其邀请各行业职场人士，通过在线直播的方式针对中学生提供生涯教育服务，已为3万多名乡村学子提供服务，其作为社会企业也被评为2018最具有发展潜力社会企业前20名之一。其通过线上和线下课程帮助人们提升批判性思维能力的社会企业C计划，已拥有40000多名公众学员，培训了7000余名教师。多元的教育创新机构为深圳学子提供了多样化的教育选择，但如何确保创新教育的质量和完善评估和监管体制仍是待解决的问题。

（二）探索社会创新人才培养模式

作为研究对象的社会创新理论，较早进入了高校的视野，而随着社会创新生态在中国的孕育，政府职能的持续转移和社会治理的发展催生了对公益慈善行业人才的大量需求。

1. 探索公益慈善专业人才培养

当前，深圳市已有深圳经济特区社会工作学院、深圳国际公益学院两所学院形式的公益慈善领域专业教育机构。自2012年起，深圳就致力于建设一所以培养社会工作人才为主、以其他公益服务人才为辅的专业学院，以将深圳打造成全国社会建设人才的培育高地。2015年，由深圳市民政局和市教育局指导统筹，由市社会工作者协会、市慈善会、市创新企业社会责任促进中心共同举办的深圳经济特区社会工作学院正式成立，成为国内社会工作和社会建设领域的首家专业学院，其当前既提供项目管理、投资管理等培训类继续教育项目，也与国家开放大学、中国人民大学合作，以远程教育形式开设本科和硕士学位学历教育。而由比尔·盖茨、瑞·达利欧、牛根生、何巧女、叶庆均5位中美慈善家在2015年联合倡议成立的深圳国际公益学院则是中国首家国际公益学院，其通过"公益慈善组织管理""公益金融与社会创新""家族慈善传承""慈善筹款"等应用型慈善教育来培养慈善家和慈善事业高级管理人员。深圳各级社会组织服务基地、慈善会、社会组织总会等机构也会定期举行相关培训，如深圳市慈善事业联合会与南京工业大学浦江学院合作，在2018年联合推出"深圳市公益慈善专业人才培养计划"，为50名来自深圳各社会组织的中层及项目管理人员提供为期4天的培训课程。

深圳大学也尝试在本科教育中培育本土新生社会创新力量，其于2015年6月创立首届公益创新专才班，学生入班后会跨专业修读"管理学基础课程+公益慈善特色课程"，毕业时授予双学位或双专业证书。创班5年来，已培养近150名社创青年。学生在校期间，不仅可以接受来自公益组织的专业培训，也可前往周边院校及社会组织进行参访交流。近两年，深圳大学益才班又连续举办了深圳大学首届公益创新创业项目大赛、2019粤港澳大湾区大学生公益创新创业项目大赛等社会创新赛事，为大湾区社创青年交流和培养提供了契机。深圳大学已做出具有示范效应的公益创新本科人才培养方式，但在本科阶段开展专业教育的院校在中国尚属少数。除深圳大学外，其他深圳高校及计划建设中的高校均未有公益及社会创新相关学科的建设计划。在粤港澳大湾区的另一座城市珠海，北京师范大学珠海分校宋庆龄公益慈善教育中心由上海宋庆龄基金会、基金会中心网和北京师范大学珠海分校三方合作建立，于2012年5月正式挂牌成立，在中国高校率先开展了公益慈善领域本科层次专门人才的培养，近7年来，共培养了约250名学生，毕业生有60%以上进入公益慈善领域发展。2018年4月，由广州市民政局指导，多家教育和公益机构发起，由广东省岭南教育慈善基金会筹集资金，与广东岭南职业技术学院开展"校社合作"模式设立的二级学院——岭南公益慈善学院正式揭牌成立。这标志着广东省拥有了一个真正意义上的招收"社会工作"和"公益慈善事业管理"等专业方向的公益慈善学院。伴随着粤港澳大湾区公共服务发展和融合的需要所带来的公益慈善人才的缺口，深圳亟须建立本土公益慈善专科及本科人才培养体系。当前，缺乏本土高校青年力量的弊端已在深圳公益慈善及社会创新领域显现，深圳各组织都较难以接收到高校学子作为志愿者、实习生等参与到公益行业日常建设中，本土青年的缺乏也使社会创新青年社群缺乏发展的来源。

2. 通识教育体系为公益慈善和社会创新提供空间

在专业教育之外，部分大学的通识教育体系也为社会创新人才提供了一定空间。以香港中文大学和位于龙岗区的香港中文大学（深圳）为例，开展通识教育是这两所院校的核心理念，其成立了博群全人发展中心、尤努斯社会创新中心、社会实践中心等为全人发展提供实践机会的机构，为非公益慈善相关背景的学生了解公益和社会创新概念并参与相关项目提供了空间。部分公益机构也尝试倡导高校教师通过开设公益慈善相关通识课程来将公益慈善概念引入高等教育。2019年，敦和基金会与公益慈善学园联合发起"敦和·善识计划"高校慈善通识课程支持项目，来自全国多家"双一流"大学的20名教师入选，入选教师可获得授课资料、资金、论文发表等方面的支持。

3. 探索与争鸣——粤港澳大湾区社会创新交流共创日趋活跃

伴随着社会创新概念在深圳、广州、顺德等地区的逐步深化推广，围绕社会企业、社区治理、公益金融等社会创新概念而进行的交流机会日趋增多。2019年，第七届中国慈展会首设粤港澳大湾区社会创新展区，来自11个城市的30多家组织向全国展示了其社会创新项目。大会还另设多场分论坛、在扶贫议题外重点讨论公益金融、公益传播等议题。社区基金会、社会企业、影响力投资等年度行业论坛也多在粤港澳大湾区举办。2017年12月，国际公益学院联合蜂群物联网公益基金会在深圳福田香蜜湖畔召开了"全球公益金融论坛暨2017社会影响力投资峰会"，其间共同发起了《全球社会影响力投资共识》，围绕影响力投资在中国的发展达成了行业共识。中国社会企业与影响力投资论坛2018年会也在深圳召开，关注影响力投资，助力脱贫攻坚。在2014年深圳首推社区基金会行业促进条例后，中国社区基金会发展论坛于2016年在深圳举行。2019年，由正荣公益基金会、敦和公益基金会、南都公益基金会等机构发起的社区基金会支持机构禾平台联合12家社区基金会在广州举办2019中国社区基金会峰会，峰会共有全国80余家公益机构参与，线上传播量达30万人次，并在秘书长闭门会议上达成了秘书长社群建立的共识。

在社会创新概念发展较早的香港，起步较早的社会创新生态即通过倡导工作帮助社会创新概念传播到内地，与内地社会创新生态相融合。受香港特区政府指导，香港社企民间高峰会于2008年由香港政策研究基金会创立，当时社会企业已在世界各地开始受到重视。而在今日，高峰会已成为香港每年举行的重要活动，成为凝聚了各方人士以创新的企业精神共同推动社会改革的跨界别平台，也是民间与政府交流的重要桥梁。同时，特区政府于2013年又设立了5亿港元的社会创新及企业发展基金（社创基金），支持跨界别合作和能力建设，寻求建立社会创新生态系统。

高校及相关机构在公益慈善和社会创新专业人才培养、行业研究、项目孵化等方面已成为一股强劲推动力。在社会创新资源相对集聚的粤港澳大湾区，互有连接的高校力量正成为社会创新的重要力量和参与者。而香港举行的社会创新赛事、论坛等，也邀请粤港澳大湾区乃至全国的从业者参与。来自香港的社会创新创业团队，也逐渐加入在内地举办的各类展会、论坛、赛事等，伴随着深港合作的推进，也有部分香港团队选择来到深圳的各创新创业孵化空间发展。

随着粤港澳大湾区社会创新相关机构的交流深入，面对粤港澳大湾区社会创新相关建设的前景，部分机构也期待加强粤港澳大湾区社会创新方面的交流协作，共同助力社会创新发展。在2018年香港社企民间高峰会上，11家机构共同发起了《大湾区社会创新香港倡议》，承诺并期待共同建立一个专业、透明、紧密、公平的大湾区社会创新工作网络，推动大湾区社会创新的全方位和可持续发展。

四、粤港澳大湾区建设背景下的社会创新前景：问题、原因与政策建议

在持续的社会治理现代化推进中，深圳公益慈善领域稳步发展，并不断创新探索新的发展方向和模式。粤港澳大湾区核心城市和中国特色社会主义先行示范区的建设又对深圳的城市战略定位提出了进一步的指导："坚持创新驱动战略""建设高水平的公共文化服务体系和现代文化产业体系""构建优质均衡的公共服务体系，建成全覆盖可持续的社会保障体系""打造舒适宜居的生活空间、碧水蓝天的生态空间""在2025年公共服务水平和生态环境质量达到国际先进水平"等。深圳在推进慈善和社会创新生态持续发展的同时，基于这些城市战略定位，可逐步探索，发挥大湾区核心城市的引领作用促进各地沟通合作，鼓励地方政府和社会组织联合调研社会需求和发展前景，发挥率先建设社会主义先行示范区的制度创新和改革创新优势，制定政策引领激发社会各界参与大湾区建设，成为大湾区公益慈善领域建设的示范城市。

（一）推进深圳社会创新生态建设

围绕深圳社会创新生态建设，需要地方政府持续推进政策创新，支持街道、社区、事业单位、企业、社会企业、社会组织协同发展。深圳是较早推进社会治理现代化的城市之一，是广东省乃至全国首个制定社会组织

发展专项规划的城市，但在 2017 年完成"十二五"规划后，深圳市政府不再制定社会组织专项发展规划。当前，深圳市民政局和慈善会正在主导编写《深圳市慈善事业促进条例》，出台日期未定。而在推进公益慈善领域建设外，推动企业、社会企业、行业协会等共同参与社会治理和社会创新，亦亟须政府主导制定顶层设计，实现协同和创新发展，回应粤港澳大湾区民生服务建设需求。

1. 以社区基金会为抓手，完善社区治理

社区治理是国家治理体系中基层部分，关乎人民幸福生活的根本，也是社区社会组织耕耘的土壤。当前，在社区层面，社区社会组织发展存在以下几点问题：①区域发展不平衡，部分地区组织数量短缺且能力较弱；②文娱类组织过多而社区服务类组织较少；③枢纽型组织缺失，引导基层社会组织协同发展能力弱。作为社区枢纽组织的社区基金会，具有促进社区自组织发展、筹集和协调资金、支持基层社会组织等促进社区发展，链接政府、社区和居民的重要功能。2014 年，深圳市出台了《深圳市社区基金会发展促进条例》支持社区基金会发展，随后 5 年间由政府主导成立了 26 家社区基金会、由居民主导成立了 1 家社区基金会——蛇口社区基金会。但在后续发展中，其对新兴的社区基金会却缺少相应的政策支持和社区资源挖掘、行业资讯交流等方面的持续培育。同时，扎根于不同社区的社区基金会会产生多元的理念、发展模式和困境，但在管理责任上，社区基金会多由各区、街道民政部门主管，深圳地区也并未有为社区基金会提供专业服务的支持型/枢纽型机构，积极有效的行业交流互助生态尚未建成。通过政策引导社会资源为社区基金会持续输血，建设或引进支持型和枢纽型机构为社区基金会赋能，是完善深圳社区基金会建设，推进基层社会组织发展的迫切需要。

粤港澳大湾区的建设也对社区基金会参与社区治理提出了新的挑战和机遇。2017 年 6 月出台的《中共中央 国务院关于加强和完善城乡社区治理的意见》，鼓励通过慈善捐赠、设立社区基金会等方式，引导社会资金投向城乡社区治理领域。《粤港澳大湾区发展规划纲要》中指出，要促进社会保障和社会治理合作，加强跨境公共服务和社会保障的衔接。面对粤港澳大湾区建设需要，社区基金会这一新型社会主体可能凭借其资金来源和服务对象的本土性、资金筹集及使用的灵活性、管理结构的多样性等特点，成为粤港澳大湾区社会保障和社会治理合作背景下社区建设及治理的主力机构。

2. 持续引导企业和行业协会发挥优势创新参与社会治理

长期以来,深圳市政府对企业社会责任概念的大力推动以及深圳市众多企业的积极配合使得深圳市企业社会责任建设一直走在全国前列。从2003年下半年起,深圳就着手进行企业社会责任的课题调研,多年来推出了多项指导文件,完善企业社会责任建设。而面对创新建设公共服务体系需要,亦需推动医疗、教育、可持续发展等与公共服务体系高度相关的行业创新参与社会治理,包括设立专项公益慈善项目、协助政府打造信息化公共服务体系,帮助社会组织进行技术建设等。

深圳的民营企业代表——腾讯公司结合自身信息技术优势,打造了腾讯公益平台和腾讯为村平台,通过互联网助力党建、乡村社会治理、精准扶贫和乡村振兴等工作,也通过"99公益日"这一活动,在2019年为公共服务项目募得善款24.9亿元。成立于2005年的深圳信息无障碍研究会,联合腾讯、阿里巴巴、百度、微软(中国)发起了中国信息无障碍产品联盟,推动了行业发展的顶层设计,企业和行业协会正在发挥自身优势,共同参与到深圳社会创新生态中。

3. 促进高校参与社会创新,以社会需求为导向实现产业转化与人才培养

长期以来,我国坚持推进高校学生参与创新创业,而随着社会转型和民众认知的转变,致力于解决社会问题的社会创新项目在近年高校发展中逐渐受到关注。在高校社会创新生态中,学生可以通过社会创新教育培养社创理念、锻炼实践能力,参与或创办社会创新项目,而高校亦可通过社会创新作为手段,协同师生将研究成果转化为对公共事业有益的产业服务。

虽然深圳大学、香港中文大学(深圳)等本土高校已逐渐开始关注社会创新,但当前深圳高等教育发展仍重点关注科技产业,而与公共服务相关的学科、产业、研究远远无法满足高质量的公共服务体系建设的要求。伴随着大湾区建设,深圳正在引进与公共服务相关的高校资源助力公共服务体系建设。中山大学正在深圳建设新的校区并着重关注医学、药学、公共卫生等与民生密切相关的领域,香港中文大学(深圳)、香港中文大学将与深圳合力建设直属附属医院和医学院,深圳创新创意学院也即将落户宝安。随着这些新的高校项目的落成,高校能否关注社会创新并协同助力社会发展，需要政府和社会组织共同发起倡导。

（二）调研社会需求，对政策衔接和融合形式展开社会创新研究和试点

中央文件已对大湾区和社会主义先行示范区提出了一系列有关公共事业的发展目标，但规划目前还是更多地涉及城市、经济、科技、金融等方面。地方政府、社会服务部门、公益慈善组织、高校和智库尚需更多的信息交流机会来探讨各地如何协同搭建公共服务和社会保障体系。深圳可发挥粤港澳三地的社会研究能力，组建专家团队切实调研民众、地方社会服务部门、社会组织的需求，对未来公共事业发展进行规划。在交流调研的同时，也需充分引导政府基层部门和社会组织工作人员积极参与建言献策。

当前已有一些明确的公共事业建设方向提出，应建立健全养老服务和养老保险制度、推动动社会保险公共服务平台落地、加强医疗服务和保障等。在先行研究这些方向时，相关领域的社会组织亦可先行在原有项目内尝试推进相关建设。在已有一定研究和实践成果时，深圳政府可发挥制度创新优势，制定政策引领社会各界共同参与，并设立试点项目，在大湾区形成模范效应。

大湾区发展要求湾区各城市开展民生、金融等领域的合作。但香港、澳门、内地各有不同的法律体系，内地不同城市的民生、金融、慈善政策亦大有不同。对湾区公益慈善领域，需积极探索制度如何保障外来社会组织享有本地资源支持，社会工作、医务、心理咨询等领域职业资格如何互认，《慈善法》和《中华人民共和国境外非政府组织境内活动管理法》如何促进海峡两岸暨香港、澳门社会组织在依法的前提下活跃而有效地参与跨境事务和税收减免认定问题等。在公益金融领域，政策也要回应如何在促进创新金融发展的同时应对不同金融体系的监管。率先建设社会组织先行示范区的深圳，具有充分的制度创新和改革创新的优势去探索法律政策建设，使湾区各地方政府和社会组织都能够有法可依地参与到湾区建设中。

深圳社会组织"走出去"
——深圳参与国际化慈善的发展经验

黄浩明　曾伟玲　吴艾思*

摘要： 深圳的社会组织充分发挥了深圳的区位优势，积极"走出去"，对外活动范围不断扩大，深入东南亚、东亚、南亚、欧洲、北美和拉美等地，涉及经济、文化、科技、教育、法律和环保等领域，广泛参与国际合作。本文通过分析深圳市社会组织年报数据，展现深圳社会组织"走出去"的发展现状，以经典案例进行分析，总结深圳社会组织"走出去"的实践与经验，尤其是参与国际化慈善发展的经验，再通过对比深圳社会组织"走出去"的亮点与挑战，最后提出深圳社会组织"走出去"的行动和建议。

关键词： 社会组织；"走出去"；国际化；慈善

深圳市是中国改革开放最早的城市之一，对外贸易和对外交流活跃。深圳坐落在珠江口，毗邻香港，水陆空铁口岸俱全，具有"走出去"的天然地理优势。作为粤港澳大湾区四大中心城市之一，深圳市在"一带一路"海上丝绸之路的建设中具有重要意义。深圳在发展社会组织方面也做出了许多积极探索，率先改革社会组织管理体制，培育扶持与规范管理并重，促进了社会组织的繁荣发展。截至 2019 年 6 月 30 日，深圳市已有登记社会组织 10595 家（含社团 4574 家、民办非企业单位 5647 家、基金会 374 家），其中慈善组织达到了 246 家。① 深圳社会组织以行业治理服务经济、以社会服务优化福利体系以及营造向善的社会氛围广泛地参与深圳的城市建设，同时，深圳的社会组织也充分发挥区位优势，积极"走出去"，对外活动范围不断扩大，深入东南亚、东亚、南亚、欧洲、北美和拉美等地，涉及经济、文化、科技、教育、法律和环保等领域，广泛参与国际合作。本文将分析深圳市社会组织年报数据，展现深圳社会组织"走出去"的发展现状，以经典案例进行分析，总结深圳社会组织"走出去"的实践

---

* 黄浩明，深圳国际公益学院代理院长；曾伟玲，深圳国际公益学院高级分析员；吴艾思，深圳国际公益学院高级分析员。

① 数据来自深圳市社会组织管理局社会组织统计季报（2019 年第二季度）。

与经验,尤其是参与国际化慈善发展的经验,总结深圳社会组织"走出去"的亮点与挑战,并提出深圳社会组织"走出去"的行动和建议。

一、深圳社会组织"走出去"的发展与现状

在深圳市首本社会组织蓝皮书中,深圳国际公益学院的编写组对2016—2017年深圳市社会组织年报数据进行了统计分析,总结了深圳社会组织2年中参与国际活动的情况。2017年共有316家社会组织参加国际活动680次,内容涉及经济文化合作与交流、技术交流与洽谈,相较2016年的512次,活动频数明显增加。其中,2016年度深圳市社会组织共开展国际合作项目82项,参加国际会议172项,参加国际组织29个,组团出国(境)访问216次,举办国际博览会1次,接待(接受)国(境)外机构访问12次;而2017年度深圳社会组织参加国际会议的数量快速增长,从2016年①的172次激增至2017年的356次。(见图1)

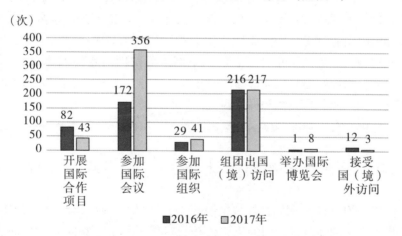

图1 2016—2017年深圳社会组织国际交流活动统计

资料来源:深圳市社会组织管理局、深圳国际公益学院,《深圳社会组织蓝皮书:深圳社会组织发展报告(2018)》,社会科学文献出版社2019年版,第41页。

因统计系统更换,受限于数据的可及性,2018年仅能统计到民办非

---

① 参见深圳市社会组织管理局、深圳国际公益学院《深圳社会组织蓝皮书:深圳社会组织发展报告(2018)》,社会科学文献出版社2019年版,第1~51页。

企业单位与行业协会的部分国际交流活动，无法与2016—2017年的数据做纵向的比较。从2018年的数据上看，深圳市民办非企业单位开展境外活动17项，多以专题研讨、技术合作、文创产品开发、投资服务、学校教育为主题；参加国际组织14个，涵盖教育、创业、心理等领域。深圳市行业协会参与境外活动共20次，到达了亚洲、欧洲和北美洲地区；参加国际会议73次，覆盖了会议展览、学术论坛，贸易洽谈、交流研讨和培训等内容；参加国际组织8个，如深圳市会议展览业协会参与了亚洲展览会议协会联盟，深圳市电子行业协会参与了世界电子联盟，深圳市电子行业协会和钟表行业协会参与了国际展览联盟等。

总的来说，深圳社会组织充分发挥了自身的地缘优势，立足珠三角、联系港澳、面向全球，积极参与国际交流活动。首先，深圳社会组织积极助力企业的国际化，搭建国际化交流合作平台。以行业协会为代表的社会组织积极参与国际会议展览、组团海外参访、交流合作项目，努力开拓海外机会。其次，深圳社会组织参与各种国际交流活动，向世界展示了中国形象，讲述中国故事，提升了深圳作为国际型大都市的品牌形象。再次，深圳社会组织通过参与国际组织，推动践行联合国2030年可持续发展目标，积极融入世界的话语体系，展示中国形象的同时也能发出自己的声音。最后，深圳社会组织通过参与国际社会事务、加强国际合作，以及对海外国计民生问题的关注和提供实质性帮助，助力"一带一路"沿线国家和地区建设，有力地配合国家外交宏观政策的实施。

二、深圳社会组织"走出去"的实践与经验

2018—2019年，深圳市社会组织在"走出去"开展国际交流合作方面积累了丰富的经验，不同的组织依托自身优势和资源参与国际化慈善，为其他希望走出去的社会组织形成有效的示范作用。从参与主体来看，基金会、民办非企业单位和社会团体都在国际化道路上有所探索；从参与方式来看，除了参加国际会议、设立境外机构、出访或考察、参与国际项目合作外，也出现了关注社会组织"走出去"能力建设和资源对接的平台型项目，从基础能力和资源结构的角度促进公益慈善行业的国际化；从关注领域来看，教育、环保、青年成长、企业国际化都是深圳社会组织"走出去"重点关注的领域。

本部分将通过六个案例，深入介绍深圳社会组织"走出去"取得的成果。

（一）深圳市国际交流合作基金会：搭建平台，为社会组织"走出去"赋能

成立于2014年12月的深圳市国际交流合作基金会是中国首家旨在通过构建国际合作网络和发起互利友好合作行动倡议，支持深圳社会各界开展国际交流合作、参与全球治理，提升深圳全球形象和战略优势的非公募基金会。[①] 作为深圳本土的平台型组织，深圳市国际交流合作基金会以推动深圳的国际化为使命，[②] 曾开展"一带一路"主题项目、国际精英交流计划、深圳企业国际化实战营、深圳企业海外秀等品牌项目，为本土企业、青年领袖、知名人士等提供国际交流平台，展示深圳民间对外交流成果。

1. 能力建设与交流合作平台正式启动

自2018年起，如何帮助深圳本土的社会组织"走出去"，进一步推动深圳参与国际化慈善成为深圳市国际交流合作基金会新的工作重点。经过2年的筹备，由深圳市国际交流合作基金会、中国国际经济技术交流中心、联合国开发计划署共同发起的"中国（深圳）社会组织'走出去'能力建设与交流合作平台"于2019年12月5日在深圳正式启动。深圳市国际交流合作基金会是项目主要实施机构，广东省、深圳市外事部门、主要枢纽型社会组织和智库机构支持参与。

2. 平台服务对象和内容

该平台以深圳为基地，促进深圳慈善事业国际化的思路发展，为包括粤港澳大湾区在内的中国社会组织提供参与国际交流合作的机会和平台支持。

该平台的服务内容分成政策建议、能力建设、资源对接三个模块，为社会组织"走出去"提供全链条式的服务。政策建议部分，通过经验梳理、政策咨询、项目试点，探索创新社会组织"走出去"模式，为粤港澳大湾区社会组织提供咨询服务，在政策合规和执行层面提出建议；能力建

[①] 参见深圳市社会组织管理局、深圳国际公益学院《深圳社会组织蓝皮书：深圳社会组织发展报告（2018）》，社会科学文献出版社2019年版，第216页。

[②] 资料由深圳市国际交流合作基金会提供。

设部分，通过课程培训、人才培养、国际交流、能力评估等，全方位提升社会组织"走出去"能力，进而探索设计国际合作能力体系，推动形成行业标准；资源对接部分，建立"走出去"资源数据库、设立社会创新项目（深圳）孵化平台等，每年支持符合条件的社会组织开展海外试点项目。①

3. 该平台落地深圳的意义

该平台项目是深圳首个专注于"为中国社会组织'走出去'提供专业支持"的权威平台，也是首个联合国驻华系统与地方合作的长期项目，②平台落地深圳对于深圳社会组织"走出去"有以下三点重要意义：

第一，降低社会组织"走出去"的门槛。深圳社会组织"走出去"既面临缺乏内在驱动力的挑战，也受到包括政策、资金、认可度等方面的外部挑战，③平台当前的服务设计，能够有针对性地帮助社会组织应对内外部挑战。例如，能力建设部分的培训课程和交流活动，主要针对社会组织进行海外活动时所需的专业技能；资源对接部分的社会创新孵化平台则能够支持社会组织把项目落地。从长远来看，该平台为社会组织"走出去"提供的全方位支持，不仅能提升深圳社会组织"走出去"的业务能力，还有助于改善深圳社会组织"走出去"的生态。

第二，提升深圳慈善事业的国际化程度。作为改革开放的试验田和粤港澳大湾区的重要组成部分，深圳在经济、科技、创新等方面的国际影响力有目共睹。该平台项目在深圳的落地，有望将深圳的国际影响力延伸到公益慈善领域。该平台将被打造成为民间国际交流合作的重要场所，④以及中国社会组织"走出去"的信息和资源共享平台，此举有望让深圳慈善事业成为国际慈善版图的重要组成板块。

第三，助力深圳参与落实联合国可持续发展议程。2018 年，深圳市成为国务院正式批复同意建设的首批国家可持续发展议程创新示范区之

---

① 参见深圳市国际交流合作基金会《创新赋能，民间先行——2019 深士荟·民间力量推动可持续发展国际对话成功举办》，见 https://mp.weixin.qq.com/s/PNsxaNlWaun‐EY76D5_SRA，最后访问时间：2021 年 3 月 22 日。

② 资料由深圳市国际交流合作基金会提供。

③ 参见尼娜等《深圳社会组织"走出去"：现状、成效与趋势》，见深圳社会组织管理局、深圳国际公益学院《深圳社会组织蓝皮书：深圳社会组织发展报告（2018）》，社会科学文献出版社 2019 年版，第 221 页。

④ 资料由深圳市国际交流合作基金会提供。

一,其将探索如何为超大型城市可持续发展提供示范效应。① 在深圳市政府随后发布的《深圳市可持续发展规划(2017—2030年)》中,也明确提到了要总结并向国际分享深圳的可持续发展经验。② 对于社会组织来说,由联合国提出的17个可持续发展目标已经成为社会组织"走出去"参与国际交流合作必备的国际通用条件,而该平台项目的开展将帮助本土社会组织学会如何更有效地实现可持续发展目标,并成为深圳向全球展示本土可持续发展经验的重要窗口,这一目标与深圳市的可持续发展规划不谋而合。

(二)深圳国际公益学院:深度合作,建构全球公益教育与交流合作网络

深圳国际公益学院是中国首家由中美慈善家联合创立的国际性公益学院,以"培育全球公益典范"为使命,开展与公益教育相关的国际交流和合作是该学院的核心业务之一。

自2015年11月成立以来,深圳国际公益学院一直在探索如何充分结合国内外的资源优势,包括全球师资、国际学生、国际合作伙伴、海外实践课、国际奖学金和交流活动等,③ 以此打造优质的公益慈善教育项目。目前,其已经形成具有代表性的项目,包括面向财富人群的全球善财领袖计划、面向非营利部门高级管理人才的国际慈善管理,以及面向社会大众和公益行业新人的公益网校,此外,还有其他系列课程和涵盖不同主题的短期专业提升课程。截至2019年11月,已有超过1000名学员入读该学院,超过3000人参与专业提升课程,超过3万人注册公益网校,校友来自全国各地以及欧美等地区的18个国家。④

2018—2019年,该学院继续以公益慈善教育为切入点,探索"走出

---

① 参见赵永新《首批国家可持续发展议程创新示范区建设启动》,见新华网:http://www.xinhuanet.com/politics/2018-03/24/c_1122583670.htm,最后访问时间:2021年3月22日。

② 参见深圳市人民政府《深圳市人民政府关于印发深圳市可持续发展规划(2017—2030年)及相关方案的通知》,见深圳政府在线网:http://www.sz.gov.cn/zfgb/2018/gb1052/content/post_5018701.html,最后访问时间:2021年3月22日。

③ 参见深圳国际公益学院《从行动到影响:国际公益学院发布中国慈善国际交流合作十大进展》,见深圳国际公益学院网:http://www.cgpi.org.cn/content/details42_9747.html,最后访问时间:2021年3月22日。

④ 资料由深圳国际公益学院提供。

去"开展国际合作的新模式。

1. 公益教育：启动首个国际合作学位教育项目

2019年6月，深圳国际公益学院与法国南特高等商学院合作推出工商管理博士课程，开启首个将公益慈善与商业管理相结合的学位教育项目。该项目旨在培养兼具国际视野和公益胸怀的商业领袖，将运用欧洲工商管理博士培养体系，系统化夯实管理理论和实务操作技能，助力企业家在世界经济格局的变化中做出前瞻性的战略选择；立足全球化背景下的中国实践，探究商业向善、社会向善、资本向善的前沿趋势。①

工商管理博士项目是该学院在学位教育领域开展国际合作的首次尝试，也是深圳本土民办非企业单位在教育领域"走出去"的创新成果。目前，第一届项目已完成招生，即将在2020年开始授课。

2. 公益教育：四大国际奖学金支持行业人才培育②

经过4年的探索，深圳国际公益学院形成了四大国际奖学金项目，为具有影响力的公益慈善机构骨干人员提供多样化的进修机会，2016—2019年度学员共计271人次。其中，慈善管理高级领导人项目与哈佛大学肯尼迪政府学院合作，提供赴美3周的培训与交流活动，项目已促成54个学员机构之间的合作。墨卡托中欧公益领导力伙伴项目与欧洲基金会中心合作，通过集中学习和交流，帮助中欧慈善机构管理者形成伙伴关系，搭建中欧公益领导力交流平台。专业人才项目与美中关系全国委员会合作，甄选中国和蒙古国的非政府组织专业人士前往美国工作4周，并在回国后完成一个自行设计的项目。国际领导力-语言强化项目由中国扶贫基金会原执行会长何道峰、崔阳夫妇捐资发起，选拔行业人才赴美进行英语强化训练，帮助组织突破人才国际化的瓶颈。

3. 慈善交流合作：举办中意两国有史以来最高级别的慈善交流活动③

2019年3月下旬，中国发展研究基金会、深圳国际公益学院与意大利都灵大学中国研究中心三方在意大利共同签署了"关于设立中意慈善论坛的谅解备忘录"，首届中意慈善论坛东西方领袖峰会也在罗马顺利

---

① 资料由深圳国际公益学院提供。
② 资料由深圳国际公益学院提供。
③ 参见深圳国际公益学院《从行动到影响：国际公益学院发布中国慈善国际交流合作十大进展》，见深圳国际公益学院网：http://www.cgpi.org.cn/content/details42_9747.html，最后访问时间：2021年3月22日。

举办。中意慈善论坛由欧盟委员会前主席、意大利前总理罗马诺·普罗迪与深圳国际公益学院董事会主席马蔚华担任联合荣誉主席,意大利都灵大学中国研究中心主任欧阳乔与深圳国际公益学院创院院长王振耀担任联合创始秘书长。该论坛致力于推动两国的慈善交流合作和公益人才培养,第二届中意慈善论坛东西方领袖峰会于2020年中意建交50周年之际在中国举行。

"关于设立中意慈善论坛的谅解备忘录"是中意两国19个合作签约项目中唯一来自慈善领域的合作,也是两国有史以来最高级别的慈善交流活动,代表了深圳社会组织在慈善国际合作方面达到的新高度。

从整体来看,深圳国际公益学院搭建的以公益慈善为核心的教育与交流合作网络已初成规模。在公益教育方面,分梯队形成了面向不同人群的课程系列,满足不同人群了解和参与公益慈善的需求。在慈善交流合作方面,除了中意慈善论坛,该学院也曾在美国、英国、法国、摩纳哥、澳大利亚、阿根廷、印度、新加坡、日本等国进行对话与交流,主题涵盖气候变化、海洋保护、野生动物保护、公益金融、社会创新、家族传承等,参与方包括当地政府、慈善家和公益组织等,逐步形成了多元的国际交流平台。

(三)陈一丹基金会:海外捐赠,支持全球教育事业革新与发展

深圳市陈一丹公益慈善基金会(以下简称"陈一丹基金会")是腾讯主要创始人陈一丹于2013年成立的非公募基金会,主要通过海外捐赠的方式"走出去",支持教育相关项目。

2018年6月29日,陈一丹基金会宣布捐赠400万美元支持哈佛教育学院开展两个重要项目,其中300万用于哈佛教育学院"教育硕士课程重整计划",100万用于筹建并推出"陈一丹全球访学项目"。[①] 基金会希望

---

① 参见"Chen Yidan Foundation Supports Harvard Graduate School of Education",见 Philanthropy News Digest:https://philanthropynewsdigest.org/news/chen-yidan-foundation-supports-harvard-graduate-school-of-education,最后访问时间:2021年3月22日。

借助本次对全球顶尖高校的捐赠，推动教育专业的学科改革和可持续发展。① 其中，"教育硕士课程重整计划"不仅会在内容层面确立教学领域的基础知识和技能，也会在方法层面改革教学模式，希望建立起一套在哈佛乃至全世界通用的教学方法与专业标准。而"陈一丹全球访学项目"为期5年，将邀请全球的访问学者来到哈佛教育学院开展研究、教学和交流工作，学者背景多样化，有教育工作者、学者、政府代表、企业家等，希望能够碰撞出更多创新的火花。目前，已有11位学者通过该项目到哈佛教育学院访问学习。

陈一丹基金会选择资助海外教育项目与陈一丹长期对教育事业的关注密不可分。2016年，陈一丹捐资25亿港元创立"一丹奖"，旨在表彰及支持推动教育创新、所做贡献具有长远影响的个人，该奖项已经成为全球最大的教育奖。此外，陈一丹也十分关注国内教育事业发展，近期成果包括：2019年，其通过陈一丹基金会资助中国教师发展基金会设立教学大师奖、杰出教学奖和创新创业英才奖，分5年共捐赠7500万；② 同年，其宣布捐赠数十亿港元腾讯股票对接包括一丹奖获奖和提名项目等全球优质教育项目在中国的落地，以及支持包括武汉学院等对中国教育发展和创新有开拓意义的项目。

（四）大道应对气候变化促进中心：持续发声，倡导企业领袖参与全球治理

大道应对气候变化促进中心（以下简称"大道中心"）的前身是2014年由万科集团创始人王石等企业领袖和环保公益人士共同发起的应对气候变化企业家联盟，其致力于支持中国企业家成为应对气候变化的行动引领者。大道中心每年组织企业家和青年创业者参与气候变化领域的大型国际会议，并通过举办企业边会、案例分享、行动倡导等方式向世界传递中国企业家和青年创业者的声音和行动。

---

① 参见陈一丹基金会《陈一丹基金会支持哈佛教育学院新项目 共同推动教育专业学科改革与持续发展》，见 https://mp.weixin.qq.com/s/N8K‐oGecCE‐dlhznxghoLg，最后访问时间：2021年3月22日。

② 参见《腾讯主要创始人陈一丹捐赠7500万，为中国教育再添三奖》，见腾讯网：https://new.qq.com/omn/20191016/20191016A09WQ400.html，最后访问时间：2021年3月22日。

1. 启动非营利性合作网络——中国企业气候行动

2018年9月，在美国旧金山举办的全球气候行动峰会上，大道中心联合万科基金会、阿拉善SEE基金会等数十家行业协会、工商企业、公益组织、研究机构正式启动非营利性合作网络——中国企业气候行动。

该合作网络的行动十分迅速，在2018年12月举办的第二十四届联合国气候变化大会上，其成功主办"共筑企业气候行动平台"边会。此时其已经获得了百万企业的支持，汇集了来自电商、纺织、氢能、电动汽车等不同行业和产业的企业代表，织成了一张中国企业支持和参与气候变化的行动网络。①

2. 持续亮相联合国气候变化大会

2018—2019年，大道中心连续2年参加联合国气候变化大会，并通过多种方式展示中国企业家在应对气候变化方面取得的成果，贡献中国解决方案。

延续在2018年联合国气候变化大会举办边会的经验，大道中心在2019年联合国气候变化大会期间，联合合作伙伴分别举办了"企业气候行动：赋能与创新""企业气候行动：时尚创新与青年未来""企业气候行动：低碳与可持续生活"3场边会，多角度分享了中国企业应对气候变化、参与气候治理的故事。此外，大道中心作为联合出品方与中华环保联合会、万科公益基金会共同发布《气候大会之旅》纪录片，展示中国民间机构及社会各界参与应对气候变化的情况。

3. 支持青年环保创新行动

除了支持企业家的气候行动外，大道中心同样关注为青年环保创业者提供国际交流机会。2018年9月，10位中方青年环保领袖获邀前往美国加州参加"冰与煤"中美青年环保创新论坛，与美方青年领袖进行交流分享。中方青年发起的"让地沟油飞""绿色能源改善非洲金字塔底端人群生活"和"VLOOP蔚路循环"等项目广受好评和关注。②

---

① 参见CTeam气候行动《C Team 的2018 | 感谢有你一路相随》，见 https://mp.weixin.qq.com/s/mYCOztw3RxogKMTamuE5OA，最后访问时间：2021年3月22日。
② 参见深圳市社会组织管理局、深圳国际公益学院《深圳社会组织蓝皮书：深圳社会组织发展报告（2018）》，社会科学文献出版社2019年版，第216页。

（五）民政部登记基金会：活用资源，以深圳为基地开展国际项目

还有一些在民政部登记的、办公地点设在深圳的基金会，借助深圳的地缘优势和资源优势同时开展国内和国际项目，成了连接国内外公益组织的桥梁。

余彭年慈善基金会由知名慈善家余彭年先生创办，其品牌项目"彭年光明行动"自2003年启动以来，不仅为国内28个省市44多万名白内障患者提供了免费救治，也于2018年拓展到柬埔寨[①]。余彭年慈善基金会加入了由深圳市国际交流合作基金会发布的"深系澜湄"项目集群，计划在湄公河流域乃至"一带一路"沿线国家开展"光明行"项目。柬埔寨"澜湄光明行"是基金会在东南亚的首个医疗公益项目，将为150名贫困白内障患者提供免费手术，为500名居民配眼镜。[②] 基金会依托深圳本土的枢纽型基金会，成功将深圳的公益经验带到东南亚。

招商局慈善基金会由招商局集团发起，在内地和香港均有登记注册，主要以资助的方式开展项目。基金会在内地主要开展扶贫、乡村社区发展、救灾物资运送、奖学金、行业支持等项目，在香港重点关注"青少年发展"和"社区友好"两大议题，在海外主要关注发展中国家的"人道主义援助"和"民生改善"议题。由于在成立之初就同时设有本土和海外分支机构，招商局慈善基金会的本土和海外业务逐渐形成各自的项目运作体系和影响力。

（六）多家行业协会：搭桥铺路，与各界企业共探国际化之路

在社会团体方面，"走出去"开展国际合作与交流比较有代表性的是行业协会，它们通过为各自的企业会员单位对接国际合作资源、帮助开拓海外市场、搭建国际交流平台等方式，与企业一起探索国际化道路。例如，深圳市走出去战略合作联盟为企业开展跨国经营提供全方位支持与保

---

① 参见《"彭年光明行动"首次签订"湄公河光明行"项目合作备忘录》，见余彭年慈善基金会网：http://www.yplcf.org/news_view.aspx?TypeId=4&Id=618&Fid=t2;4;2，最后访问时间：2021年3月22日。

② 参见《澜湄光明行》公益活动成功启动》，见余彭年慈善基金会网：http://www.yplcf.org/news_view.aspx?TypeId=28&Id=652&Fid=t2;28;2，最后访问时间：2021年3月22日。

障,助力国家"一带一路"倡议实施,并在埃塞俄比亚成立非洲分会;深圳市知识产权协会多次组织会员参加 INTA (International Trademark Association) 国际商标大会、亚洲知识产权营商论坛等国际会议;深圳市商业联合会组织深商代表团到英国知名企业和知名学府交流考察,到法国共商"中法经贸合作"。在帮助会员单位对接资源的过程中,这些行业协会也完成了它们的国际化业务开拓。

除了深圳本地登记的行业协会之外,一些在广东省民政厅登记但是办公地址为深圳的行业协会,也在积极探索行业协会"走出去"的模式,成立于 1999 年的广东高科技产业商会便是其中的典型案例。科技创新已经成为今日深圳最闪亮的名片,[1] 广东高科技产业商会的发展与深圳科技创新产业的发展相辅相成。作为全国高科技领域的第一家商会,广东高科技产业商会在全省范围内拥有超过 6000 家会员企业,会员企业来自高科技行业和科技服务业,年产值超过 3 万亿。国际产业链的协同已经成为该商会的主要业务之一,该商会是第一个在国外设立办事机构的商会,通过全球布局支持会员企业在海外活动。早在 2010 年,商会便利用地处东南沿海的便利,与香港潮声卫视、《南方都市报》等伙伴合作,带领企业家重走茶马古道和海上丝绸之路,帮助众多企业响应国家政策,完成"一带一路"产业布局。商会也设立了国际路演中心创投委员会,并积极搭建集技术、项目、产业、人才于一体的国际交流对接平台。[2]

三、深圳社会组"走出去"的亮点与挑战

社会组织"走出去",参与国际交流是大势所趋,也是人心所向。"走出去"也是中国社会组织践行"责任共同体"的良好契机。多年来,中国社会组织逐步加快了国际化进程,全球事务的参与度和影响力均显著提升。在社会组织"走出去"方面,深圳与全国经验相比,具有其自身的特色,也存在一定的挑战。

---

[1] 参见刘畅《我国首家高科技产业商会二十周年庆典在深圳举行》,见广州日报大洋网:http://news.dayoo.com/gzrbyc/201912/09/158752_52961626.htm,最后访问时间:2021 年 3 月 22 日。
[2] 资料整理自广东高科技产业商会官网和官方微信公众号。

(一) 深圳社会组织"走出去"的亮点

从全国范围来看,中国社会组织广泛参与对外交流,并逐渐展现出了一些特色和亮点。黄浩明在《2019年度中国社会组织国际化报告》中总结了2019年度中国社会组织国际化呈现的十大亮点。[①] 在中国社会组织国际化的这些亮点背后,有部分正是深圳社会组织所做出的贡献。

积极搭建国际交流平台,提升社会对公益慈善的关注度,深圳国际公益学院、中国发展研究基金会与意大利都灵大学中国研究中心三方共同发起的"中意慈善论坛",成了首次列入由中外首脑见证签约的慈善合作项目。这一平台的搭建为未来中意慈善组织的进一步交流与合作奠定了基础。

深圳社会组织参与全球治理的意识也普遍提高,积极参加国际会议,融入全球治理的话语体系,包括大道中心在内的多家深圳社会组织都在积极推动联合国可持续发展目标在中国的实践。2018年,国务院批复深圳建立国家可持续发展议程创新示范区。同年,深圳出台了《深圳市可持续发展规划(2017—2030年)》,并成立深圳市可持续发展研究院,持续推动可持续发展目标在深圳的落地实践。

深圳社会组织人道主义救援体系的防灾减灾经验走向全球是另外一个亮点。深圳壹基金公益基金会把灾害救助作为自己的核心业务领域,并在应对中国常规多发的洪涝、地震、凝冻、干旱等灾害和突发重大灾害等赈灾行动中,总结归纳了在自然灾害发生过程中开展防灾减灾、备灾救灾、安置重建的工作经验。壹基金探索在自然灾害救助和教育方面与其他国家和地区的社会组织合作,如参与尼泊尔地震救援等。

此外,扶持成立专注于国际交流的社会组织,为社会组织"走出去"搭建平台也是深圳社会组织"走出去"的一大亮点。深圳国际交流合作基金会自2014年成立以来,通过构建国际合作网络和发起互利友好合作行动倡议,支持深圳社会各界开展国际交流合作、参与全球治理,并开展过多个品牌项目,搭建国际交流平台,展示深圳民间对外交流成果。

---

① 参见王祖敏《全球影响力日益彰显 中国社会组织国际化亮点纷呈》,见中国新闻网:http://www.chinanews.com/gn/2020/01-06/9052443.shtml,最后访问时间:2021年3月22日。

（二）深圳社会组织"走出去"面临的挑战

深圳社会组织"走出去"取得了许多成绩，部分亮点案例领先全国，但从总体上看，"走出去"的社会组织数量仍较少，大部分都是以组织或参加国际会议为主，对外交流的层次和质量有待提高。尼娜等（2018）分析了深圳社会组织"走出去"的情况，认为深圳社会组织"走出去"存在内部和外部的双重挑战，表现在社会组织自身缺乏"走出去"的内在驱动力，如区域性强、资金短缺和人才匮乏等，外部缺乏官方认可和资金、政策扶持等。总的来说，深圳社会组织"走出去"仍面临以下几点挑战：

首先，深圳社会组织的发展仍不够成熟，需要苦练内功，提升自身的能力和塑造品牌。深圳具有影响力的社会组织数量仍较少，一方面与社会组织缺乏品牌塑造意识和能力有关，另一方面也与社会组织发展规模较小有关。从2019年的数据来看，深圳社会团体中净资产大于1000万的有63家，占社会团体总数的1.44%；民办非企业单位中净资产大于1000万的有115家，占民办非企业单位总数的1.70%；基金会净资产上亿的有8家，占基金会总数的2.25%。[①] 迈向国际化发展，社会组织需要适应陌生的环境，这客观要求社会组织具备更多的国际交流经验、成熟的应对机制与风险管理措施。因此，提升社会组织自身能力将是社会组织"走出去"的首要挑战。

其次，缺乏国际化的战略视角和"走出去"的内在驱动力。社会组织"走出去"缺乏国际化战略视角和内在驱动力，一方面是对国外环境不了解，找不到发展机会；另一方面是对"走出去"认识不足，看不到与自身发展战略的结合点。尽管深圳社会组织发展位于全国前列，但社会组织人才队伍建设仍存在着专职工作人员少、专业化程度不高、留不住优秀人才等问题，[②] 具有国际视角和海外经历、熟悉合作地区和社会组织管理的人才更是凤毛麟角。社会组织难以找到合适的发展机会和合作项目。同时，如何在国家战略和双边利益中找到与自身组织发展战略的结合点也制约着深圳社会组织"走出去"。

[①] 参见深圳市社会组织管理局、深圳国际公益学院《深圳社会组织蓝皮书：深圳社会组织发展报告（2019）》，社会科学文献出版社2020年版，第6页。

[②] 参见深圳市社会组织管理局、深圳国际公益学院《深圳社会组织蓝皮书：深圳社会组织发展报告（2018）》，社会科学文献出版社2019年版，第45页。

最后，政策、资源和信息的匮乏也对深圳社会组织"走出去"形成了巨大的挑战。社会组织的国际化需要更多的政策、资源和信息支持。目前来说，支持社会组织"走出去"的相关政策文件较少。从资金上看，社会组织的活动资金更多来源于自筹或会费，能用于海外开拓的部分不多；社会组织对申请海外项目所需要的监管流程普遍有畏难情绪，这制约了社会组织国际化的发展。从信息支持上看，深圳开始有像深圳市国际交流合作基金会这样的组织为社会组织"走出去"搭建平台、提供更多的支持，但总体上的信息来源仍较为匮乏。

四、深圳社会组织"走出去"的建议

2019年2月，国务院印发了《粤港澳大湾区发展规划纲要》，明确提出"努力将深圳建设成为具有世界影响力的创新创意之都"。2019年8月，中共中央、国务院发布《中共中央 国务院关于支持深圳建设中国特色社会主义先行示范区的意见》，提出到2025年，将深圳建成现代化国际化创新型城市。这两个重要文件所确立的深圳城市定位，也为深圳社会组织"走出去"带来了前所未有的机遇，而深圳社会组织"走出去"也将更好地向世界传递深圳品牌。本文对深圳社会组织"走出去"参与国际化慈善的发展有九点建议。

1. 研究和制定深圳社会组织"走出去"推动政策

中共中央和国务院的上述意见，支持深圳具备条件的各类单位、机构和企业在境外设立科研机构，推动建立全球创新领先城市科技合作组织和平台，尤其提出社会组织在境外设立合作组织和平台的落地政策和指南。

2. 建立与在深圳的各类具有国际化业务的社会组织联席会议的制度

在深圳开展国际化业务的各类社会组织，包括国际组织和境外非政府组织、由民政部主管的基金会和广东省主管的行业协会，以及已经在国际化业务发展中先行一步的基金会、民办非企业单位和行业协会。深圳应了解其需求，分类管理，提出相应的解决方案，以推动形成社会组织"走出去"的深圳氛围。

3. 政府外事、民政财政部门合作建立政府支持社会组织的专项基金

例如，云南省、江苏省等地区，在政府财政预算中，设立了专门预算和基金，采用政府购买服务模式，推动云南省和江苏省社会组织"走出

去"的公益项目、社区项目和民生项目的发展,得到了国际社会的普遍认可和赞赏。

4. 出台支持社会组织开展对外活动的人才培育政策

深圳应通过政府购买服务的方式,引导和鼓励社会组织"走出去"的人才培训和培育机制发展,由政府各个部门提供一定的专项资金予以支持和配套,鼓励社会组织的专业人才开展具有广泛影响力的国际合作项目。

5. 吸引国际知名的社会组织在深圳落地

深圳可以充分利用相关文件赋予深圳的创新权限,支持深圳实行更加开放便利的境外人才引进和出入境管理制度,允许取得永久居留资格的国际人才在深圳创办科技型企业、担任科研机构法人代表。这能丰富国际交流的形式,也能为深圳社会组织"走出去"储备知识和人才体系。

6. 社会组织"走出去"需要建立与外界的"战略伙伴"关系

社会组织需要考虑长远利益,建立双方信任,在国家战略、双边利益和自身发展战略三者之间找到结合点,并在广泛合作中夯实互信基础,巩固"战略伙伴"关系。

7. 政府为社会组织"走出去"搭建更多的交流和支持平台

政府应推动深圳社会组织高质量发展,提升社会组织的能力建设,并支持和鼓励深圳社会组织提升自我能力,朝规模化、品牌化方向发展,总结经验,建立组织的应对和风险管理机制;同时支持和鼓励慈善行业的服务组织参与基础设施建设,如为社会组织"走出去"提供能力建设培训,提供信息与技术支持,提供专业人才服务等。

8. 政府教育部门设立专业预算,建立深圳国际访学中心基地

政府尤其需要吸引大湾区和世界各国的科学技术和教育人才,推动现有的具备国际交流和合作能力的社会组织建立国际访学中心,促进现有的高等院校和民办教育机构开展卫生和教育领域的人才流动。

9. 建立深圳社会组织参与国际事务的促进机制

政府鼓励深圳社会组织参与国际事务,应在这一基础上,更广泛地参与到国际组织中,合理运用国际规则,有效沟通并解决问题。

总之,深圳社会组织参与国际事务、进行国际合作已经进入了一个新阶段,政府、企业和社会组织需要联合起来,抓住中央支持深圳的新机遇,动员社会力量,与各类国际组织开展有效的交流合作,深圳社会组织走向国际,将成为深圳城市的一张新名片,也为深圳再创辉煌做出贡献。

"互联网+"公益,创新推动慈善发展

袁雅晴[*]

摘要: 在互联网时代中,将互联网与慈善事业相结合已经成为传统慈善向现代慈善转型的必然趋势。本报告结合网络调研结果及相关数据资料,通过腾讯公益慈善基金会、深圳壹基金公益基金会、深圳慈善会这三个有代表性的公益基金会与互联网融合的案例,呈现了深圳"互联网+"公益的总体发展情况。在此基础上,总结出深圳市"互联网+"公益之所以发展成功,深圳良好的互联网创新氛围、政府的强力支持与引导、浓厚的慈善文化氛围被认为是主要的因素。同时,深圳的互联网公益事业发展也存在缺乏公益慈善领域的专门技术人才、公益慈善组织内部信息化程度低、互联网公益缺乏专门的法规及政策的困难与挑战。本文提出了构建公益慈善法规体系,完善多方监管机制、加大对公益人才的培养力度、运用大数据建立慈善领域数据信息系统的发展建议。

关键词: 互联网公益;政府支持;法规体系

互联网慈善的崛起,迄今为止经历了三个不同的发展阶段。2004—2013年的起步阶段,开始出现部分慈善机构与商业平台合作。2013—2016年,中国的互联网巨头开始创新公益活动形式,互联网慈善进入了发展快车道,网络筹款金额也急速增长。2016年至今,互联网慈善不仅受到了中国第一部慈善领域法律《中华人民共和国慈善法》的重视,同时,民政部也加强了对互联网慈善筹款平台的管理,中国的互联网慈善领域得到了迅猛的成长,民众参与度不断提高、捐赠额记录逐年刷新。

---

[*] 袁雅晴,广州市社会创新中心研究员,中山大学传播与设计学院硕士。

一、深圳"互联网+"公益发展现状

(一) 深圳市"互联网+"公益发展的总体概况

深圳的发展崛起,离不开创新所带来的成果。这座"公益慈善之城""志愿者之城"着力实现着互联网与公益的融合发展模式。以深圳市慈善会为例,截至2019年9月底,获得捐赠收入3.46亿元,实现全年目标筹款额的83%,其中,有1.47亿元的收入来自线上捐赠,占总捐赠额的42%,线上筹款正逐渐成为慈善机构的主要筹款渠道。这也说明,互联网筹款正以极高的增长速度增长,数字化的技术也正悄然改变着中国慈善机构的运作方式。随着"互联网+"公益发展模式的广泛推广,深圳涌现出了以腾讯公益慈善基金会、深圳壹基金公益基金会、万科公益基金会等为代表的一大批跻身于全国领先水平的慈善机构。深圳逐渐出现了企业基金会与官方基金会互补,社会资源整合,网络资源大量运用的公益创新生态的局面,人人向善、随手公益的氛围也日益浓厚。

根据人民智库在微信公众号和网站发起的调查结果显示,62%的受访者更倾向于给互联网公益平台捐款,他们认为,互联网公益的公开透明、简单便捷让互联网公益捐款成为公众接受度最高的公益参与方式。根据慈善中国网站的信息来看,深圳具有公募资格的慈善机构绝大部分已开通网络募捐通道。从这些机构上线的捐助项目来看,教育、扶贫、健康均为较为热门的互联网慈善项目主体。从互联网对深圳慈善机构运作方式的影响来看,目前互联网技术主要对项目宣传、资金募集环节发挥作用,将数字营销与项目运营结合,激发普通人的捐赠动机,依托便捷的平台和渠道,高效传递募捐信息,募集资金。数字化技术从各方面影响着深圳慈善事业的发展。

(二) 深圳市代表性"互联网+"公益案例

1. 腾讯公益慈善基金会

腾讯公益慈善基金会(简称"腾讯基金会"),是2007年6月腾讯公司倡导并发起的中国互联网第一家在民政部注册的全国性非公募基金会。作为首家由互联网企业发起成立的公益基金会,腾讯一直致力于推动互联网与公益慈善事业的深度融合与发展，通过互联网尤其是移动互联网的技术和服务推动公益行业的发展。根据腾讯发布的2018年社会责任报告显示，截至2018年年底，腾讯公益已连接数亿爱心用户，为5万余个项目筹集了超过50亿元善款。而在脱贫攻坚和乡村振兴的大潮下，腾讯也发挥了科技的正能量。腾讯公益募捐平台上超过90%的募捐项目属于扶贫范畴，动员了广大社会力量支持乡村发展。腾讯为村平台通过移动互联网技术，解决乡村信息、财富和情感"失联"问题，截至2018年年底，已服务全国28个省份的近万个村庄，吸引了超过232万村民云上安家。在民政部公布的2018年网络募捐数据中，腾讯公益以募款17.25亿元位居榜首，成为互联网慈善"中国样本"的典型代表之一。回顾腾讯公益的快速成长与成功历程，我们可以发现有以下几个方面的原因：

首先，依托自身用户流量，将用户转化为捐赠者。根据贝恩咨询报告显示，2017年腾讯微信日活跃用户达到将近3亿，而微信平台捐赠金额达到了20亿元。庞大的用户群给腾讯的成果奠定了基础，腾讯运用微信、QQ等流量入口，发挥用户群背后强大的强社交关系，将公益与网络社交结合，一方面增加了公益项目的可信度，另一方面也扩大了参与人群，增强了公益影响力。

其次，发挥"工具箱+连接器+生态圈"的定位，打通自上而下的互联网慈善机制，从监管、运营、参与多方面着手。"工具箱"是以为村精准扶贫、微信为盲胞读书、腾讯优图人脸识别寻人等项目为代表的各种产品能力；"连接器"则是以"99公益日"、企业一起捐为代表的平台能力连接公众、商业与公益；"生态圈"则是更加庞大的愿景——将腾讯生态系公司都驱动起来，发挥自身平台优势与业务特点。

最后，创新提出互联网时代公益理念，提倡理性公益。腾讯公益创始人陈一丹提出，基于个体理性思考后的捐赠行为，是一种剔除了网络捐赠中"情绪"因素，出于对项目的信任和肯定进行的捐赠，有助于形成长期的公益习惯，这也是理性公益的内涵。而理性公益能够促进公众公益理念的转变，也能推动慈善机构加强自身透明度与信息披露机制建设。

2. 深圳壹基金公益基金会

深圳壹基金公益基金会（简称"壹基金"）是2007年发起成立的公益组织，是国内第一家民间公募基金会。壹基金以"尽我所能，人人公益"为愿景，致力于搭建专业透明的壹基金公益平台，专注于灾害救助、儿童关怀、公益人才培养三大公益领域。壹基金在互联网平台上线的募捐项目备受关注,据《2019年中国互联网慈善报告》数据显示,截至2018年7月,壹基金在腾讯平台上线的178个项目中,最高募集资金达到了140万元,而且大部分项目都收到了百万数额的捐赠。壹基金月捐也成了蚂蚁金服平台上最受欢迎的项目,截至2017年8月,共募集了1.35亿元,约占捐赠总额的16%。互联网项目捐赠收入是极不平衡的,少数主要筹款项目占据了互联网捐赠基金的大头。而壹基金能将互联网平台运作与公益慈善顺利结合、获得巨大成功的原因有以下几点:

首先,成功转型为公募基金会。在壹基金建立之初,身份认证的问题阻碍了其发展。当时我国没有民间公募基金会的先例,壹基金只能与中国红十字会签订协议,使其成为壹基金计划的项目执行机构。直到2010年,深圳壹基金公益基金会才正式成立,成为中国首个成功转型的民间公募基金会。拥有了公募资格,壹基金便成了一个独立的个体,可以独自开展慈善业务。

其次,知名企业家担任职务,扩大了基金会影响力。深圳壹基金由上海李连杰壹基金公益基金会、老牛基金会、腾讯公益慈善基金会、万通公益基金会及万科公益基金会5家基金会共同发起。邀请到了腾讯CEO(Chief Executive officer,首席执行官)马化腾、招商银行行长马蔚华、万科集团董事会主席王石、万通地产董事长冯仑、阿里巴巴集团时任CEO马云、蒙牛创始人牛根生等具有影响力的著名企业家担任理事。壹基金不仅将基金会组织结构进行了科学化、民主化的改良,同时也发挥了这些社会名人的影响力量,为基金会获得了更多的关注。

最后,良好的财务披露机制。壹基金每年将财务情况交由专业第三方即四大会计师事务所之一的德勤事务所进行财务审计,并每年在其官网上主动披露财务审计报告,对每年接收的爱心捐赠及使用款项进行主动披露,形成了良好的财务披露机制,有利于社会各界对其工作进行监督,也有助于捐赠者了解基金会运作项目的情况,增强公众对基金会的信心。

3. 深圳市慈善会

深圳市慈善会是在深圳市委和市政府的高度重视下,由社会各界慈善力量支持成立的。深圳市慈善会是一家具有公募资质与法人资格的公益性非营利社会组织。自2004年11月成立以来,市慈善会在弘扬慈善理念、实施慈善项目救助、建立现代社会捐赠体系、完善组织建设等方面都取得了显著成绩,捐资总额逾30亿元人民币,是深圳市的募捐主渠道。其中,汶川、玉树赈灾筹款分别居全国城市慈善会系统之首,已设立初具现代慈善捐赠运营模式的"冠名基金"200多个,策划实施了1250多项专项救助项目,慈善公益活动3250多场次,救助各类困难群体数百万人次。多次获得"中华慈善奖""中华慈善先进机构奖""中国慈善推动者"等荣誉称号。

深圳市慈善会作为一家有着官方背书的慈善机构,早早地就迈开了慈善事业与互联网平台结合的步伐,并顺利实现了传统慈善事业在互联网时代的新发展。2019年,深圳市慈善会始终坚持积极创新,努力成为深圳市具有代表性的全国示范慈善事业发展的新高地,与爱心人士、企业携手捐赠逾35亿元。深圳市慈善会能取得如此大的成功的原因有以下几点:

首先,注重慈善文化建设,树立深圳慈善品牌。深圳市慈善会自2018年5月起就着手启动品牌建设项目方案,经过6个月5轮的反复讨论和调研访谈后,深圳市慈善会在第七届中国公益慈善项目交流展示会上发布会歌《慈心善行》和全新品牌视觉形象,并举行《深圳:城市慈善创变者》书籍专题研讨会。深圳市慈善会邀请著名音乐家、作家协会成员等多位重量级深圳文艺界人士,将深圳的慈善精神凝聚在歌词中。在品牌形象方面,开发了多样化、具有创新元素的深圳慈善会的周边产品,将深圳慈善会的慈善理念变得更加生动形象。

其次,积极参与网络公益慈善活动,开展多项网络公益项目。在2019年"99公益日"期间,深圳市慈善会联合129个社会组织伙伴,依托腾讯乐捐公益平台,上线了219个公益项目,还与广东各地如汕头、江门、佛山的慈善组织跨城开展合作。在线下活动中,深圳市慈善会与市内多家大型商超合作,并将公益活动带入社区,邀请知名公益大使,让每个深圳人都能参与到慈善公益中来。最终,深圳市慈善会在腾讯"99公益日"中,总共发动了371万人次参与募捐,筹资额已经超过1亿元,在全国公募资质机构的筹款数额排名中名列第三。

最后,积极推动互联网技术与慈善公益的结合。深圳市慈善会对互联网平台的运用不仅仅停留在开通公众号的阶段。通过与互联网资源整合平台的结合,深圳市慈善会将互联网商业与互联网公益结合起来,通过社群运用、微信营销推动公益发展。在规范互联网募捐服务方面,深圳市慈善会根据当前个人医疗求助信息不透明的现状,与罗湖区医疗集团合作开发了"深圳市慈善会·慈善医疗募捐"项目平台,致力于实现流程透明、技术创新的医疗慈善救助。

二、深圳市"互联网+"公益发展成功的因素

1. 良好的互联网创新氛围

深圳是我国著名的全国金融中心城市、国家创新型城市和互联网产业大市,拥有众多国际领先的互联网企业,各类人才汇集,区位优势优越,毗邻港澳,既可以吸收国际先进的经验做法进行创新,也可以根据我国独有的国情进行实践。深圳拥有国内领先的产业配套能力、互联网创新氛围和各类互联网人才,互联网产业发达,网民网企体量均高于全国平均水平。根据数据显示,截至2018年,深圳市网民规模就突破了千万,互联网普及率位居全国第一,在深备案网站数达33.77万家,仅微信平台公众账号就超过110万个。从互联网创新氛围来看,一是深圳拥有众多互联网龙头企业,以腾讯、华为、顺丰、大疆为代表的网企,为深圳互联网市场带来了创新活力与动力。二是深圳具有丰富的公益资源链接平台。多年来,深圳通过开展多样化的公益活动,打造了大量的公益资源链接平台,如"99公益日"、"广东省扶贫济困日"、"中华慈善日"、中国慈展会等。三是深圳有发达、活跃的资本市场,这给深圳众多的互联网企业带来了机遇,同时有助于更多资本注入公益市场,并将科技、金融、网络融合,进一步推动深圳慈善事业的发展。

2. 政府的强力支持与引导

首先,政府的强力支持与引导体现在政府通过政策引导深圳慈善行业的发展。深圳通过出台相关条例,贯彻落实《慈善法》相关规定,引导公益慈善机构在运用互联网进行项目运作时,遵循规范,这样既能够利用互联网技术进行透明度建设,更好地约束自身行为,也能通过互联网提高组织运作效率。其次,深圳注重对慈善组织的组织领导,将党建工作放在首位,运用党建引领组织发展,确保慈善组织在互联网时代的正确发展方向,同时也强化特区互联网党建工作,高度重视"加快网络社会组织建设",期望在党建引领下激发慈善组织的创新成效。最后,深圳关注到慈善行业从业人才薪资普遍较低的行业现实,明确提出要加强社会组织人才队伍建设,对深圳市慈善行业从业人员情况进行全面了解,为行业人员及

相关人才福利政策及相关方案的制定提出参考。

3. 浓厚的慈善文化氛围

深圳市一直以来都是一个重视慈善的城市，拥有浓厚的慈善文化氛围，慈善事业发展迅速。互联网时代给深圳公益带来了转型机遇，《深圳晚报》以互联网技术为依托，运用传统媒体的传播优势打造深圳慈善典范项目。深圳市积极举办深圳慈善日、深圳慈善月活动，开展各式各样的慈善活动，增强了慈善公益的参与性与体验性。深圳市慈善会也积极探索慈善文化新型表达形式，在第七届中国慈展会上，发布了《慈心善行》主题曲，并开展了《深圳：城市慈善创变者》书籍专题研讨会。除此之外，深圳通过新闻媒体向全市弘扬慈善文化，依托广电集团设立"公益民心桥"专栏；搭建了5个慈善教育基地，积极举办多项慈善教育和体验活动；通过慈善激励机制，设置深圳慈善捐赠榜和鹏城慈善奖，对有爱心的慈善榜样进行表彰。

首先，深圳市"互联网+"慈善之路越走越远离不开经济、政治、文化因素的多重影响，它是深圳发展的必然结果，也是传统慈善向现代慈善转型的必然要求。从深圳"互联网+"慈善发展的经验来看，慈善公益领域与互联网的结合是必然趋势，只有慈善行业不断适应互联网发展，利用好互联网技术，才能得到更快更好的成长。其次，互联网在慈善行业的运用需要一个过程，这离不开政府政策引导和扶持，政府对慈善组织人才、审批、准入、监督等方面的政策倾斜，为慈善组织的发展道路扫清了障碍。最后，互联网与慈善行业之间的跨界融合意味着各行各业之间都将不存在明显的界限，互联网技术能够让传统的慈善行业逐渐适应当前发展迅速的科技社会。

三、深圳市"互联网+"公益面临的问题和挑战

1. 缺乏公益慈善领域的专门技术人才

根据中国公益2.0项目《中国公益组织互联网使用与传播能力第六次调研报告》（2018年）调查结果显示，与众多传统行业类似，公益慈善领域缺乏专门的技术人才，大多数技术人才为兼职。报告还显示，只有8%的组织其成员经常接受互联网技术的培训，大部分组织从不或很少有组织成员接受互联网技术培训。这与第五次调研的数据比较，说明组织在内部

培训上的关注度出现了大幅下降。而超过60%的非政府组织认为，缺少互联网专业人员是制约其利用互联网做公益的主要因素。① 马云公益基金会执行秘书长于秀红提道，2018年遇到的最大困难之一，是人的问题，做乡村教育需要很强的专业度，并非靠热情就可以做好。②

除此之外，公益慈善领域人才流失严重。缺乏专业训练及人才储备，薪酬少、待遇低等问题一直是公益慈善领域人才难觅的痛点。社会的公益理念仍然落后，许多人不了解公益慈善，主观性地认为做慈善就是单纯地奉献爱心。这导致公益慈善领域人才流入少，更不用说高端的互联网人才的加入了。而慈善机构本身对人才的管理也存在一定的问题，许多机构对职位职责描述混乱，分工不明，机构内一人兼顾多人职责的现象并不少见。慈善人才流入少而流出多，造成了公益组织的人才困境。

如今，许多地方及机构对公益人才培育做出了有益尝试。深圳国际公益学院开创了专门的培训项目，专门培养公益人才，探索公益慈善人才培养的新模式。未来，公益慈善行业还需要从人才培养、理念转变、技能训练等多方面进行提升，改善当前行业内出现的人才困境。

2. 公益慈善组织内部信息化程度低

根据中国公益2.0项目的调查显示，从第一次调研（2009年）之后的第10年，"提供互联网传播策略培训"仍然是非政府组织最大的需求，占44.17%。受访的非政府组织在"提供网站、应用、移动应用或管理系统开发服务"和"捐助计算机、移动终端等设备"的需求量上有所增加。这说明在公益慈善组织内部管理及运行阶段，信息化普及程度较低。现在大多数慈善组织都会运用公众号、微博提升宣传能力，但运用互联网的协作能力，譬如使用在线文档工具共同编辑文档、使用时间协调工具安排工作日程、使用工作协作软件或网络平台完成项目管理、使用屏幕分享工具开展网络会议等并不够熟练。组织与组织之间参差不齐的信息化基础，导致整个行业信息化运用水平较低，也将进一步影响到互联网技术的应用。"互联网+"公益的发展，不仅体现在运用互联网平台筹集资金，还体现在运用互联网提升组织运作效率，以克服行业领域内普遍存在的科技力量

---

① 参见《陈一丹：中国互联网公益未来的三大挑战》，见腾讯公益网：https://gongyi.qq.com/a/20190104/009901.htm，最后访问时间，2021年3月22日。

② 参见顾磊《破公益"人才荒"应培养"多面手"》，见中国政协_中国网：http://cppcc.china.com.cn/2019-02/19/content_74479827.htm，最后访问时间：2021年3月22日。

储备缺乏的现状。

3. 互联网公益缺乏专门的法规及政策

我国针对互联网公益专门的法规及政策较少，继 2016 年国家实行《慈善法》后，又陆续出台了《慈善组织认定办法》《慈善组织公开募捐管理办法》《慈善组织信息公开办法》等配套政策性法规。虽然这些政策法规从一定程度上对互联网慈善起到了一定的保护作用，但对于不断变化的网络环境，需要不断完善现有的法律制度，并且根据实际情况制定相关法规。互联网平台的捐赠以个人捐赠占较大比例，因此，政府对于互联网公益的监管不能仅局限于固化的法律条文，还应对网络捐款的监管进一步完善。为了保障个体捐赠者的权益，相关主体应针对捐赠款项进行透明度高、明确的去向说明，以防止贪污、挪用、物资克扣的现象出现，增加公众对网络慈善的信任，满足公众的知情权。而这些都需要从法规、政策上对鱼龙混杂的互联网平台进行严格的规范，才能提升慈善组织的公信力，使其更好地运作，让个人的善心善意发挥应有的作用。

四、深圳"互联网+"公益未来发展的对策建议

1. 加大对公益人才的培养力度

互联网公益事业的蓬勃发展，离不开人的因素。深圳市可以选择学习先进做法，加大对公益人才的培养力度，对于各类公益慈善类社会组织给予支持性政策，在慈善组织自身能力建设、信息交流建设、人才培养体系等方面下足功夫；配合适当的宣传手段，转变当前大众普遍存在的对公益慈善行业认知偏颇的现象，让从事公益慈善类行业的人才能够在家中得到理解、在工作中得到支持。

2. 运用大数据建立慈善领域数据信息系统

长期以来，各慈善事业相关的部门之间存在"数据孤岛"的现象，部门之间数据的不互联、不互通，造成了慈善领域数据不通、沟通不畅的困境。深圳市可以尝试牵头运用大数据建立慈善领域数据信息系统，实现各慈善组织、各部门之间信息的沟通、交换、汇总、共享，运用大数据对互联网慈善进行有效治理，也将互联网技术运用到组织治理中，以实现办公效率最大化。

3. 构建公益慈善法规体系，完善多方监管机制

目前，深圳市还缺乏从互联网公益需求出发，解决现实中公益慈善存

在的问题的相关法规。虽然国家层面已有法律法规,但其更多的是从整体上把握互联网公益事业的整体发展防线,在具体内容的规定上,还需要深圳市根据本市的发展情况,制定政策法规,运用法律武器解决互联网公益的种种乱象,为深圳市互联网公益事业发展扫清道路。

随着深圳市互联网公益的迅速发展,庞大的网络平台仅靠政府监督是远远不够的。在监督追责方面,深圳市可以选择多方监督机制,通过公众监督及媒体的放大,让每一件在互联网上利用公益实施的违法、违规的行为都无所遁形。同时,政府应明确多方责任,用多方监管机制形成广泛的监督联盟,调动大众的参与性,营造公正透明的互联网公益准则。

深圳社会企业发展概述

夏璇*

摘要： 社会企业作为一个现代社会治理创新的载体，在世界范围内蓬勃发展，其以"社会目标"为宗旨，以"商业模式"为手段的特征，在解决社会问题方面发挥了独特作用。近年来，中国社会企业发展迅速，各个地区也涌现了不同特色的社会企业。本文以深圳市社会企业为例，探讨社会企业的发展路径及创新方向。

关键词： 社会企业；社会目标；创新

一、引言

过去50年，社会企业以其创新性的问题解决方式和产生的广泛的社会影响力，在全球各地得到快速发展。目前，社会企业在全球并无统一定义。无论是实务界还是理论界，关于社会企业的定义层出不穷，主要原因在于社会企业的本地化特征。每个国家/地区的政治、经济、文化、社会发展状况不同，政府、市场、非营利部门的定位略有差异，意味着出现的社会问题、匹配的应对方式必定会有差异。中国的社会企业发展经历了从模仿到自我发展的过程，逐步明确了有中国特色的社会企业定义，即来自中国人民大学尤努斯中心赵萌副教授对于社会企业的定义——"社会企业是以解决社会问题为组织使命，具有识别由政府和市场双重失灵带来的变革机会的能力，具有不同于传统公益慈善的创新的问题解决模式，并且具备行为或机制来保障对商业目标的追求不会损害社会使命的组织"。

社会企业在我国出现，既是历史的选择，也是创新社会治理的积极尝试。在现实实践中，在我党的全面肯定与引导下，各地方政府就创新社会治理做出积极尝试。佛山市顺德区率先破冰社会企业，深圳福田区、成都市（含市级及七个区县级）、北京市（含市级及一个区级）均推出政策，

---

* 深圳市社创星社会企业发展促进中心创始人，社会企业服务平台联合创始人。

有力地促进了社会企业的发展。

自社会企业概念进入中国的 2004 年至今，中国的社会企业经过 10 余年的发展，已经逐步形成了自己的体系和业态，全国性和地方性社会企业支持机构不断涌现，在行业联盟、培育孵化、认证、政策倡导等方面均已逐步成型。①

二、中国社会企业发展概述

社会企业概念在中国的传播始于 2004 年，由北京大学刘继同教授将"社会企业"这个名词第一次引进国内学术界与企业界的视野。此后，佛山市顺德区于 2012 年率先进行社会企业的实践探索，并于 2015 年在区内进行社会企业认证的尝试。同年，中国慈展会在全国范围内启动了中国慈展会社会企业认证，正式拉开了中国社会企业认证工作的序幕。经过 3 年时间的积淀，2018 年，社会企业认证工作在北京、成都两个城市相继落地，并配套相关的政策促进社会企业的在地发展。2019 年，四川省出台的相关文件中明确提出要发展社会企业参与社区治理的工作意见。

经过近几年的发展，我国的社会企业认证总体呈现出两大认证体系：一是由中国慈展会所开创的全国性认证，属于行业性的民间认证，在推动行业发展与行业自律方面均取得了一定的成绩，对其他地方的社会企业认定与服务工作也提供了理论支持、数据支持、经验支持。二是地方性的社会企业认证，其指向性更明确，如成都市明确提出发展社会企业参与社区治理，在此基础上，成都市、区政府出台了更为明确、清晰的政策来支持社会企业的蓬勃发展。（见表 1）

无论是行业认证还是地方认证，目前社会企业行业已经形成了两大共识。首先是对于社会企业的认知共识，这种认知共识为各地、各类社会企业提供了融合发展的前提。其次是对于公益慈善、企业和社会企业之间的关系共识。三者之间是相互补充和协同的关系，而不是相互取代或者零和博弈的关系。公益慈善在提供公共服务、链接政府 - 社会 - 受益群体等方面发挥了不可替代的作用。企业是创造财富和就业、促进经济发展的主力军。社会企业则利用自身优势去创新性地解决社会痛点问题。三者的协同

---

① 参见路城、游文佩、陈静雅等《中国慈展会社会企业认证发布报告（2015—2018）》。

能够汇聚更多社会资源共同参与社会问题的解决,从而实现共建共享共治的社会治理新格局。

表1 国内社会企业认证体系

认证启动时间	认证主体/负责部门	认证范围	认证对象
2015年	佛山市顺德区社会创新中心	顺德区范围内	企业
2015年	中国慈展会	全国范围内(含港澳台地区)	社会组织、企业
2018年	成都市市场监管局	成都市范围内	企业
2018年	北京社会企业发展促进会	北京市范围内	社会组织、企业

三、关于社会企业认证

社会企业认证是国际通行做法。自1991年意大利《社会合作社法》出台,社会企业认证已有近30年历史、覆盖全球30多个国家。为了规范引导我国社会企业行业的良性发展,进一步将社会企业纳入解决社会问题、创造混合价值的有序轨道之中,中国慈展会于2015年率先开始探索有中国特色的社会企业生态建设方案,中国慈展会社会企业认证(China Charity Fair Social Enterprise Certification)应运而生。截至2018年,其已经开展了四届社会企业认证,逐年依次认证了7家、16家、106家、109家社会企业(见图1),累计认证的数量达227家社会企业(不含重复项)。其中,获得认证的社会组织数量为79家,占认证总数的34.8%。

4年来认证的227家的社会企业涉及全国46个城市,涵盖养老、青少年儿童、农村发展、生态保护、公益金融、社区发展等领域。(见图2)

从认证社企的城市分布情况来看,深圳市自2015年开始,社会企业的认证数量一直高居全国前列,2015—2017年认证的数量均处在全国城市认证数量的首位。深圳聚集了以中国慈展会、国际公益学院、社会价值投资联盟、深圳慈善会、壹基金、深圳社创星等为代表的社会企业发展支持性机构,是国内社会企业支持性机构最多的区域之一,上述机构经常举办与社会企业、社会创新、影响力投资主题相关的活动,构建了深圳社会企业发展的民间基础。但在2018年,社会企业数量的城市排名发生了巨大的变化,深圳、北京、广州等一线城市的社会企业认证数量有所减少,而

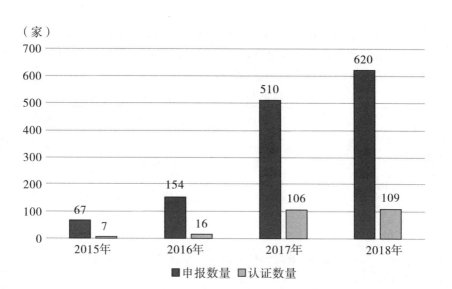

图1 中国慈展会社会企业认证历年数量

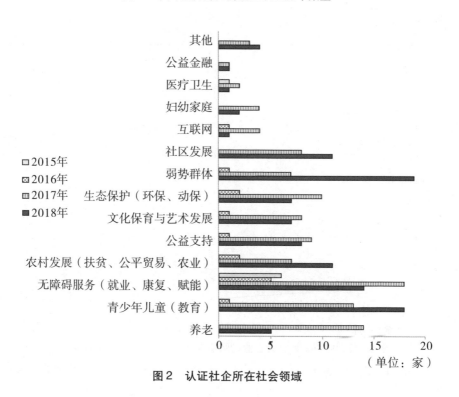

图2 认证社企所在社会领域

认证数量排在第一名的城市变成了成都市。其主要原因是成都市在2018年度出台了社会企业培育发展的政策。另外，佛山市顺德区社会企业认证的开展也引起了佛山当地社会企业数量的激增。（见表2、图3）

表2　认证企业数量排名前三的城市（2015—2018年）

数量排名	2015年			2016年			2017年			2018年		
	城市	数量（家）	占比	城市	数量（家）	占比	城市	数量（家）	占比	城市	数量（家）	占比
第一名	深圳	2	28.6%	深圳	5	31.3%	深圳	25	23.6%	成都	31	28.4%
	上海	2										
第二名	兰州	1	14.3%	北京	4	25%	北京	13	12.3%	佛山	16	14.7%
	大连	1										
	江门	1										
第三名	—	—	—	广州	2	12.5%	上海、杭州、广州	6	5.7%	深圳	15	13.8%

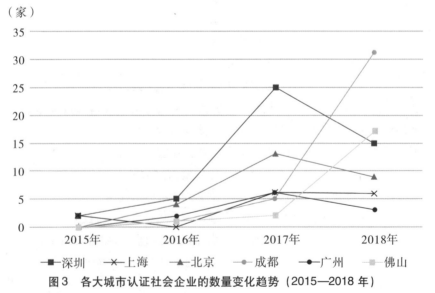

图3　各大城市认证社会企业的数量变化趋势（2015—2018年）

纵览我国当前的社会企业行业，有四大主要领域覆盖了超过半数

（51%）认证社会企业的业务活动范围，它们分别是：无障碍服务（就业、康复、赋能），青少年儿童（教育），弱势群体支持和社区发展。此外，在养老、农村发展（扶贫、农业、公平贸易）、生态环境保护及文化艺术发展领域，社会企业也扮演着愈发重要的角色，以上八大领域（总占比超过80%）共同主导了当前中国社会企业行业的基本格局。超过80%的中国慈展会社会企业认证的社会企业正在以下五大目标领域内做出努力：良好健康与福祉、可持续城市和社区、优质教育、体面工作和经济增长、消除贫穷。就地域分布而言，广东省深圳市、广东省佛山市顺德区、江浙沪地区、北京市以及四川省成都市为认证社会企业地域分布最为集中的五大热点区域。

四、深圳市社会企业发展概况

深圳市社会企业发展活跃，经过四届中国社会企业认证，深圳市获认证的社会企业共计42家。深圳市声活科技文化有限公司、深圳市智家喜憨儿成长关爱中心、深圳市残友集团控股股份有限公司、深圳市罗湖区晴晴言语康复服务中心4家社会企业参与了2次认证。认证社企的数量以企业居多，有24家，社会组织有18家（见图4）。在社会企业发展主体上，深圳市的社会企业更多以民办非企业单位与企业双重身份双轮驱动的方式存在和发展，对公益与商业的关系理解更开放更创新。因地理位置靠近香港，深圳市社会企业对社会创新理论与知识吸收相对较快，国际先进的社会创新方法较容易试点落地。

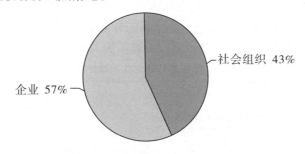

图4 深圳市社会企业机构类型分布

从地域分布情况看，注册在福田区的社会企业有20家，占47.6%，数量排在全市首位；南山区和宝安区，数量均为6家，占比为14.3%；而罗湖区的社会企业数量紧随其次,数量为4家(见表3)。呈现数量差异的原因在于福田区对社会企业的发展予以了大力的鼓励和支持,但是深圳市级层面和其他行政区尚未把社会企业提到政策议程上。深圳市福田区政府于2018年出台了《福田区关于打造社会影响力投资高地的扶持办法》,其中第十二条提出,"支持社会企业发展,对通过认证的社会企业给予一次性3万元支持";第十四条提出,"社会企业产业园区建设支持支持社会力量在福田区建设社会企业产业园,经区政府审核同意,按照项目投资额的30%,一次性给予最高100万元的建设支持。主要用于园区环境建设、公共服务、信息化建设等"。

表3　深圳市社会企业区域分布

区域	数量(家)
福田区	20
南山区	6
宝安区	6
罗湖区	4
龙岗区	4
坪山区	2

各区社会企业所从事的社会领域分布较广,主要有无障碍服务、青少年儿童(教育)、养老、生态保护等(见表4)。深圳市社会企业经过几年的发展,诞生了如喜憨儿洗车(智障青年就业)、残友集团(残障群体就业)、诚信诺科技(关注金字塔底层人士)、声活(听障群体就业)、爱宝惟生物科技(Ⅰ型糖尿病服务)等知名的社会企业,获得了包括新华社、人民日报、中国新闻社在内的众多权威媒体的关注与肯定。

表4　深圳市社会企业领域分布

社会领域	数量(家)
无障碍服务	11
弱势群体	7
生态保护	5
公益支持	3
社区发展	3

续表4

社会领域	数量（家）
青少年儿童（教育）	3
互联网	2
养老	2
医疗卫生	2
农村发展	1
文化保育与艺术发展	1

2018年，深圳市获得认证的15家社会企业中，尚未实现收支平衡的有9家，占比达60%；而实现收支平衡和利润稳定增长的社会企业均只有3家，各占20%（见图5）。一方面，深圳市的社会企业处于起步阶段，商业模式尚未成熟。另一方面，社会企业以社会目标为优先，在价格方面让利于弱势群体，盈利能力相对较弱。这些情况都对社会企业实现可持续发展造成了极大的挑战。

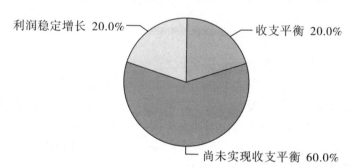

图5　2018年度深圳市认证的社会企业营收情况

五、深圳市社会企业发展特色

深圳市提出"要率先形成共建共治共享共同富裕的民生发展格局，瞄准'幼有善育、学有优教、劳有厚得、病有良医、老有颐养、住有宜居、弱有众扶'七项目标。打造共建共治共享共同富裕的民生发展格局，是社会主义制度优越性的体现。率先形成共建共治共享共同富裕的民生发展格局，是深圳建设中国特色社会主义先行示范区的使命"，为深圳市社会企业的发展提出了新的目标。

（一）社会企业发展引领全国

深圳市社会企业发展情况在国内属于引领地位，走出了第一批品牌社会企业，发起了国内第一个行业性的社会企业认证服务平台，社会企业与影响力投资机构汇集深圳，企业商业向善氛围浓厚，兼具社会价值、商业价值和绿色环保价值。深圳社会企业强调模式创新、科技创新、绿色发展的理念，使其成为建设中国特色社会主义先行示范区的有力抓手。

（二）品牌社会企业全国知名

社会企业作为一种新的商业形态，综合了企业管理和公益的属性，也对社会企业家管理企业提出了挑战。目前，深圳的社会企业发展在全国处于相对领先地位，社会企业家精神浓厚，出现了一批知名的社会企业与社会企业家，如深圳喜憨儿洗车中心、深圳联谛、深圳残友、大米与小米等，基本形成了一些全国知名的社会企业家社群网络与产业生态。

（三）培育支持性机构全国领先

社会企业的健康发展离不开各类支持性机构的大力支持，他们所发挥的行业推动作用极大地夯实了社会企业的发展基础。深圳是目前国内社会企业研究与实践的主要发源地之一，聚集了一定数量的社会企业研究、认证、孵化和影响力投资机构，如社会价值投资联盟（深圳）、深圳市慈展会中心、深圳国际公益学院、深圳社创星等在有效对接各类资源为各类社会企业提供专业的服务与支持方面发挥了重要的积极作用。

（四）科技向善，赋能民生

深圳社会企业充分发挥深圳科技创新型产业优势，推动科技为公益赋能，科技为民生赋能，积极培育、引导拥有自主研发核心竞争力的企业转型为社会企业，引导科技向善，将科技与社会需求结合，开发更多的具有高新技术水平的社会企业产品，让科技服务民生，通过科技有效、可持续地解决社会热点问题。

（五）交流联动优势明显

深圳在社会企业交流联动方面有着天然优势，与香港、澳门及周边地区的社会企业交流、学习与互动活动频繁。其开展的论坛、社会企业项目大赛、社会创新课程、社会企业参访等活动已颇具行业影响力。同时，其依托前海自贸区优势建立社会企业交流平台，积极探索引入港澳青年北上开展社会创新创业，在环保、人工智能、新材料、可再生能源、绿色金融等重点领域开展社会企业与影响力投资路演对接活动，积极推动深港两地青年在社会创新、社会企业领域的学习合作，传播深圳作为中国特色社会主义先行示范区的先进作用。

六、深圳市社会企业发展思考

在深圳经济特区建区 40 周年之际，社会企业作为深圳社会创新的亮点，在党建引领下，充分发挥社会主义先示范区创新优势与生态环境，以满足人民对美好幸福生活的追求为目标，科学规划，充分发挥社会企业在深圳社会创新治理、社区公共服务、特定群体就业、生态环保、无废城市等领域的先行示范作用。

（一）加强社会企业的党建工作

深圳应建立健全社会企业党建机制，根据不同类型不同规模社会企业的情况开展工作，推进社会企业党的组织和党的工作有效覆盖；将党建工作融入社会企业认证、检查、评估等日常管理服务工作；建设一支对党忠诚、热心公益、崇尚企业家精神、注重创新创业、勇担社会使命的社会企业家队伍，充分发挥党组织在社会企业发展中的政治引领和政治核心作用；落实党建主体责任，做好社会企业党风廉政建设和反腐败工作。

（二）建立和完善社会企业服务及资源对接平台

深圳应与其他的行业枢纽型平台密切合作，为社会企业提供多元化的支持性工作，最终建立起良性运转的社企生态系统。这一系统应该能够囊括与社企发展相关的全部利益攸关方，包括投资者、重要的合作伙伴、中介支持机构、独立评估方、研究机构、智库和学者等。

（三）发挥深圳金融优势，打造社会影响力投资高地

在社会企业产业链的上游，深圳市的政府部门可以建立与社会资本、影响力资本、公益金融的合作模式，探索与上述影响力投资主体合作发起设立"社会企业产业投资引导基金"，发挥市场资源配置作用和财政资金引导放大作用，发挥影响力资本与公益金融社会目标优先、周期长的特点，通过影响力投资、社会企业互助基金、社会企业信用贷款、社会企业债权融资等方式，重点投向战略性新兴产业、创新创业、社区服务领域、农业经济发展、民生事业发展等领域，突出支持社区发展治理产业项目和重点培育企业。

（四）加大科技赋能，助力社会企业发展

深圳应发挥科技创新优势，推动科技创新成果与社会企业发展相结合，把科技成果转化为直接的社会效益，以最大化实现科技创新在社会发展中的作用，应对社会挑战；实施科技型社会企业培育行动计划，快速壮大运用高新技术的社会企业主体；鼓励科研人才以创新方式与科技应用投入社会服务或社会企业创业，并搭建重点实验室技术交流的平台，透过技术合作助推社会企业成果解决，促进科技型社会企业的发展。

（五）建立有全球影响力的社会企业生态体系

深圳应鼓励社会企业孵化基地建设，探索运行机制和孵化模式；鼓励行业领军企业、社会组织、社会企业培育与孵化机构、社会影响力创投资机构、高校及科研院所等各类机构发挥主要作用，在深圳建设一批低成本、便利化、全要素、开放式的孵化器、众创空间，为社会企业和社会创新创业团队提供创业场地、辅导与培训、技术服务、项目路演、信息与市场资源对接、政策服务、国际合作、影响力投资与孵化等全方位服务，建设全过程、全要素，具有全球影响力的社会领域的孵化培育生态体系。

七、深圳市社会企业案例

社会企业不仅是重要的市场主体，更是政府解决民生问题的好帮手。近年来，深圳市涌现出了一批活跃在公共服务领域、特定群体服务、环保

创新与科技向善领域的社会企业，充分体现了深圳的创新优势。

案例一：喜憨儿洗车，心智障碍者的梦想家园。①

深圳市智家喜憨儿成长关爱中心成立于2015年6月，是一家专门为心智障碍者提供就业服务的公益组织。心智障碍者的社会融入问题一直困扰着其家庭，他们的生活来源主要靠家庭提供，缺乏自力更生的能力。与此同时，心智障碍者及中国残疾人事业还面临许多挑战，如在收入方面，残疾人家庭人均收入仅为全国平均水平的60%；在教育方面，有相当一部分适龄残疾儿童未能上学接受教育；在就业方面，截至2016年年底，全国残疾人口基础数据库入库持证残疾人3219.4万人，城乡持证残疾人就业人数为896.1万人，一多半有就业能力的城镇残疾人未能就业；在社会服务方面，约40%的城镇未就业残疾人、70%的农村未就业残疾人主要靠家庭供养，近1/4的城镇残疾人未参加任何社会保险。总之，在经济收入、教育、就业和社会服务等基本方面还不能满足残疾人的需求，这些都有碍残疾人平等参与、融入社会生活。让残疾人平等地融入社会，更进一步地，让残疾人在价值创造、服务社会中赢得尊重，这是政府、社会和家庭共同需要面对的问题。

作为深圳市智家喜憨儿成长关爱中心的创始人，曹军有一个轻度智力障碍的儿子，因此，其对残疾人的社会融入问题更是有着切肤之痛。在孩子出生后的十几年中，有着创业经验并从事投行工作的曹军开始关注与残障人士有关的项目，项目要具备接受心智障碍者就业的能力，曹军坚持认为心智障碍者若要有尊严就要有价值，若要有价值就要付出劳动。在心智障碍者付出劳动、创造价值、得到回报的循环中，针对他们的社会企业构想逐渐成形。在综合考虑了心智障碍者的特点和能力，以及市场刚需后，机构创办了"喜憨儿洗车中心"——洗车的投资不大，技术含量不高，可操作性强，关键是适合他们的能力和特点，让他们在工作中找到乐趣，这对他们来说是一件非常幸福的事情。喜憨儿洗车中心为心智障碍者提供就业服务，帮助他们提升职业技能，从而实现社会价值和更好地融入社会。

2015年7月初，全国首家喜憨儿洗车中心在深圳市福田区试营业，12名核心员工中有来自深圳元平特殊学校的毕业生、从福利院和社会招聘的

---

① 本案例节选自毛基业、赵萌等所著《社会企业家精神：创造性地破解社会难题》，中国人民大学出版社2018年版。为保证删减后案例的连贯与可读性，编者进行了最低幅度的修改。

心智障碍者，还有包括曹军在内的2名管理者、2名特殊教育教师和3名洗车师傅。自此，受聘于喜憨儿洗车中心的心智障碍者凭自己的劳动收获了人生第一份工资。

为了让洗车工作适应心智障碍者的需求，喜憨儿洗车中心把洗车流程设计和作业标准工作尽可能简化，把洗车擦车流程标准化、精细化到单个事项和环节，甚至用毛巾颜色区分擦洗车的不同位置。

除了简化流程外，学员通过职业能力评测后还会进行岗位匹配和培训。洗车中心是小组作业的模式，每个小组的任务均由不同程度（轻度、中度、重度）的智力障碍者共同完成。每个小组由一个专业师傅带队管理，依据智力障碍的程度进行分工，给轻度障碍者安排的工作较多，给中度障碍者安排的任务适中，而重度障碍者只需完成某一项的重复工作，从而形成分工协作、扬长避短的工作模式。在这样的模式下，每个团队5～6人，通过分工协作基本上可以用20至30分钟擦洗完一辆车，在等待时间上达到了同业竞争水平。曹军团队探索开发出"起头"的概念和大小不遗漏的方法，在干净程度上实现同业竞争水平。

与此同时，机构还在工作场所中设立了社会适应能力训练室，配置2～3名特殊教育教师，以更加便利的方式帮助心智障碍者在工作空余时间进行康复训练、职业规范、社会基础认知、日常生活技能、体能素质训练等培训。这样的"就业＋康复"相结合的工作环境和方式，是真正适合心智障碍群体解决就业与生活问题的模式，能帮助他们建立社会适应能力。

"喜憨儿洗车中心"成功模式的效应吸引了来自全国各地的残联及家长前来参访交流。喜憨儿洗车中心成立的第一年，就已经为社会提供超过一万次的洗车服务。2016年8月，经过近一年时间的经验总结，喜憨儿洗车中心的模式在青海省得到复制，青海省喜憨儿洗车中心正式开业。喜憨儿洗车中心运营的各项细节均采用模块化管理、制度化管理、流程化管理，便于统一形象连锁经营，也具备了成熟复制推广的条件。截至2017年年底，喜憨儿洗车中心已经在全国成功落地了9家洗车店，包括银川、杭州、青海等地。

案例二：深圳市联谛信息无障碍有限责任公司。

科技创新是深圳的一张响亮的名片。在改革开放的历程中，深圳的高新技术蓬勃发展，成为全国领先的创新型城市。科技发展能够加速推进实现联合国的可持续发展目标，主要集中在推动新能源革命、治理污染、保障农业与食物安全、改善医疗健康方面。科技创新已成为应对经济社会挑战的重要手段，深圳的科技型社会企业不断探索和发展，以最大化实现科技创新在社会发展中的作用，应对社会挑战。

深圳市联谛信息无障碍有限责任公司成立于2016年4月，公司致力于推动中国信息无障碍环境的建设，帮助所有的障碍用户（老年人、视障者、听障者、读写障碍者）顺畅使用互联网产品，通过互联网科技融入主流社会。公司以障碍群体的需求为驱动力，去寻找与他们生活息息相关的互联网公司、政府、电子产品（如手机）为目标客户，推动他们的产品进行无障碍优化服务，从而可以被障碍群体使用。联谛的服务覆盖了超过1亿用户的近百个主流互联网产品，其中包括滴滴出行、手机QQ、微信、手机淘宝、支付宝、百度地图等，并且平均每年为10多位障碍群体提供信息技术工作岗位，并提供保障性住宿及午晚餐供应，部分残障员工同时拥有一定的股权。此外，联谛还联合中国信息通信研究院等单位编制《互联网公司将"信息无障碍"融入产品开发及维护标准流程的指南》及《移动端互联网产品信息无障碍标准》的行业标准。

参考文献：

［1］毛基业，赵萌. 社会企业家精神［M］. 北京：中国人民大学出版社，2018.
［2］舒博. 社会企业的崛起及其在中国的发展［M］. 天津：天津人民出版社，2010.
［3］王世强. 社会企业在全球兴起的理论解释及比较分析［J］. 南京航空航天大学学报（社会科学版），2012（3）.
［4］CLARKE. Programmatic statements and dull empiricism［J］. Journal of Cultural E-conomy，2009，2（1－2）.
［5］DEY P，TEASDALE S. Social enterprise and dis/identification［J］. Administrative Theory & Praxis，2013，35（2）.
［6］FROELICH K A. Diversification of revenue strategies：Evolving resource dependence in nonprofit organizations［J］. Nonprofit and Voluntary Sector Quarterly，1999（28）.
［7］KERLIN J A. A comparative analysis of the global emergence of social enterprise［J］. Voluntas：International Journal of Voluntary and Nonprofit Organizations，2010，21（2）.

附 录

2018—2019年深圳十大慈善重要事件

2018年

1. 深圳市率先确立以建设"儿童友好型城市"的城市发展目标

2018年1月23日,深圳市妇女儿童工作委员会在国内率先发布《深圳市建设儿童友好型城市战略规划(2018—2035年)》(以下简称《战略规划》)和《深圳市建设儿童友好型城市行动计划(2018—2020年)》。《战略规划》是国内第一个全面研究儿童友好型城市相关理论内涵,并以此制定城市总体目标、战略思路、策略路径,全面指导建立"儿童友好型城市"建设实施的战略规划。这是全国第一座以"儿童友好型城市"为城市发展目标并做出战略部署的城市。

2. 全国首创"政府委托+慈善组织受托"模式的慈善信托

2018年1月30日,由深圳市大鹏新区管理委员会委托,深圳市社会公益基金会担任受托人的"大鹏半岛生态文明建设慈善信托"在广东省民政厅成功备案。该慈善信托是全国首个以"政府委托+慈善组织受托"为设立模式的慈善信托,信托目的为推动大鹏半岛生态文明建设,累计信托资金已达2000万元。该慈善信托致力于发挥政府资金的杠杆效应和引导作用,让社会跨界力量共同参与大鹏生态文明建设,助力大鹏创建国家生态文明先行示范区。该慈善信托的设立,为推动我国慈善信托实践推广和生态建设资金社会化运作做出了全新的制度探索及贡献。

同时,为探索生态文明建设资金社会化参与渠道,该慈善信托依托深圳市社会公益基金会专业平台,创新性设立大鹏半岛生态文明建设公益基金,形成以"慈善信托+公募基金"为特色的运作模式,更好地发挥慈善信托稳定运营和公募基金开放募集的双优势。依据《大鹏半岛生态文明建设公益基金管理办法》,将信托收益和社会募集资金统一由基金管理,用于资助大鹏半岛生态文明建设相关公益项目,带动社会跨界力量参与生态文明共建共享。截至2019年12月初,基金已经累计募集社会捐赠1345笔,合计2133181.91元。

3. 深圳市福田区出台全国首个社会影响力推动政策

2018年3月28日,深圳市福田区正式出台了全国首个社会影响力推动政策——《福田区关于打造社会影响力投资高地的扶持办法》，该办法根据"分类扶持、重点培育、盘活存量、提升增量"的原则，按照社会影响力投资的特点以及投资业态的不同运作模式，分类予以扶持，鼓励社会影响力投资相关主体快速创新发展。

4. 中国平安"三村工程"项目启动，多层次开展精准扶贫，助力脱贫攻坚

2018年3月29日，中国平安保险（集团）股份有限公司与内蒙古自治区乌兰察布市人民政府签订中国平安三村智慧扶贫工程（简称"三村工程"）扶贫战略框架协议书，这是"三村工程"启动后的首次签约，标志着"三村工程"扶贫开始落地实施。

"三村工程"是中国平安积极响应党和政府的号召，充分利用自身资源和科技优势，面向"村官、村医、村教"三个方向，以"智慧扶贫"为核心，以"精准帮扶、创新举措"为原则，全方位、多层次地开展产业扶贫、健康扶贫、教育扶贫的精准扶贫工程，以期助力贫困地区脱贫奔康。

村官工程，帮助乡村产业升级。中国平安从种植、养殖业入手，为偏远贫困地区提供全面的生产、技术和资金支持。在种植业前端，首创"平安扶贫保"产业扶贫模式，撬动扶贫贷款，为贫困户免费提供优种、合作种植、保护性回购等一条龙服务；在中端，提供遥感、智能识别等技术，提高农业生产力；在后端，提供电销平台服务。截至2019年12月，平安集团及平安银行已为内蒙古、贵州等21个省市或地区累计提供扶贫资金157.45亿元，平安集团协销扶贫产品总额数千万元，带动数十万贫困人口加速脱贫。

村医工程，帮助打造健康乡村。中国平安通过远程医疗、智能读片等技术，连接村民与城市的优质医疗资源，提升乡村医疗服务水平。截至2019年12月，累计升级乡村卫生所949所，培训村医11175人，购置多台移动医院设备，组织名医专家，深入贫困地区一线开展村民体检义诊活动。通过创新的云端平台，实时上传检查报告至后方数据中心，及时向村民警示疾病风险，向地方卫生机构通报重大疾病情况，降低因病致贫、因病返贫风险。中国平安的移动医院现已行驶数十万公里，为近百个乡村提供免费诊疗服务。

村教工程，帮助村娃享受智慧教育。中国平安以云技术为桥梁，建成

"双师课堂"平台，将城市优质教育资源引入贫困地区。截至2019年12月，中国平安挂牌的智慧小学有1054所，培训村小教师11826名。

5. 深圳市首本慈善事业发展蓝皮书发布

2018年7月31日，由深圳市慈善事业联合会主持编写的《深圳市慈善事业发展蓝皮书（2016—2017）》发布。这是深圳市慈善事业发展第一本蓝皮书，由深圳市慈善事业相关专家和一线慈善公益组织负责人、慈善公益机构共同打造。本书回顾了深圳市慈善公益的发展历程和现状，深度探讨深圳市慈善公益事业下一步的发展方向与战略路径，推动了深圳市慈善事业的理论化发展。

6. 深圳荣获第五届"CCTV慈善之夜特别奖"

2018年8月22日，深圳因在脱贫攻坚和慈善领域实现跨越式发展，获得第五届"CCTV慈善之夜特别奖"。站在中国改革开放40周年的重要节点，第五届"CCTV慈善之夜"首次设置"特别奖"，向作为中国改革开放"试验田"和全国公益慈善事业"实验田"的深圳致敬。

7. 全国首个慈善行业党委在深圳揭牌成立

2018年9月5日，"中华慈善日"当天，全国首个慈善行业党委——中共深圳市慈善行业联合委员会正式揭牌成立。该党委负责统筹指导深圳市慈善行业和各会员党组织的党建工作，其模式为全国首创。

8. 第六届中国慈展会在深举办，探索搭建慈善力量助力脱贫攻坚

2018年，第六届中国公益慈善项目交流展示会首次聚焦脱贫攻坚，并明确慈展会将连续3年围绕"脱贫攻坚"的主题，精准定位、精准发力，广泛动员和引导社会力量参与扶贫事业，进一步汇聚社会力量讲好脱贫攻坚的"中国故事"，集结减贫脱贫的"中国智慧"，探索搭建慈善力量助力脱贫攻坚的有效平台和参与渠道。该届中国慈展会首设深度贫困地区扶贫项目专区，着力突出展会资源对接的精准度，现场达成了近130亿元的意向帮扶和对接资金，以及信息技术服务、金融支持和就业培训等帮扶支持资源。

9. 腾讯公益慈善基金会出资10亿，与科学家联合发起"科学探索奖"

2018年11月9日，腾讯基金会宣布将投入10亿元启动资金资助"科学探索奖"，以激励青年人投入科学探索，同时为国家基础科学研究以及前沿核心技术探索人才的激励提供补充。"科学探索奖"每年在基础科学和前沿核心技术的九个领域里，选出50名青年科技工作者（45岁以下）。

首期将从 2019 年开始，每位获奖者将连续 5 年、每年获得 60 万元人民币的资金。奖项覆盖的领域：数学物理学、生命科学、天文和地学、化学新材料、信息电子、能源环保、先进制造、交通建筑技术、前沿交叉技术。2019 年 9 月 20 日，腾讯正式公布首届"科学探索奖"获奖名单，共 50 位获奖人。

10. 全国首家志愿者河长学院（深圳）暨院士工作站在深圳成立

2018 年 11 月 19 日，全国首个志愿者河长学院暨院士工作站在深圳正式成立。院士工作站的成立将打造高水准的科学技术创新基地，培育全国志愿者河长的宣教基地、志愿者河长体制机制的探索和示范基地，引领公众参与河湖管理保护，共同推动建设国家生态文明治理体系和治理能力现代化的"产学研用"实践基地；探索以志愿者力量助力打造美丽中国的深圳样本，为全国志愿者河长制度的全面推行和机制建设提供鲜活经验。

2019 年

1. 深圳首次开展慈善行业人才薪酬调研

2019 年 3 月至 6 月，为助力深圳市慈善公益人才的培养，进一步推动慈善公益行业的人才政策扶持，助力慈善事业的健康发展，深圳首次开展慈善行业人才薪酬调研。在此基础上，2019 年 9 月至 12 月，联动各慈善组织和专家学者，结合专业的人力资源工具方法，探讨深圳市慈善行业各岗位层级的岗位价值和合理薪酬范围，产出一套具有参考意义和执行性的行业薪酬体系指导方案，帮助慈善组织优化人力资源管理，提升机构运作水平。项目由深圳市慈善事业联合会联合 ABC（A Better Community）美好社会咨询社共同开展。

2. 深圳市宝安区"慈善文化进校园"工程率先实现全区 44 所公办小学全覆盖

2019 年 4 月 23 日，宝安区启动 2019 年慈善文化进校园活动，率先实现全区 44 所公办小学"慈善文化进校园"工程全覆盖。宝安区慈善文化进校园工程从 2013 年至今已开展 7 年。7 年间，全区越来越多的公办小学加入到"慈善文化进校园"工程，结合实际开展了形式多样、内容丰富的"善育"活动，越来越多的青少年开始走进慈善的世界，学校"善育"工作弘扬了社会主义核心价值观，促进青少年树立起正确的人生观、价值观和道德观，更培养起广大青少年参与宝安区"湾区核心、智创高地、共享家园"建设的互助意识和社会责任感。

3. 深圳率先推出社工职业责任险

自2018年起,深圳市社会工作者协会(以下简称"深圳市社工协会")联合中怡保险经纪有限责任公司深圳分公司探索深圳社会工作者职业责任险的建立,最终确定中国平安财产保险股份有限公司深圳分公司(以下简称"平安财险深圳分公司")为2019年度深圳社工职业责任保险的承保单位,共同推出"深圳社会工作者职业责任险",以提高社工与社工服务机构职业责任事故的预防意识,增强社工与社工服务机构的风险防范能力,维护服务对象的合法权益。

2019年4月28日,"深圳社会工作者职业责任险"合作框架协议签约仪式举行,深圳市社工协会与平安财险深圳分公司签订了保险的合作协议。

4. 深圳正式启动社会心理服务体系建设试点工作

2019年6月28日上午,深圳召开社会心理服务体系建设试点启动暨培训会,发布《深圳市社会心理服务体系建设试点工作实施方案(2019—2021)》,宣布深圳市作为社会心理服务体系建设国家试点城市,正式启动试点工作,助力创新社会治理,提升社会治理能力,推动形成共建共治共享社会治理格局。试点工作由深圳市委政法委和深圳市卫生健康委牵头,深圳市委宣传部、深圳市公安局、深圳市民政局、深圳市残联,各区政府、新区管委会等相关职能部门共同参与建设。

5. 深圳各界爱心力量在"广东扶贫济困日"认捐到账善款超过12.33亿元

2019年6月30日是第10个"广东扶贫济困日"。为全面落实党中央、国务院和省委、省政府关于打赢脱贫攻坚战决策部署,聚焦2019年基本完成脱贫任务、2020年全面高质量完成攻坚任务,深圳市广泛动员市党政机关、企事业单位、社会组织以及社会各界爱心人积极参与2019年"广东扶贫济困日"活动,号召发动社会各界捐赠,协商共建社会主义新农村,决战脱贫攻坚,助力乡村振兴。

截至2019年6月30日,深圳为"广东扶贫济困日"认捐到账善款超过12.33亿元,除单独向省级捐赠接收机构认捐6亿元外,在市、区两级捐赠接收机构认捐到账善款已超过6.33亿元。

6. "世界公益慈善论坛"首次在深圳举办

2019年9月5日至6日,由中国人民对外友好协会、清华大学、香港

大学、香港中文大学共同主办，深圳市人民政府联合主办的第四届"世界公益慈善论坛"在深圳开幕。世界公益慈善论坛创立4年来，致力于推动全球公益慈善事业健康发展，已逐渐成为公益慈善领域跨界型、研究型、行动倡导型的综合性国际交流平台，对于推动构建人类命运共同体、促进世界和平与发展发挥着重要作用。深圳借此契机，凝聚最广泛的公益慈善力量，增进同世界先进经验的交流互鉴，共同推动粤港澳大湾区和中国特色社会主义先行示范区的发展建设。

7. "99公益日"进入第五年，再创佳绩

2019年9月7日至9日，腾讯"99公益日"进入第五年，不仅为慈善组织之间的共生共建提供了助力，也加强了中小型爱心企业和爱心团体与品牌慈善组织的有序联动，线上线下形成爱心合力。通过类似"师傅带徒弟"的模式，让理性公益的理念得到更多践行。值得一提的是，2019年"99公益日"提出了"财务披露+独立审计+随机抽检"的透明度规范要求，进一步提升了"99公益日"的含金量和透明度。此外，线下激励机制创新，也让"99公益日"的活动方式更为多样化，累计有3585家机构参与并举办了一万多场线下活动，覆盖超过200个城市的社区商圈。

经统计，2019年"99公益日"共有4800万人次爱心网友通过腾讯公益平台捐出善款17.83亿元，超过2500家企业配捐3.07亿元，加上腾讯公益慈善基金会提供的3.9999亿元配捐，本次"99公益日"总共募得善款达到了24.9亿元，再创新高。

8. 深圳成立全国首个基金会行业促进组织

2019年9月19日，全国首个基金会行业促进组织——深圳市基金会发展促进会（以下简称"深基会"）在深圳市民政局登记成立。深基会由腾讯公益慈善基金会、万科公益基金会、深圳市慈善会等12家知名公益基金会联合倡议发起，致力于构建更加优良的基金会行业生态、引领全行业依法依规运营、搭建慈善资产保值增值且具有竞争力的服务平台，为全行业的健康发展提供学术引领和智库支持，打造中国慈善事业的深圳力量、深圳形象，为落实全国慈善事业和精准扶贫、"一带一路"倡议等国家重点政策做出深圳贡献。深基会在成立大会上，同时成立了首个公益慈善专业法律咨询指导机构——金锦萍工作室。

9. 中国公益慈善项目大赛首次设立"社创板"

在2019年9月20日至22日召开的第七届中国慈展会上，中国公益

慈善项目大赛"社创板"揭牌仪式暨资源对接大会举行。由深圳市社会公益基金会承办的2019中国公益慈善项目大赛，首次对标"科创板"在科技创新领域的支持作用，评选并揭牌30个"社创板"项目，引领中国公益创投服务新模式，并撬动超过2亿元的社会资金，约九成资源流向"三区三州"等贫困地区。其中，获得中国公益慈善项目大赛金奖的北京情系远山公益基金会"大山的孩子会英语——情系远山小学英语双师课堂"项目，在慈展会开幕式上对接新东方教育科技集团、好未来集团5000万元资助。

10. 深圳率先发布全球第一部以无障碍城市为主题的总体规划

2019年12月3日是第28个国际残疾人日，《深圳市无障碍城市总体规划（2020—2035年）》正式公布，首次提出"无障碍城市战略"和"身心障碍者"概念，这是自2018年出台《深圳市创建无障碍城市行动方案》之后，深圳创建无障碍城市又迈出的重要一步，也是我国甚至是世界上第一部以无障碍城市为主题的总体规划。深圳将率先探索制定"无障碍城市标准"及"信息无障碍标准"，为无障碍建设提供参照标准，引领国内国际无障碍事业融合发展。

2018—2019年深圳慈善大事记

一、2018年深圳慈善大事记

1月

1月，信息无障碍研究会协助鹏华基金进行系统无障碍优化的A加钱包正式上线，让视障人士有了一个可靠的理财选择，这也是中国基金业第一个信息无障碍理财App（手机软件）。2018年正值中国公募基金的20周年，信息无障碍研究会协助鹏华基金拍摄的信息无障碍宣传片《你是我投资理财的眼》正式发布，旨在向公众解读无障碍理财。在扶贫已经成为国家战略的今天，鹏华基金与研究会的合作，无论是对基金行业，还是对信息无障碍进程来说，都是一次里程碑式的重大事件，目的是破除信息上的"贫困"。

1月，大鹏半岛生态文明建设慈善信托正式设立，是全国首个以"政府委托+慈善组织受托"为设立模式的开放式永续慈善信托，以"慈善信托+专项基金"创新模式运作。"慈善信托"由政府财政出资1000万元设立，"专项基金"用于接收社会捐赠资金并开展项目运作。通过两个组成部分建立"政府支持、社会参与和专业运作"的生态文明建设创新机制，为推动我国慈善信托实践推广和生态建设资金社会化运作做出了全新的制度探索及贡献。

1月3日，福田区政府举行了爱心捐款企业授牌仪式。区委副书记、区长高圣元，副区长刘智勇，区政协副主席杨毅，区经促局局长王小平，区民政局局长王岳辉，区慈善会秘书长楚天等领导出席，深圳南天电力有限公司张仁一董事长、深圳市京基房地产股份有限公司李慎明副总裁参加了本次授牌仪式。自2016年9月福田区对口帮扶广西河池罗城县和环江县以来，福田区委区政府高度重视，组织开展了一系列对口支援和帮扶协作活动，并积极发动爱心企业参与扶贫协作。深圳南天电力有限公司和京基集团积极响应区政府号召，慷慨解囊，分别捐助成立了广西河池市罗城仫佬族教育基金和广西河池市环江毛南族教育基金,为精准扶贫和贫困地区教育发展提供助力。高圣元区长向福田区慈善企业授予慈善牌匾。其中,深圳南天电力有限公司扶贫捐款额为300万元,深圳市京基房地产股份有限公司扶贫捐款额为100万元。

1月10日,东西方慈善论坛领袖峰会在夏威夷开幕。峰会由国际公益学院与东西方慈善论坛联合举办,主题为"联合行动永续蔚蓝",来自全球的近百位慈善家在海洋保护、气候变化、可持续的城市与社区、绿色金融和影响力投资等领域展开热烈讨论。峰会特别响应国家主席习近平发出的"牢固树立社会主义生态文明观,推动形成人与自然和谐发展现代化建设新格局""为人民创造良好生产生活环境,为全球生态安全作出贡献"的号召,以及《巴黎协定》中世界各大国对遏制气候变化的世纪承诺,计划制定"东西方可持续发展联合行动框架",并通过东西方可持续发展联合基金的运作方式,引导和支持更多绿色投资,促成世界慈善家在全球气候变化与自然保护领域合作开展全球联合行动。

1月10日,"第二届深圳社会组织风云榜"年度盛典在保利剧院举行,在深圳蓬勃发展的1.3万家社会组织中,深圳市慈善会以改革创新和2017年度捐赠为上年度的262%而荣获"2017年度创新组织奖"。

1月10日,壹基金被授予深圳市社会组织评估等级"5A"级称号及奖牌。社会组织评估等级是民政部门对经各级人民政府民政部门登记注册的社会团体、基金会、民办非企业单位进行评估后做出的评估等级结论。评估结果分为5个等级,5A为最高等级。

2月

2月1日,由信息无障碍产品联盟秘书处信息无障碍研究会通过多方征集,邀请政府相关指导单位和腾讯、阿里巴巴、百度、微软(中国)、中国平安等成员集体投票,共同推选出的"2017年中国信息无障碍十大进展"盘点正式发布。十大进展涵盖相关部委提出信息无障碍建设指导意见、信息无障碍工作委员会成立、信息无障碍倡议活动、多个行业信息无障碍优化、无障碍城市建设等相关内容、信息无障碍十大进展,旨在为关注信息无障碍发展的各界人士提供参考,进一步引发各界对无障碍建设的关注。

2月1日,由福田区民政局局长王岳辉、妇联主席罗平率队,带领福田区民政局副局长吕凡、福田区慈善会秘书长楚天等一行15人，调研慰问下径村并对贫困户和困难群众开展2018年春节结对帮扶和送温暖系列活动。三家帮扶单位坚持政企、政社多方联动，不仅三家帮扶单位主要领导、分管领导和结对帮扶干部先后多次到村开展调研和慰问，还多方动员和争取爱心企业积极参与结对帮扶下径村困难群众和贫困户活动，到下径村开展调研及结对帮扶工作，累计受益困难群众150人次、贫困户220户次。

2月2日，在春节来临之际，光明区慈善会组织开展2018年春节慰问活动，深入社区走访慰问贫困重病群众。当日，慈善会秘书长刘亿万带队前往合水口社区、玉律社区探望困难重病劳务工，为他们送上米、油等慰问品和慰问金，详细询问他们的生活情况，鼓励他们乐观面对生活中的困难，向他们送上节日的祝福。经统计，本活动共慰问辖区困难居民100人（户籍困难居民45人、劳务工55人），发放慰问金20万元。

2月5日，深圳壹基金公益基金会在深圳举行了三届三次理事会，由理事长马蔚华主持，发起人、理事李连杰，副理事长马化腾，理事王石，监事会成员等共同参加会议。在理事会上，马蔚华理事长代表壹基金与林旭明、林旭钧签订了壹基金自成立以来首个超过1000万的慈善信托项目，此举旨在探索新的慈善信托模式。

2月24日，列支敦士登公国马克斯王子来访并受邀担任国际公益学院慈善大师。王振耀院长为马克斯王子颁发"国际公益学院慈善大师"证书。他表示，国际公益学院一直致力于搭建国际合作平台，凝聚全球慈善领袖，通过促进跨领域、跨地区的联合行动，来共同探讨和应对目前所面临的社会问题和挑战。马克斯王子认可和赞赏学院搭建的平台实现了国际化的发展，在慈善领域发挥着越来越重要的作用。马克斯王子与中国慈善家达成共识，表示愿意在学院搭建的合作平台上，和大家共同推动国际公益创投联合行动在中国落地。

3月

3月1日，深圳市慈善会与彩生活服务集团带着美好的追求和希望达成友好合作协议——"共建美好生活社区平台"，深入贯彻党的十九大精神，促进城市与人的健康有序发展，满足人民对美好生活的向往，共同构建和谐有爱社区，推进社区精神文明建设。

3月6日,由心智障碍者家长组织联盟、救助儿童会和壹基金联合主办的"2018融合教育适龄儿童入学状况抽样调研报告发布会"在京召开,就"提升融合教育专业能力,更好保障所有儿童受教育权利"话题进行讨论。会议邀请了多名专家学者、教育工作者及儿童家长代表出席。会议发布了《适龄残障儿童入学状况调研报告》《融合教育课程在教师职前教育及资格证考试中落实情况调查报告》和《普通教师融合教育素养职后培训的政策文件分析报告》。

3月10日,国际公益学院首期公益管理华东班在上海开班,国际公益学院公益管理华东班由学院校友发起成立的"融乐CGPI(China Global Philanthropy Institute,深圳国际公益学院)奖学基金"捐资支持,结合学院在公益慈善教育研究领域的优势和丰富的国内外合作资源,致力于培养华东地区发展中或具有较大发展潜力的公益慈善机构管理和骨干人员,促进华东地区公益慈善行业发展。华东班管理课程结合本地公益事业发展的需求,通过构建校友与华东班的互助合作平台,拓展国际视野,启发创新思维。课程预计每年可为行业培养60~80名高素质公益慈善机构专业管理人员,引领华东公益慈善事业发展。未来,国际公益学院还将引入名师名课等更多优质资源,助力华东地区公益慈善加速发展,引领财富向善。

3月20日,由深圳市民政局主办,市社协承办的2018第十一届深圳社工宣传周正式启动。宣传周期间,全市近200家社工服务机构、672家社区党群服务中心和7000余名社工开展了宣传活动。

3月28日,由信息无障碍产品联盟主办,信息无障碍研究会承办的首届科技无障碍发展大会在北京举办。大会集结国家有关部委领导、知名企业高层决策人、国内外行业专家、产品无障碍负责人,以及关注科技无障碍发展的各界精英共同见证了国内第一本信息无障碍专业图书《信息无障碍:提升用户体验的另一种视角》、首支信息无障碍理念宣传片《拒绝失联》以及腾讯三大无障碍AI(Artificial Intelligence,人工智能)技术对外开放等的发布。首届大会主要探讨了科技无障碍发展,致力于打造一个大型的、专业的、有影响力的交流平台。

3月30日,光明区慈善会召开第三届理事会第一次全体会议,会议审议通过了区慈善会第二届理事会工作报告、区慈善会第二届理事会资金收支情况审计报告及相关议案。会议选举产生了以洪游奕先生为会长的新一届光明区慈善会领导班子。大会还对表现突出的爱心企业进行表彰和授牌。

4 月

4月8日，信息无障碍研究会，腾讯网产品研发中心，酷鹅用户研究院联合出品《2018视障网民移动资讯行为洞察报告》发布，信息无障碍研究会与酷鹅用户研究院发起的视障网民移动资讯专项调研，针对视障用户聚集的专业论坛，QQ/微信群、公众号等，转向投放调查问卷（调查平台支持：腾讯问卷），共回收有效样本1200份。报告内容共分为三个部分：用户画像、视障用户上网习惯、移动资讯使用及诉求。报告体现出移动端的一小步，障碍群体的一大步，更多产品考虑信息无障碍，能够让绝大多数视障用户享受更多产品选择和更好的用户体验。

4月6—14日，由深圳市卓越集团、深圳市儿童医院、深圳市慈善会、深圳援疆医疗支队、喀什第二人民医院、塔县人民医院联合举办的"太阳的孩子康复工程"第四期，在新疆喀什正式启动。深圳市慈善会在此次援疆工作当中链接多方资源，在医疗救助、社会工作、教育建设、产业扶贫等领域起到了积极引领作用。

4月7—14日，由深圳市中国慈展会发展中心联合腾讯基金会、盖茨基金会开展的2018年美国科技公益游学活动在美国旧金山、西雅图两地开展。本次活动通过顶尖名校品牌的课程学习，西海岸创新企业、品牌基金会的走访交流，实现了跨国跨界探索式学习以及同行的深度交流，系统体验了前沿科技企业的创新实践和项目设计的实战经验，促进了中美公益伙伴在科技公益领域的知识交流和经验分享，催发出对行业思考的新火花。同时，其通过中国慈展会全要素慈善资源对接的平台使命，探索形成辐射和影响全国乃至全球的科技公益新力量，推动了我国公益慈善事业的创新发展。

4月22日，腾讯公益平台发起首届"行为公益季"捐步活动，以"走路就是"为主题，号召人们借助微信运动和QQ运动的技术能力捐出自己的步数，为公益助力。这是继"99公益日"之后，腾讯公益牵头发起的又一连接用户、企业、公益机构的一年一度的全民公益盛典，旨在倡导人们通过健康生活方式和行为的付出，以多元、创新和趣味化的方式践行公益，让公益融入生活日常，实现人人可公益、事事皆公益、时时可公益，也为更多企业构建一种践行社会责任的全新路径。

4月25日，GPL三期2018春季课程于哈佛大学肯尼迪政府学院开班。

GPL三期班在这里开展了美国站主修课程之一"全球公益领导力"课程。本课程体系共有"全球经济社会与慈善发展概览""美国现代慈善与中美慈善对比""公益领导力理论与实践"和"全球慈善发展新趋势"四个模块，旨在培养学员现代慈善理念，了解非营利领域在社会、经济与环境可持续发展中的价值、作用及意义，帮助学员塑造东西方慈善融合意识，树立时代使命。同时，为学员提供全球多样化慈善手段，通过创新型慈善案例，帮助学员学习把握慈善趋势，将学习的知识转换落地。善财领袖们和全球公益伙伴将继续携手，向全球公益慈善领域发出全球化时代下的"中国声音"。

4月27日，"2017年度深圳市福田区社会组织颁奖典礼"在福田区委会堂举行，表彰了2017年度福田区福莲幼儿园、深圳市福田区慈善会等35家优秀社会组织，以及邓红照等20名社会组织工作者。福田区慈善会荣获2017年度福田区社会组织评选公益服务行业优秀社会组织。据悉，福田区社会组织总会在福田区政法委（社工委）、福田区民政局的指导下对辖区600多家社会组织开展了优秀社会组织和优秀个人的评选工作。经过2个月的公开、公平、公正的评选和公示，最终经专家评选出了25家优秀社会组织、10家年度优秀会员单位、10名年度优秀社会组织负责人、10名年度优秀社会组织工作者。

5月

5月，光明区慈善会顺利开展2018年"慈善定捐"计划（首期），多家理事企业踊跃参加，共同携手为辖区困难弱势群体奉献爱心，共募集善款208万元，其中维珍妮50万元、新兴纺织30万元、宏发集团30万元、东江精创20万元、友邦塑料20万元、光晟玩具20万元、新德织造10万元、盛德源5万元、百利纸盒5万元、海昇织造5万元、杜邦太阳能5万元、华美居5万元、电连技术2万元、维他公司1万元。所募集的资金专项用于慈善会开展辖区困难群众重大疾病救助、重大事故救助、特殊困难紧急救助和慰问等慈善项目。

5月3日，区慈善会联合龙岗区文明办与深圳侨报开展第五届"小心愿·微慈善"爱心圆梦活动，为近500个困难家庭的孩子实现小心愿。

5月3日，由国际公益学院、北师大中国公益研究院、TOChina Hub主办的"中意对话益见未来"中意慈善论坛圆桌会议在北京圆满落幕。来自中意两国的慈善家、公益领袖、政治家、学者汇聚一堂,就中意两国慈善的发展、未来的合作进行了探讨和交流。本次会议成果丰硕,罗马诺·普罗迪先生正式受邀担任"国际公益学院慈善大师"。中国发展研究基金会、深圳国际公益学院、意大利都灵大学中国研究中心三方签署合作谅解备忘录,就共同推动中意慈善领域未来的合作达成了共识。

5月10日,福田区慈善会第二届第三次会员代表大会暨第二届第二次理事会在福田区保税区综合服务中心顺利召开。福田区民政局副局长吕凡、福田区慈善会会长庄儒平、福田区慈善会监事长陈竿伶、福田区慈善会秘书长楚天等领导出席了会议。当天下午,会议听取审议了《福田区慈善会2017年工作报告及2018年工作计划》及《福田区慈善会2017年度财务报告》,并通过了《福田区慈善会章程(修改案)》《十周年庆典活动方案》以及《福田区慈善会慈善义工章程》。对此,吕凡副局长充分肯定了区慈善会2017年取得的成绩。她指出,自2016年8月23日在全市范围内率先实现区慈善会"去行政化"改革后,区慈善会组织取得了长足的进步和发展,实现了募集资金、监管方式以及慈善项目的三个突破。

5月11日,深圳市慈善事业联合会与国内首家开设公益慈善管理四年制本科教育的高等学校–南京工业大学浦江学院(以下简称"浦江学院")联合推出的"深圳市公益慈善专业人才培养计划"正式实施。旨在打造深圳公益慈善行业专业人才队伍,促进深圳慈善事业发展。

5月12日,是汶川地震十周年纪念日,也是我国第十个全国防灾减灾日,主题是"行动起来,减轻身边的灾害风险"。值此之际,由联合国开发计划署、日本国际协力机构、新华网、北京师范大学风险治理创新研究中心、深圳壹基金公益基金会主办的成都–壹基金青少年与未来防灾体验馆暨联合国开发计划署与中国风险治理创新项目成都基地启动会议在成都举行。

5月12日,汶川地震的十周年,"全国防灾减灾宣传日"活动在深圳市民中心广场举行,深圳市减灾救灾联合会网站正式上线运营,深圳市慈善会·减灾救灾专项基金成立,标志着我市减灾救灾工作正式开启。

5月13—19日,罗湖区慈善会联合南京大学举办2018年公益慈善专题研修班,邀请秘书长以上领导成员(含名誉会长)、理事会和监事会代表、冠名慈善基金负责人等参加。这是区慈善会成立11年以来组织的首次培训,为各相关单位、街道办事处与爱心企业搭建了工作沟通平台,进一步提升了慈善会的服务水平和综合素质。

5月15日,联盟秘书处信息无障碍研究会联合多家成员(微软中国、百度公益、荣之联、云之讯、随手记等)共同发起"谁的人生无障碍"话题,呼吁互联网企业和产品重视信息无障碍,话题阅读量超过10万。5月10—17日,"无障碍工程师"通过知乎Live传播,此次是知乎第一场由视障人士做主讲人的知乎Live。研究会开展"科技无障碍宣传周"活动旨在推广信息无障碍,共建信息无障碍。

5月20日,深圳市社会公益基金会主办"社区英雄,为爱行走"大型徒步公益活动,超过4000名市民参与爱心徒步活动,"公益大使"中国跳水奥运冠军何冲等明星一起为支持公益项目筹款并完成徒步挑战。

5月25日,市社协链接益宝计划公益人系列保障公益资源转发行业,供机构和社工自愿选择参与,以增强社工机构和社工执业的风险保障。

5月28—29日,深圳市慈善事业联合会联合中国慈善联合会共同在深圳举办"2018中国慈善行业组织发展研讨会",来自全国各地的慈善行业组织和政府代表共40余人参加了此次会议。会议围绕慈善行业组织的定位和作用、可持续发展、交流合作机制以及如何推动行业自律等议题进行深入探讨,并组织参会人员考察了深圳市社会组织总会、深圳壹基金公益基金会、深圳社会组织总部基地(福田)等深圳地区具有代表性和创新性的社会组织,听取了万科公益基金会公益战略的分享,为联合推动我国慈善行业规范发展开启了新篇章。

5月31日,在深圳市民政局的指导下,由深圳市中国慈展会发展中心承办的2017年度深圳慈善捐赠榜编制工作截止申报。在认真梳理了2017年度深圳慈善捐赠数据的基础上,编制了个人慈善捐赠榜、企业慈善捐赠榜、社会组织捐赠收入榜三个榜单,评选在我市公益慈善领域中做出重大贡献、具有良好社会影响的机构、个人和项目。活动在彰显深圳年度慈善捐赠行为,增强捐赠集体和个人荣誉感的同时,发掘了榜样力量,激发了社会各界参与慈善的热情。

5月,深圳市妇女儿童发展基金会与多家单位共同主办"2018深圳儿童绘画大赛",大赛以"儿童友好型城市"为主题,鼓励儿童拿起画笔,描绘心中友好城市模样,号召更多人蹲下来从"一米高度看世界"。大赛面向全球征集了15915幅绘画作品在关山月美术馆展出,推动了儿童文化的国际交流与融合。开展"我与我的城市"儿童彩绘地铁公益主题活动,

400多幅儿童绘画作品被印在深圳地铁1号线专列，获百万人次观看。同时，发行相关地铁纪念卡。

6月

6月，深圳市慈善事业联合会通过公开招标流程，承办了深圳市民政局委托的2018年深圳慈善月系列活动。深慈联充分发挥行业枢纽优势，广泛动员全市各慈善组织在慈善月期间积极开展慈善活动，打造全民慈善的良好氛围。

6月，由深圳市中国慈展会发展中心主办的2018中国慈展会社会企业认证在深圳开启。中国慈展会社企认证作为中国第一个民间出台的社会企业认证办法，吸引了各方关注，参与申报社会企业数以及申报企业覆盖的关注领域类型均明显增长，其中无障碍服务、养老、生态保护（环保、动保）和青少年儿童（教育）是最受关注的四大领域。认证的开启提高了政府、基金会、企业、社会组织以及公众对社会企业的认知，探索"有中国特色的社会企业"发展道路、推动社会企业成为解决当下社会问题的有力抓手，成为人民追求美好生活的得力帮手。

6月15—21日，国际公益学院董事会主席马蔚华出访英国、荷兰，考察影响力投资机构。随着中国公益慈善的快速发展，欧洲多家公益金融机构正在寻找致力于中国公益教育与公益金融事业的中国从业者。国际公益学院长久以来皆致力于该领域。鉴于马蔚华主席在中国公益金融的经验，牛津大学及多家欧洲金融机构特邀请马蔚华主席参访，探索就研究与教育项目进行合作的可能。此次考察将有助于出版公益金融教材及影响力投资领域的相关图书、打造国际公益金融平台、支持公益金融创新研究、加强国际公益传播交流、促进公益金融理念的推广、培养公益人才。

6月22日，由深圳市广电公益基金会·无障碍公益基金、无障碍文化传播（深圳）有限公司、深圳市信息无障碍研究会和深圳市无障碍环境促进会联合主办的2018深圳国际无障碍博览会启动新闻发布会暨深圳广电公益基金会·无障碍公益基金成立仪式在深圳市广电集团举办。此次博览会是深圳市建设全面无障碍城市"八个一工程"中重要的一项，极具前瞻性。

6月26日，《深圳侨报》公示了龙岗区2018年度"广东扶贫济困日"活动捐款名单。从2017年6月1日至2018年5月30日，龙岗区第八届

"广东扶贫济困日"活动共募集捐款1320.15万元。

6月27日,市社协召开2019年度深圳·湖南社会工作"牵手计划"工作推进会,市民政局、深圳大学、市饭店协会等单位代表及20家援派社工机构代表参会。

6月27日,光明区慈善会组织开展光明区2018年"广东扶贫济困日"活动,在光明区政府办公楼,区党工委书记王宏彬率全体领导班子成员带头捐款,带领全体机关干部职工参与献爱心。同时,刊登和发布了活动倡议书,在全区范围内广泛开展爱心募捐和宣传行动,各街道、区各单位、市驻区各单位、区属各企业也积极响应和充分动员社会各界爱心力量参与,开展了各种形式的爱心捐赠和扶贫帮困活动。经统计,本年活动合共募集扶贫款197.36万元,其中马田街道45.25万元、公明街道32.93万元、玉塘街道27.4万元、凤凰街道19.84万元、新湖街道5.58万元、光明街道5.39万元、中国科学院大学深圳医院(光明)25.02万元、光明集团8.75万元、建发集团5.04万元、三利谱光电5万元、卫光生物4.47万元。

6月27日,由盐田区慈善会主办、盐田区图书馆协办、周大福旗下深圳市华南国际商品拍卖行代理的书画慈善拍卖会举办。参与慈善拍卖的84件书画作品由北京中国画研究院院长阎飞鸿、中国画院副院长曹广新、张惠民等11位国内知名书画家捐赠。慈善拍卖在盐田区公益慈善领域尚属首次,现场共有近20家爱心企业踊跃举牌,拍卖总成交金额315.7万元。

6月29日,罗湖区慈善会启动第九个"广东扶贫济困日"募捐活动,募集款项超千万元。运用"互联网+"慈善思维,首次开通微信扫码单次捐赠渠道,共193人次参与捐赠,筹集善款55944元,人均捐赠289.86元。

6月29日,深圳市2018年"广东扶贫济困日"暨深圳慈善日慈善月活动在市民中心已正式启动,截至6月29日,深圳为"广东扶贫济困日"认捐善款共7.41亿元,其中拟向省级捐赠接收机构认捐4.6亿元,向市、区两级捐赠接收机构认捐2.81亿元。

6月29日,龙华区2018年"广东扶贫济困日"活动启动仪式暨第二届龙华慈善发布会在龙华会堂隆重举行。龙华区委书记余新国同志、区人大常委会主任谢晓东同志、区政协主席钟荫腾同志等领导,区法院院长、区检察院检察长、区直机关、驻区单位、各街道负责同志、社区股份公司、爱心企业代表等600人参加了会议，共同迎来全省第九个扶贫济困日。

6月30日，志基会发起"广东扶贫济困日""志愿99，深爱久久"活动，通过全市千名志愿者开展扶贫主题劝募和宣导行动。本次活动累计募集近3万元，用于广东河源和平县上陵镇学校的图书馆翻修工作。

7月

7月5日，第七届中国公益慈善项目大赛正式启动，由中国公益慈善项目交流展示会组委会指导，中国慈善联合会和深圳市民政局主办，深圳市社会公益基金会和深圳市中国慈展会发展中心承办。以"创新扶贫，为生活带来美好改变"为主题，依托"公益创投"的前沿理念和专业方法，实施"社创种子培育计划"和"拾点公益募捐计划"两大创新举措引导和扶持社会力量以创新方式参与扶贫工作。项目大赛共收到634个申报项目，覆盖全国多地。经三级赛事评选，共计30个项目晋级参加定于9月17—22日在深圳举办的社创种子特训营（四期）暨决赛路演评审会，角逐出金银铜奖。

7月5日，南山区慈善会举行了第三届会员大会暨第三届理事会第一次会议，南山区委书记王强、深圳市民政局副局长陈文清、南山区人大常委会主任麦林光、南山区政协主席陈军出席会议。会议选举出了南山区新一届理事会领导成员，陈章联当选南山区慈善会第三届理事会会长，刘德东当选为秘书长，陈玲当选为监事长。会议选举出了87家理事单位，换届现场共计捐款超过1亿元。

7月14—15日，由国际公益学院厕所文化研究中心、世界厕所组织、中国城市环境卫生协会全国公共厕所建设管理专业委员会共同发起的厕所创新管理赋能计划（TIME）系列课程之一"公共厕所设计与校园厕所教育专题课"在国际公益学院举行，旨在为致力于厕所领域事业的组织和人士提供专业支持和跨界经验，探寻未来厕所领域的可持续解决方案。中国现阶段厕所革命推进过程中，国家倡导力度很大，但是社会、市场反应不够，推进不扎实，说明公众对厕所问题还缺乏共识。中国也需要日本那样的学者、学校和社会力量来不断倡导厕所文明，从而与政府共同推进厕所革命和厕所文化的营造。

7月15日，为了推动我国信息无障碍的进程，贯彻落实《中华人民共和国残疾人保障法》《无障碍环境建设条例》等要求，在工信部信息通信发展司指导下，由中国信息通信研究院、深圳市信息无障碍研究会承担《中国信息无障碍实践白皮书》的内容组织编写，面向全国范围内征集信息无障碍相关案例，案例分为优秀产品、服务和解决方案三大类。此次案例征集被选中的案例将会入编，成为全国推广信息无障碍的行业标杆代表。

7月24日，在深圳市民政局、深圳市社会组织管理局的指导下，深圳市慈善事业联合会成功举办"我的公益之路"演讲比赛。来自深圳各公益机构、社会组织中致力于推动深圳慈善公益事业发展的14名参赛嘉宾声情并茂地讲述了自己从事公益工作之后的心路历程，分享他们参与公益实践中亲历亲见亲为的精彩故事。遴选出了深圳公益慈善行业的优秀人才，并推荐入选长江商学院公益生计划。本次活动为探索建立深圳市公益慈善优秀人才库，加强深圳市公益人才队伍建设，起到了良好的推动作用。

7月25日，光明区慈善会工作人员带着米、油等慰问品到慈善会曾经资助过的重病救助受助者家中进行爱心回访，先后探望了塘尾社区、石家社区、楼村社区的劳务工重病人员，了解受助者的生活和身体近况，鼓励他们积极面对生活，勇敢战胜困难。回访过程中，受助者多次向工作人员表达对光明区慈善会的谢意，感谢慈善会在他们困难艰苦的时期帮助了他们。

7月31日，市社协召开第五届第三次理事会议，汇报了协会秘书处2018上半年度的工作，通报了协会理事变动情况、深圳社工人才安居公租房情况与深圳社工关爱互助基金财务报告，会长、副会长及理事们对相关管理办法和修订案进行了表决。

7月31日，在深圳市民政局指导下，由深圳市慈善事业联合会主办的"《深圳市慈善事业发展蓝皮书（2016—2017）》首发会"在CDI大厦成功举办。此次活动，来自公益慈善界、学界和媒体界等代表近百人共同见证了深圳市第一本慈善事业发展蓝皮书的发布。该蓝皮书是由深圳市慈善事业的研究专家、慈善公益组织负责人和慈善公益机构共同打造的、社会参与性极强的、极"接地气"的有关深圳慈善事业发展的第一本蓝皮书，是深圳慈善事业发展历程、发展模式和发展经验的重要结晶。

7月31日，深圳市慈善事业联合会举办2018深圳慈善事业发展论坛，以"人才驱动发展和"和"创新驱动发展"为主题，共同回顾深圳公益慈善的发展历程和现状，并深度探讨了深圳市慈善事业下一步的发展方向与战略路径。"人才驱动发展"圆桌对话环节分别从人才培养体系、培养路径、培养模式以及人才培养普及四个维度阐述了深圳市慈善事业应如何建立专业人才的培养体系；"创新驱动发展"圆桌对话环节分别从慈善信托、公益项目创新、"互联网＋"公益和社会企业创新四个维度深入浅出探讨如何创新服务、拓宽思路，进一步推动公益慈善事业的发展。

8月

8月1日，阿里巴巴"公益宝贝"为壹基金的公益项目"壹乐园"筹款突破了1亿元人民币。6年来，19亿人次消费者通过"公益宝贝"进行爱心捐赠，以举手之劳参与公益。在阿里巴巴公益、公益卖家、爱心买家的支持下，壹基金"壹乐园"公益项目6年来已帮助500万人次贫困儿童成长，在快乐中发展潜能。

8月2日，2018年深圳社工关爱互助基金管理委员会资助了34名困难社工，总金额为349098元。

8月8日，深圳市慈善事业联合会名誉会长兼执行长李罗力一行到访光明区慈善会、光明社区基金会等机构，就光明区公益慈善发展进行了座谈交流。光明区民政局、区慈善会、区社区基金会相关负责人参加了会议。会上，区慈善会办公室相关负责人向深圳市慈善事业联合会介绍了慈善会的主要做法、运作机制和工作成效，得到了深圳市慈善事业联合会的充分肯定。座谈中，双方还表示今后将加强项目品牌、人才培训等方面的合作，持续关注和支持光明区慈善事业的发展。

8月17—19日，"消除贫困·人与自然可持续发展"高端对话在宁夏银川举行。本次高端对话由燕宝慈善基金会、国际公益学院联合主办，并得到宁夏宝丰集团、东西方慈善论坛、北京师范大学中国公益研究院的大力支持，旨在通过案例分享、经验交流以及项目实地考察等形式，搭建一个全球化的，政府、研究机构、企业等多元参与的国际性公益平台。中国宁夏南部贫困地区曾被联合国教科文组织评为"最不适宜人类居住的地方"，如今在可持续发展的理念影响和精准扶贫的政策作用下，正焕发出勃勃生机。此次论坛选址宁夏，各方将共同探讨中国西部在环境、医疗、健康、养老、教育等领域的可持续发展与消除极端贫困的新挑战和新路径，共同探索中国精准扶贫的典范模式。

8月21日,第四届中国智慧城市国际博览会在深圳会展中心开幕,深圳市气象局在现场举办了新闻发布会,向社会推出"智创气象共享与应用平台"。深圳市气象局与信息无障碍研究会紧密合作,对旗下产品进行一系列的信息无障碍优化。深圳市气象局旗下产品"深圳天气"移动端App的IOS版本和Android版本,已初步完成信息无障碍优化,支持VoiceOver、TalkBack等读屏工具,让身体障碍用户也能随时随地获取最新的气象信息,出行更便捷。

8月24日,南山区慈善会带队到西藏类乌齐县捐赠60万元,解决冬季供暖问题。

8月31日,深圳市慈善会开展第二届理事会第三次会议,回顾了2018年上半年深圳市慈善会在全体理事、监事和秘书处工作人员的共同努力下,截至2018年6月,募捐总额1.39亿元,支出1.11亿元。冠名基金增至217家,上半年线上筹款占比33.7%,实现业务向"智能化"与"互联网+"的模式发展。

8月,深圳市妇女儿童发展基金会与深圳万科、深圳市城市规划设计研究院联合发起儿童参与城市规划设计的创新活动——"大梦想家计划 深圳儿童创建未来城市",旨在培养儿童的城市主人翁意识,向人们传达儿童也有参与城市规划建设的能力和可能性,传递"儿童参与"的友好理念。活动历时3个月,由专业导师引导330位儿童围绕城市空间、街道安全、商业业态及节能环保四个主题参与城市规划设计,从中发现、思考问题,制定解决方案。最后,在城市级的"童创大会"现场,让儿童向公众展示儿童友好型公园、公共交通、商场、城中村改造等提案内容,吸引了22万人在线观看直播。

9月

9月5日,由深圳市民政局主办、深圳市慈善事业联合会承办的以"慈善聚焦精准扶贫,携手共创美好生活"为主题的第三届中华慈善日暨2018年深圳慈善月总结及成果展在深圳市市民中心多功能厅举行。会上,全国慈善行业第一家联合党委——中共深圳市慈善行业联合委员会揭牌成立;对部分优秀项目、机构和社区进行了表彰,以图片展集中展示了2018年深圳慈善月成果。

9月5日,举办第二届罗湖政协委员公益基金"健行罗湖"资助计划徒步竞赛公益活动，以徒步竞赛方式体现对罗湖政协委员公益基金今年资助的6个公益项目的关注、支持、参与、监督，搭建起政协委员和社会组织的互动桥梁，传递公益慈善正能量，号召更多的人关注慈善、参与公益。

9月7—9日，共有超过2800万人次爱心网友通过腾讯公益平台捐出善款8.3亿元，超过2000家企业共捐出1.85亿元，为5498个公益项目贡献了力量。加上腾讯公益慈善基金会提供的2.9999亿元配捐金额、以及1亿元慈善组织成长基金，善款总计超过14.14亿元。

9月13日，第十届"中华慈善奖"表彰大会在人民大会堂举行，壹家人的壹基金儿童平安计划获得了这一荣誉。9月21日晚，深圳市"慈善之夜"暨第四届鹏城慈善奖颁奖盛典在广电大厦举行，作为第六届中国公益慈善项目交流展示会期间的重要活动，向全国展现深圳的慈善魅力。壹基金理事长马蔚华获得了"鹏城慈善推动者"殊荣，壹基金儿童平安训练营项目荣获"鹏城慈善典范项目"称号。

9月14日，光明区慈善会联合会长企业丽晶维珍妮内衣（深圳）有限公司开展爱心捐衣活动，向贫困地区捐赠全新的爱心衣物4608件，维珍妮公司将捐赠衣物分类打包，运送并捐赠予深圳市社会捐助和救灾物资储备中心，由其统一调配运送至国内结对扶贫地区和贫困山区，帮助当地困难群众。

9月18日，2018科技无障碍发展大会（顺德分场）暨深圳国际无障碍产业博览会顺德推介会顺利举办，大会聚集了当地关注信息无障碍的机构、企业和各界人士参与，通过信息无障碍专家解读，优秀案例分享及现场互动环节，共话信息无障碍议题。顺德的信息无障碍发展是产业的双驱动需求，并且获得了当地各界的支持。

9月20日，由民政部、全国工商联、国务院扶贫办、广东省人民政府、深圳市人民政府、中国慈善联合会联合主办，深圳市民政局承办的第六届中国慈展会开幕，深圳市社会工作者协会及10余家社工机构进行参展，展现了深圳社工发展10余年来的成果。

9月20日，2018国际公益慈善峰会在深圳举行，聚焦"大国攻坚，决胜2020"精准扶贫主题。来自世界各地公益慈善界、政府、商界、学术机构和新闻媒体的倡导者、行动者、研究者齐聚于此。为回应国家战略，本次峰会围绕"慈善与脱贫""社会组织助力脱贫""乡村振兴助力脱贫""国际公益助力脱贫"四大主题,由峰会嘉宾分别发表演讲,共同展现跨界慈善力量在推动减贫、科技创新、环境保护、教育、医疗等可持续发展重点议题上的创新实践。作为第六届中国公益慈善项目交流展示会主论坛,大会旨在汇聚全球公益慈善力量,合力推进落实可持续发展议程,共创未来美好新生活,构建人类命运共同体。

9月20—22日,由民政部、全国工商联、国务院扶贫办、广东省政府、深圳市政府、中国慈善联合会共同主办的第六届中国公益慈善项目交流展示会在深圳会展中心成功举办。本届慈展会以"聚焦精准扶贫,共创美好生活"为主题,紧紧围绕深度贫困地区和特殊贫困群体的脱贫需求,通过展示交流、研讨会议、资源对接等内容设置,突出展现了我国社会扶贫领域的典型模式、成功案例和主要成果,系统探讨了新时期扶贫开发的路径模式和创新实践,为新时代扶贫开发工作做出了积极贡献,为汇聚慈善资源和社会力量、助力脱贫攻坚发出了时代强音。

9月20—22日,深圳市慈善会参加第六届慈展会,以"深圳扶贫主题馆"集中展示了社会各界慈善资源在参与精准扶贫、精准脱贫中的先进经验和主要成果,"深圳市慈善会馆"集中展示了15年来调动社会各界慈善资源在参与精准扶贫、精准脱贫中的先进经验、品牌项目和主要成果。

9月21日,在深圳市民政局的指导下,深慈联(第四届鹏城慈善奖主办方之一)携手深圳广播电影电视集团联合举办"深圳市慈善之夜暨第四届鹏城慈善奖颁奖晚会",这是鹏城慈善奖首次以晚会的形式进行颁奖,用艺术形式和文化宣传相结合来展现慈善先进榜样。

9月28日,福田区慈善会荣获慈善组织公开招募资格。

10月

10月12日,深圳市志愿服务基金会联合微众银行在广西百色市那坡县合群村小学、弄楠村小学举办"智慧教室"揭牌仪式。本次活动共为两所学校捐赠了电脑16台、电视2台、音箱5台,同时配备宽带,用于打造智慧教室。通过建设"智慧教室",该基金会希望能开辟"互联网+"支教的志愿扶贫新路径,引导企业精准投入贫困地区的教育信息化建设,打通教育扶贫"最后一公里"。

10月15日,第三十五届国际盲人节,信息无障碍研究会以漫画《视障者的一天》发起活动,联合国内知名企业和视障意见领袖等高声呼吁

"我愿意,愿意与视障朋友一起跨越障碍",引起热议。有超过30家大型企业共同参与,本次漫画还出现在了腾讯防水墙的验证码产品、QQ登录界面等地方,在亿次曝光下,帮助更多人了解和关注视障群体。中国残联理事、中国盲协主席李庆忠于国际盲人节当天上午到访信息无障碍研究会,与视障工程师进行交谈。

10月31日,世界自然保护联盟(International Union for Conservation of Nature,IUCN)总干事英格·安德森女士(Inger Andersen)一行来访国际公益学院,并与国际公益学院正式签署合作备忘录。双方商定未来将在自然保护与生态文明等领域共同开发培训课程,培养中国慈善领域优秀人才,并合力设计研究与实践项目,推动中国生态保护领域研究能力建设,也将共同在中国和全球范围内创设国际性活动与沟通联络机会,提升中国和国际慈善家对于自然保护重要性的认知和理解。

11月

2018年11月5日,由中国慈善联合会、广州市民政局主办,首都公益慈善联合会、浙江省慈善联合总会、陕西省慈善联合会、深圳市慈善事业联合会、广州市公益慈善联合会、广州市慈善会等24家单位联合主办的中国善城大会在广州召开。会上发布了第五届中国城市公益慈善指数,深圳综合指数位居前三名,这是深圳第四次位列前三名。当天,深圳市慈善事业联合会秘书长刘国玲代表深圳就"多元共治,构建深圳慈善新生态"主题分享和交流经验。

11月6—10日,深圳市民政局、市社会工作者协会等单位共10人赴新疆喀什考察,对深圳社会工作援疆情况进行考察与指导。

11月9日,在腾讯公司成立20周年之际,腾讯基金会宣布将投入10亿元的启动资金资助设立"科学探索奖"。"科学探索奖"由腾讯董事会主席兼首席执行官、腾讯基金会发起人马化腾与北京大学教授饶毅,携手杨振宁、毛淑德、何华武、邬贺铨、李培根、陈十一、张益唐、施一公、高文、谢克昌、程泰宁、谢晓亮、潘建伟等科学家共同发起,面向基础科学和前沿技术领域,支持在中国内地全职工作的、45周岁及以下的青年科技工作者。每位获奖者将连续5年、获得总计300万元资金。

11月16日,全球最大的独立机票搜索引擎Skyscanner(天巡)为信息无障碍研究会"视障IT帮扶"项目提供助力,帮助障碍群体更好地发展。视障员工向参访嘉宾讲解研究会的成长史、企业文化等，进一步加深了人们对信息无障碍的理解。日后，天巡将会继续携手研究会为障碍群体提供帮助，也将持续关注信息无障碍的发展，共同建设国家的无障碍环境，为世界创造美好价值。

11月19日，根据《社会组织评估管理办法》（民政部令第39号）有关规定，经2018年深圳市市级社会组织评估委员会全体会议终评审定，确定了2018年度市级社会组织评估等级。深圳市慈善会获得了5A级评定。

11月22日，2018年"健康直通车"启程，由8名医护人员和4名基金会工作人员组成的医疗志愿服务队伍从深圳出发，前往广西百色、河池开展为期一周的支医扶贫活动。本次活动面向当地重症青少年、老年群体，免费救治2例唇腭裂病患和4例白内障病患，与当地医护人员开展培训交流并进行义诊送药活动。

11月27—29日，光明区慈善会组织开展"曙光"助学2018年爱心回访活动，邀请慈善会副会长企业深圳友邦塑料印刷包装有限公司、光晟玩具（深圳）有限公司负责人带队回访，上门探望4名受助学生，与学生、家长、班主任座谈，了解学生过去一年来的学习、生活情况，向学生赠送书本文具，鼓励学生发奋图强、刻苦学习，向贫困优秀学生家庭传送社会关怀和爱心。

12月

12月2日，国际公益学院首期毕业暨2018秋季班开学典礼在深圳举办。3年来，国际公益学院迎来了500多位新时代的慈善家和高级慈善管理人才，为2000多位公益行业中坚提供了专业提升课程，公益网校注册学员超过1.85万人。国际公益学院在成长，校友们的事业也与学院共生共荣、蓬勃发展。国际公益学院的校友们正在公益慈善领域逐步展现出世界级的领导力和影响力，其公益实践遍布全国33个省、自治区、直辖市和特别行政区。国际公益学院全体校友将以终身学习的精神，突破自我、学以致用、知行合一、持续创新，共建中国生机勃勃的现代公益慈善生态。

12月4日，一场以"中国慈善：传统与创新的碰撞"为题的"慈善大讲堂"第3期在龙华如期开讲，特邀嘉宾徐永光就如何做好中国慈善，如何以新高度、新角度来探索中国慈善文化中传统元素与创新元素的碰撞及交融，与相关政府、企业和公益界的代表进行了分享与交流。此次"慈善大讲堂"由深圳市慈善事业联合会主办、龙华区民政局指导，龙华区慈善会、龙华区社会组织总会、龙华区社会工作协会承办。

12月7日，深圳市信息无障碍研究会案例入选了由中央网信办信息化发展局指导，中国网络社会组织联合会、新华网组织评选的"2018网络扶贫优秀案例"，在扶贫成为国家战略的今天，面向障碍人群的精准扶贫更显得意义非凡。信息获取障碍导致的贫富差距变得越来越明显，攻克障碍人群扶贫难关，实现精准扶贫，信息无障碍进程的高速推进起到了至关重要的作用。

12月9日，在凤凰网行动者联盟2018公益盛典颁奖典礼上，深圳壹基金公益基金会执行秘书长李弘荣获年度十大公益人物。

12月12日，深圳市社会工作者协会召开第五届第四次理事会、第五届第二次会员大会、2018年第三次监事会，大会审议了2018年度协会工作报告等内容，表决了相关行业文件，并开展了社工文化大比拼决赛，表彰了优秀援疆社工机构。

12月17日，中国互联网公益峰会组委会成立大会在北京召开。来自公益行业的115家机构的第一负责人齐聚一堂，共同见证峰会组委会的成立。组委会将下设15家轮值机构和100家联席机构。在未来一年里，组委会将从三个方面开展工作：一是举办年度互联网公益峰会，为公益伙伴提供交流平台；二是举办年度行业评选活动、年度深度交流会等，建立评审机制，打造和传播更多行业标杆案例；三是以专业属性分工，着力于行业对互联网公益的理解与应用能力。这是中国互联网公益发展10年来，第一次最广泛地动员各领域机构，最深度地连接各行业组织。希望通过成熟的领军团队，共同探索出得到行业与公众认可的机制与标准，重塑公众的信任与认知，携手共建可持续的行业生态。

12月19日，光明区慈善会顺利开展2018年"曙光"助学行动，对辖区32名品学兼优的贫困学生进行了资助，其中高中生20名、初中生11名、小学生1名，合共发放助学金14.6万元。活动得到10家爱心企业的大力支持，共募得爱心助学款28.7万元，其中光晟玩具10万元、宏发集团5万元、维珍妮4.6万元、东江精创2.5万元、友邦公司2万元、电连技术2万元、恒誉光明1.6万元、三利谱1万元。本活动通过引导和组织企业、爱心人士参加结对助学活动，着力帮助家境贫困、品学兼优的学生克服暂时困难顺利完成学业，摆脱贫困走向自立，实现"造血"式扶助。

12月21日，深圳市慈善会举办第二届理事会第四次会议，2018年，深圳市慈善会在第二届理事会的带领下各项工作推进扎实有力，取得了阶段性成果，会议审议通过了以"夯实成果狠抓内功，实现新时代慈善组织高质量增长"为题的《深圳市慈善会2018年工作报告和2019年工作计划》和《深圳市慈善会2018年财务工作报告》，并听取了《深圳市慈善会品牌VI设计项目汇报》和《深善2020扶贫计划》。

12月26日，福田区慈善会成立十周年总结大会在福田会堂四楼召开，深圳市民政局副局长陈文清、福田区人大常委会副主任范胜祥、福田区政府副区长朱伟华、福田区政协副主席杨金山、深圳市民政局救灾救助和慈善处处长钟礼银、福田区人大财经委主任曾庆祥、福田区民政局局长王岳辉等领导及各区直机关单位、各街道办、各社区工作站、部分企业代表近300人参加。

12月27日，罗湖区慈善会以公办养老机构为着力点，引导社会力量捐赠80万元设立"深圳市罗湖区慈善会·乐安居夕阳守护者关爱基金"，通过激励计划、职业技能提升计划和评优计划三大计划，改善养老护理员收入待遇偏低、职业认同感低和专业素质参差不齐等问题，推动养老护理员行业发展。

12月29日，"共安全·益起跑"2018公共安全主题公益迎新跑活动在深圳湾公园顺利举行，近千名跑友齐聚深圳湾，用深圳志愿者精神传播"安全第一"的理念，用奔跑助力我市城市公共安全建设。本次活动由深圳团市委、深圳市国资委团工委指导，深圳市志愿服务基金会、深圳市城市公共安全技术研究院主办，是全国首个公共安全主题微跑活动。

二、2019年深圳慈善大事记

1月

1月，在深圳市民政局的指导和支持下，深慈联秘书处以已登记或认定的慈善组织和基金会数据为基础，按照《中华人民共和国慈善法》中第一章第三条对慈善活动的定义完成了慈善组织分类工作，并将其编印成册,供行业内使用。

1月3日,龙华区民政局、区慈善会在清龙路港之龙科技园广场,举行紫东凤长者温暖包发车仪式,上百名志愿者共同参与亲手打包2200份温暖,为老人们准备一份特殊的新年礼物,此次活动,得到了来自社会各界的支持,2天来已经有老党员、企业家、职工、退休工人等近200名志愿者参与到活动中来,大家的参与赋予了长者温暖包更深的情义。接下来,区委宣传部(文化体育局)、区民政局(人力资源局)、区经济促进局(对口办)、区慈善会等还将组织志愿者前往紫东凤地区联合开展"紫东凤温暖公益行"活动,将温暖包亲手发放给老人,实地体验和感受当地老人们的生活状况和困难,希望呼吁更多人关注和支持该项目,支持扶贫事业。

1月17日,由国际公益学院、北师大中国公益研究院联合研制的《中国捐赠百杰榜(2018)》在京发布。该榜单显示,2018年百杰捐赠总额256亿元,在连续8年的百杰捐赠总额统计中排第三。由于经济发展水平、善文化和政府倡导等原因,广东为榜单中捐赠人数量最多、捐赠金额最高的省份。从年龄上看,捐赠者年龄分布跨越8个年代,创富一代是百杰捐赠主力,新生代力量在逐步成长。从捐赠资金流向看,资金主要流向教育(金额占37%,捐赠笔数占45%)、扶贫(金额占20%,捐赠笔数占29%),流向环保、科技创新等领域资金较少。《中国捐赠百杰榜(2018)》已经连续发布了8年。8年来,累计有557人上榜,累计捐赠1721.51亿元。

1月18日,光明区慈善会开展2019年春节慰问活动,慈善会秘书长刘亿万先生带队深入社区走访慰问困难居民。每到一处,慰问组都与慰问对象亲切交谈,仔细询问他们的身体状况、经济来源情况,详细了解他们的困难和需求,并向他们送上慰问品和新春的祝福。此活动共慰问资助辖区困难居民79人(户籍困难居民40人,劳务工39人),发放慰问金15.8万元及慰问品一批。

1月24日,信息无障碍研究会与鹏华基金合作的项目《鹏华基金A加钱包信息无障碍》获得了由深圳福田区金融发展事务署主办的2018年香蜜湖金融科技创新奖,福田区首届"香蜜湖社会影响力金融科技奖"。本次评选得到协会与福田区金融科技专家咨询委员会提供专业支持,评审还增加了非现场专业人士投票环节,以专业性提升评审结果的公信力。践行普惠金融、大力发展社会影响力投资已成为全球共识的发展趋势，信息无障碍创造性地为金融扶贫、科技扶贫提供了突破口。

1月25—29日，由共青团深圳市委员会、深圳市青少年发展基金会联合主办的深圳市"手拉手同成长"系列活动暨西藏林芝市第二届"手拉手心连心民族团结一家亲"青少年冬令营活动成功举办。这是深圳首次与西藏地区合作"手拉手"活动。本次活动旨在进一步深化民族团结进步教育，铸牢中华民族共同体意识，加强各民族交流交往交融，促进各民族青少年交流学习，使各族青少年像石榴籽一样紧紧地抱在一起，共同团结奋斗、共同繁荣发展。在开营仪式中，共青团林芝市委员会与深圳市青少年发展基金会进行了"手拉手同成长民族团结一家亲"共建爱国主义教育基地的签约仪式。

1月31日，由市民政局主办，深圳市福利彩票发行中心和深圳市慈善会承办的2019年"迎新春送温暖，关爱来深建设者"慰问活动，在中民时代广场三楼深圳市民政局会议室召开，现场向参加活动的40位来深建设者关爱基金受助代表送上大米、食用油等新春慰问品，并为他们送上新春佳节的祝福。在现场，深圳市民政局副局长陈文清、救灾救助和慈善处处长钟礼银、深圳福利彩票发行中心市场部部长王斯亮、深圳市慈善会秘书长房涛、来深项目评委代表彭锦诚等出席了本次活动，并汇报了深圳市慈善会"寻找需要帮助的人——来深建设者关爱基金"项目2018年度所取得的成绩与精准扶贫项目。

2月

2月14日，阿里巴巴与深圳市信息无障碍研究会合作的无障碍项目入选"福布斯十大有爱零售故事"，成为本次中国唯一入选的企业。深圳市信息无障碍研究会与阿里巴巴合作多年，信息无障碍从淘宝开始延伸，已覆盖天猫、支付宝、钉钉、菜鸟裹裹、阿里云等多个旗下产品，创造了新技术"读光OCR"在淘宝无障碍中实现应用，帮助障碍群体参与网购甚至自主创业。

2月28日，由深圳市社会组织管理局、深圳国际公益学院主编的首本深圳社会组织蓝皮书在学院发布。蓝皮书回顾了深圳社会组织管理与发展的脉络，重点呈现了2017—2018年深圳社会组织发展的现状和亮点。据报告显示，深圳社会组织正以专业化、标准化、精细化的实务实践推动社会服务转型升级，深圳推动社会组织高质量发展的经验对全国具有引领和借鉴作用。蓝皮书总报告《改革、创新、合作——深圳社会组织发展路径探索》荣获第十届"优秀皮书报告奖"一等奖。

3月

3月5日，是学雷锋日，借助聚善日活动平台，团区委、区妇联、各社区结合各自职能和特色，开展了形式多样的公益活动，将社区服务推向深处。社区结合聚善日活动，开展了丰富多彩的学雷锋活动以及"追梦新征程社工在行动"2019深圳第十二届社工宣传周活动。"一月一善，践行行善"理念，逐渐融入社区居民的日常生活，各社区通过不断优化服务内容，创新活动形式，不断丰富居民生活，拉近了心与心的距离。

3月10—13日，由深圳国际公益学院主办的"CGPI思享会——慈善新前沿：全球慈善与社会投资的变革"在北京、上海、苏州、深圳四地举行，约翰斯·霍普金斯大学教授莱斯特·M.萨拉蒙（Lester M. Salamon）带来慈善的新理念、新经验和新前沿，并与众多嘉宾展开对话与探讨。萨拉蒙教授历时3年研究撰写的新书《慈善新前沿：重塑全球慈善与社会投资的新主体和新工具指南》于2018年由国际公益学院引进翻译，中文版由社会科学文献出版社于2019年3月出版。3月23日，在中华人民共和国主席习近平与意大利共和国总理孔特的共同见证下，深圳国际公益学院院长王振耀与中国发展研究基金会副秘书长方晋、意大利都灵大学中国研究中心负责人欧阳乔正式就中意慈善论坛长效合作机制签署"关于设立中意慈善论坛的谅解备忘录"，对共同推动中意慈善领域未来合作达成共识。该备忘录成为两国领导人见证下19个合作签约项目中唯一来自慈善领域的合作，这也是两国有史以来最高级别的慈善交流活动。

3月16日，深圳市志愿服务基金会发起首个关爱义工日暨"志愿同行·关爱有你"活动，号召社会关心关爱百万红马甲。首个关爱义工日以"关爱困难义工"活动为起点，在全市筛选出困难义工50人、困难义工子女20人，给予及时的慰问与长期的资助。活动当天，面向全市招募了16支义工队伍，近千名义工以团队的形式，在深圳的大街小巷，宣传深圳志愿服务工作，引导市民自愿捐助，共募得善款40814.92元，所得善款将用于义工关爱工作。

3月18日，由深圳市民政局主办，市社协承办的2019年第十二届社工宣传周系列活动正式启动，全市近200家社工机构、680余家社区党群服务中心和8000余名社工开展了社会工作宣传活动。

3月27—28日，由深圳市福田区慈善会和深圳市福田区文化艺术培训行业协会发起的"精准扶贫，艺术支教"第二攻坚战第二阶段专家指导课程在河源市和平县顺利进行。两会组织的专家、教师团队一行9人不畏艰辛、不辞劳苦，为和平县阳明一小和阳明三小的孩子们带去专业的音、体、美教学，获得了和平县教育局领导与和平县慈善带头人陈主席的高度赞扬与认可。

3月28日，深圳市慈善会首届捐赠者大会，以"让'公益+金融+产业'赋能捐赠"为主题，在深圳湾1号举办。本次大会由深圳市慈善会主办，中国建设银行深圳市分行特别支持，长江商学院学术支持，深圳市创新企业社会责任促进中心承办，深圳市同心俱乐部、深圳市新的社会阶层人士联合会、深圳市海外留学归国人员协会、顺德创新创业公益基金会、深圳湾1号协办，《南方日报》和《南都快报》战略合作媒体支持。深圳市社会组织管理局局长凌冲、执行副会长房涛、中国建设银行深圳市分行副行长李忠东，以及大会定向邀请的100位捐赠者齐聚一堂，共同就如何促进捐赠者对慈善事业的深度参与、共创价值，开创新时代慈善工作的新局面进行了深度交流。

3月29日，沪江教育联合信息无障碍研究会，邀请视障讲师把信息无障碍种子撒向了美丽乡村的5万名孩子。据负责人统计，本次生命教育当晚已有超过1500个班级参与，482位教师提交了本课学习单，5万名乡村孩子参与了听课。本次活动就"我在互联网修盲道"为主题进行了演讲。这是一节有深度有温度的课程，也是一节启迪心灵、直通孩子心扉的生命教育。

3月底，光明区慈善会联合会长企业丽晶维珍妮内衣（深圳）有限公司开展爱心衣物捐赠活动，再次向国内贫困地区困难群众捐赠11850多件全新爱心衣物，此次捐赠是继维珍妮公司2018年9月捐出4608件爱心衣物后的又一次善举。

4月

4月，深慈联通过公开招标流程，承接了2018年度深圳慈善捐赠榜编制工作，全面梳理2018年度深圳慈善捐赠数据。

4月，深圳市妇女儿童发展基金会与智联招聘共同主办"她世界她力量"2019中国女性领导力高峰论坛深圳站。现场邀请了6位来自各行业优秀女性代表为女性力量发声，探讨当下职场女性发展面临的问题，吸引了200人参加。

4月3—10日，深圳市社会工作者协会赴喀什调研并评估深喀社工站项目情况，以座谈、走访等形式为喀什社工提供专业支持，促进深喀社工站规范发展。

4月10日，2019年腾讯公益伙伴分享会在北京举行。在分享会上，腾讯公益与来自全国各地数十家公募慈善组织，共同发布"腾讯公益共创2.0之UP计划"，宣布从伙伴成长、持续发展、能力共享三个方向，通过包含工具、流量、培训和资金激励在内的三大能力、五大场景，推动整个公益生态的全面能力进阶。

4月16日，龙华-凤山两体共建项目"龙凤聚善空间、聚善食堂"揭牌仪式隆重举行。深圳市龙华区委书记杜玲同志、河池市人民政府副市长顾楠洲同志、凤山县委书记廖锦城同志，以及龙华区调研考察组的其他领导同志、凤山县各有关单位负责人等出席了揭牌仪式。

4月17日，龙华区与凤山县两体共建项目"龙凤聚善空间项目正式签约。会上，还举行了捐赠仪式，深圳市社会捐助和救灾物资储备中心向龙凤聚善空间调拨了价值20余万元的物资；龙华区慈善会恒爱慈善基金为龙凤聚善空间捐赠了1500册（价值5万元）爱心图书。据悉，龙凤聚善空间是龙华区委区政府、凤山县委县政府，以及社会各界爱心人士为了推动精准扶贫工作开展，通过空间的服务网络建立的农产品销售渠道、资源流通平台和民生服务空间，为当地居民致富搭台子、铺路子、找法子，实现"生态进城、资源返乡"的创新扶贫模式。龙华、凤山两地党委政府高度重视空间建设，要求努力打造成聚合慈善资源的空间、聚合公益服务的空间、助推生态脱贫的空间、传播公益理念的空间，服务脱贫攻坚。

4月19日，由信息无障碍产品联盟主办，信息无障碍研究会承办的2019科技无障碍发展大会在京顺利举办。特邀政府单位领导，行业专家，知名企业高管，社会各界关注信息无障碍人士，大会上发布了汇聚行业实践经验的《2018中国信息无障碍实践案例汇编》，颁布了国内首个信息无障碍行业评测——可及评测2018年度优秀案例。邀请4名企业代表针对科技无障碍进行主题分享，聚焦科技无障碍，为所有人平等享受现代文明创造有利条件。

4月22日，腾讯基金会联合微信小游戏、腾讯追梦计划共同发布"WeCare公益计划"，鼓励开发者基于微信小程序（小游戏）的能力，创作高互动的体验场景，用创意化思维、趣味性互动形式来传播公益理念，用技术激发用户公益参与热情，让做公益更有趣。

4月25日，光明区慈善会召开第三届理事会第二次全体会议，区民政局主要负责人、各街道分管负责人以及区慈善会全体理事成员参加了会议。会议回顾总结了2018年各项工作及财务收支情况，研究部署2019年工作任务，并对2018年度大力支持区慈善事业发展的爱心企业进行了表彰。副区长佩群同志充分肯定了2018年慈善工作取得的成绩，代表区委、区政府感谢关心、支持区慈善事业发展的社会各界和全体理事成员。

4月28日，第十六届（2019）中国慈善榜在京发布。国际公益学院荣获慈善榜样，国际公益学院国际慈善管理EMP项目荣获年度慈善项目奖项。国际公益学院长期合作伙伴或学员所在机构——中国发展研究基金会、中国扶贫基金会、宁夏燕宝慈善基金会、腾讯公益慈善基金会、河仁慈善基金会、广东省和的慈善基金会、内蒙古老牛慈善基金会、杭州市西湖教育基金会、南都公益基金会、阿拉善SEE基金会等15家基金会荣获年度榜样基金会称号。

5月

5月，光明区慈善会顺利开展2019年"慈善定捐"计划，多家理事企业踊跃参加，共同携手为辖区困难弱势群体奉献爱心，共募集善款192万元，其中维珍妮30万元、新兴纺织30万元、宏发集团30万元、东江精创20万元、光晟玩具20万元、友邦塑料10万元、新德织造10万元、恒誉光明10万元、盛德源10万元、华美居5万元、维他公司5万元、三利谱5万元、海昇织造3万元、电连技术2万元、南粤餐饮1万元、麦雄（个人）1万元。所募集的资金专项用于慈善会开展辖区困难群众重大疾病救助、重大事故救助、特殊困难紧急救助和慰问等慈善项目。

5月5日下午，深圳团市委派驻河源市和平县上陵镇三乐村帮扶工作队，通过链接企业，给村里小学的孩子们发了300套运动服。我会为帮扶工作队对接上了深圳钱成宝莉来服装有限公司，企业不仅为学校近300名学生设计定制了全套运动服，还完成了孩子们的微心愿，带来童话书、篮球、滑板车等礼物，并表示会将帮扶工作常态化持续下去。

5月至8月，由中国公益慈善项目交流展示会组委会指导，中国慈善联合会和深圳市民政局主办，深圳市社会公益基金会和深圳市中国慈展会发展中心承办的第八届中国公益慈善项目大赛成功举办。项目大赛于今年首次提出"社创板"理念和标准，对标"科创板"在科技创新的作用，评选并赋能中国年度最具发展潜力的30个"社创板"项目，引领中国公益创投服务新模式，并成功撬动超过2亿元的社会资金，深度流向"三区三州"等贫困地区。其中，获得中国公益慈善项目大赛金奖的"大山的孩子会英语——情系远山小学英语双师课堂"项目，在中国慈展会开幕式上对接新东方教育科技集团、好未来集团5000万元资助。

5月9日，由联合国开发计划署、中国国际经济技术交流中心、北京师范大学风险治理创新研究中心、雅安市群团组织社会服务中心、深圳壹基金公益基金会共同发起的"联合国开发计划署与中国灾害风险治理创新项目（二期）"暨"雅安韧性城市建设创新项目"在京启动。六一前夕，为落实《河北雄安新区规划纲要》关于"建立健全未成年人关爱保护体系"的决策部署，河北雄安新区启动"益暖童心"公益项目，壹基金净水计划入驻。

5月12日，深圳市民政局、深圳市慈善会再向民政部定点扶贫的革命老区、中央苏区江西省吉安市遂川县捐赠50万元，用于专项帮扶扩大"遂川三宝"品牌之一的金橘产业发展。民政部慈善事业促进和社会工作司副司长伊佩庄，江西省民政厅副厅长欧阳海泉，江西省民政厅社会组织管理局局长刘石呈，深圳市民政局副局长吴远翔，遂川县委副书记、县长肖凌秋等出席捐赠活动。深圳市慈善会对接120万元善款资源，以"生态＋产业"模式精准帮扶遂川县堆子前镇组建金橘业合作社，拓展金橘产业基地，并取得实效：产业基地规模达700余亩，优先安排贫困户就业增收，吸收全镇上百户建档立卡贫困户参与分红。

5月16日，第8个全球无障碍宣传日，信息无障碍研究会联合腾讯、阿里巴巴、百度、微软中国、华为等30多个品牌共同发声，呼吁公众关注信息无障碍问题；联合腾讯优图发布AI手语翻译机，与华为应用商城共同推出"科技无障碍应用专题页"向用户推荐便捷好用的无障碍应用，移动无障碍生活触手可及；联合南山区残联康复办、腾讯志愿者协会、深圳市及各区图书馆开展新一期视障信息技术帮扶项目，由技术专家助力视障者技能提升。

5月16日，由腾讯公益慈善基金会联合各慈善组织共同举办的第三届中国互联网公益峰会在广州举行，汇集知名企业、慈善组织、高校学府、主流媒体等近3000位热心公益人士共聚一堂，共议"理性公益、科技向善"。民政部副部长詹成付、广东省副省长张虎、腾讯公益慈善基金会荣誉理事长陈一丹、北京大学国家发展研究院教授周其仁等主要嘉宾以致辞、演讲、对话等形式围绕中国公益的经验与思考进行分享，并以全媒体形式迅速传播到全国各地，一时间引起公益舆论场的极大关注。

5月17日，一场联动亲情和社会关爱的孝善行动在福田区市民中心南广场拉开了序幕。由福田民政局大力支持，福田区慈善会主办的"和爸妈一起灯光秀"活动，吸引了来自福田区益田社区颐康之家（福安养老）的数十位长者和他们的家属前来参与。与家人共聚天伦的同时，生动又璀璨的中心区灯光秀为长者们留下了晚年最美好的回忆。值得一提的是，本次活动共有3场，另外两场在5月18日、24日晚继续进行。来自福田区福利中心、深圳市华龄老年服务中心、园岭八角楼托养中心（创乐福）的长者们将继续感受灯光秀的魅力。据悉，本次系列活动还得到了福田区公安局、深圳市广电公益基金会、深圳市人与自然摄影协会、永道集团、深圳赋能健康科技有限公司、深圳爱悦星辰文化传播有限公司、第一反应、深圳升职文化传播有限公司的大力支持。

5月24日，深圳国际公益学院国际慈善管理2019春季班开学典礼在深圳举行。来自全国19个省市自治区的24个城市的64名新生参加了开学典礼。其中，92%来自决策层和管理层，49%拥有硕士及以上学历，23%拥有海外学习工作经历，24%拥有工商管理硕士或高级管理人员工商管理硕士学位，44%来自企业。新生所在机构关注的公益领域中，儿童、教育、健康、扶贫、助残位列前五位。在开学典礼上，老牛兄妹公益基金会与国际公益学院合作发布了《以退为进——中国基金会在儿童教育领域的探索与实践》研究报告。该研究聚焦儿童教育公益行动，选取12个具有创新性的项目案例，分享儿童教育领域的实践经验，分析中国基金会在儿童教育领域执行和资助公益项目的整体情况以及对儿童教育发展产生的影响。

5月27日，中国平安旗下平安志愿者协会携手深圳市志愿服务基金会及深圳市公共安全义工联举行战略合作发布会，中国平安宣布为深圳义工捐赠总保额为25亿元的"平安志愿保"专属保障，保障范围涵盖飞机、火车、轮船、汽车等各类场景的短期意外伤；同时，会上还启动了"社区公益宝""周末公益"两大志愿服务项目。

5月19—24日，南山区慈善会组织公益机构代表、会员单位代表赴贵州大学参加公益慈善骨干人才培训班，参训的50名公益慈善组织代表，在为期6天的学习培训中提升了素质和能力。

5月31日，2018年度深圳慈善捐赠榜编制工作正式启动。

5月31日，在深圳市民政局指导下，由深圳市中国慈展会发展中心主办的中国慈展会历届成果展在深圳市民中心举办。中国慈展会首次举办慈展会历届成果展，为期10天，吸引了市民群众、社会团体、中小学生等各方观众，成果展从中国温度、中国故事和中国力量三方面介绍了慈展会概况、发展历程、成果案例、品牌项目以及协办单位风采等五大部分，让观众系统地了解到慈善助力构建美好生活和脱贫攻坚的成果以及给贫困地区、困难群众带来的巨大变化，展现新时期我国慈善事业发展的新生态、新理念、新项目，为全社会观察中国慈善乃至读懂中国温度提供了一扇重要窗口。

6月

6月5日，深圳市市场监督管理局与龙华区慈善会开展了"爱心篮"端午节慰问活动，为环卫工人及残疾人士送去179份粽子礼包。"爱心篮"食品抽检备份样品捐赠由深圳市市场监督管理局与龙华区慈善会等慈善机构合作开展。该项目将食品抽检合格备份样品中符合捐赠条件的予以捐赠，再由慈善机构以一定的帮扶模式发放至困难群体的手中，用于贫困人群的生活所需，不仅大大增加了食品抽检备份样品的利用率，同时使社会闲置资源得到了有效利用。"爱心篮"项目运营至今已有2年，目前已捐赠样品12817份，关爱困难家庭3958户，受助机构包括10余家福利慈善机构，以及深圳市低收入外来务工人员、残疾人士、民政局认定的困难户等。

6月5日，深圳市龙华区慈善会·恒爱基金正式启动基金以"正己助人，服务社会"为宗旨，通过联合大浪商业中心商户、员工以及热衷慈善事业的各界人士，共同搭建龙华区大浪商业中心公益互助体系，助力大浪社区建设。

6月12—18日，深圳市扶贫协作和合作交流办公室、市民政局与深圳市慈善会联合开展援助河源市抗洪行动，安排由深圳市慈善会·德义基金护生项目组在腾讯公益发起灾区援助筹款，与龙川县民政局、统计部门取得联系，充分调研灾区情况。灾区群众由于紧急转移，撤离到临时安置点的群众急切需要照明、床铺、雨鞋、防蚊虫、清洁用品等物资。

6月18日，南山区慈善会捐赠连平县救灾慰问善款300万元，帮助灾后恢复生产、重建家园。

6月20日上午，由深圳壹基金公益基金会、水滴公益共同发起的"心智障碍者家庭支持计划"宣布项目正式启动。"心智障碍者家庭支持计划"将被打造成开放式的社群支持平台。在未来3年内，壹基金和水滴公益将通过这种联合公益模式的探索，为更多心智障碍者家庭提供深入、专业、便捷且具有持续性的支持体系，有效促进其家庭生活福祉构建和社会融入。

6月21—22日，微软（中国）有限公司与信息无障碍研究会联合举办了2019年残障人士信息技术培训活动，在深圳市残友软件公司组织了两场以帮助就业为导向的职业技能强化培训，旨在帮助残疾人士掌握人工智能时代人才所需的技能，使残障人士获得更好的职业发展。应学员不同的学习需求，本次培训内容包括微软技术专员中的数据库科目，以及微软认证专家中的云计算基础知识科目，助力残障人士就业平等。

6月24日，国际公益学院与法国南特高等商学院DBA（工商管理博士）项目签约仪式在国际公益学院深圳国际创新中心校区举行。DBA项目是中法商业与慈善的结合，致力于培养一批具有社会使命感的商界领袖，由中法两方师资团队共同授课，从学术和实践上推进商业向善。重点通过课程升级、流程优化、品牌管理，培养新形势新挑战下具有国际视野兼具公益胸怀的商业领袖。项目以学术和实践研究为重点，将开展为期3年的博士学习历程。该项目将于2019年7月正式启动招生。此项目的启动，不仅是国际公益学院首次开启学历教育合作办学的新征程，更是中国"一带一路"倡议和建设下中法两国间教育互通的桥梁。

6月25日，光明区启动2019年"广东扶贫济困日"活动，在区委区政府办公楼、公共服务平台、光明商会大厦办公区同步举行了现场爱心捐款活动，区四套领导班子成员带头捐款，带领区机关全体干部职工踊跃奉献爱心，以实际行动展现光明大爱精神。活动期间，区慈善会积极响应省、市、区的号召,紧紧围绕"决战脱贫攻坚,助力乡村振兴"活动主题,广泛开展爱心捐赠活动、访贫慰问活动和社区宣传活动等,发布活动倡议书,发动爱心企业积极参与,动员社区居民共同关注扶贫、支持扶贫。活动中慈善会共接收捐赠资金720万元,其中马田街道54.85万元、公明街道44.01万元、凤凰街道24.19万元、玉塘街道23.38万元、光明街道19.79万元、新湖街道19.37万元,奥星房地产200万元、天安云谷100万元、东江精创40万元、建发集团26.05万元、卓易达20万元、京联房地产20万元、卓越盛源20万元、中科大深圳医院19.21万元、光明集团14.25万元、晨光乳业10万元、喜德盛10万元、麦士德福10万元、江浩电子10万元。

6月27日,深圳市社会工作者协会召开2019年度深圳·湖南社会工作"牵手计划"工作推进会,市民政局、深圳大学、市饭店协会等单位代表及20家援派社工机构代表参会。

6月28日,由龙华区人民政府举办的2019年"广东扶贫济困日"活动启动仪式如期举行,龙华区委书记杜玲、区人大常委会主任谢晓东、区政协主席钟荫腾等区委、人大、政府、政协四套班子领导,区法院院长,区检察院检察长,区有关单位负责同志及工作人员出席了活动。领导做了动员讲话,发动参加人员积极响应广东省的号召"决战脱贫攻坚,助力乡村振兴",积极为新一轮扶贫开发事业做出贡献。

6月28日,由福田区2019年"广东扶贫济困日"活动协调小组办公室、福田区对口帮扶办、福田区工业和信息化局、福田区民政局、福田区慈善会联合主办的"2019年'广东扶贫济困日'启动仪式"在福田区机关大楼二楼大堂隆重举行。福田区委书记吕玉印同志带领区委、区人大常委会、区政府、区政协四套班子,以及区直各机关单位代表、区爱心企业代表等近百人,向困难群众慷慨解囊,奉献爱心,共同为广东脱贫攻坚贡献力量。据统计,6月28日当天,全区各界人士已认捐善款共计10757435元。

6月29日,罗湖区慈善会启动第十个"广东扶贫济困日"募捐活动,联合区委统战部等单位和区10个街道83个社区开展募捐活动,筹集善款近1070万元(含认捐),助力脱贫攻坚。

6月30日,深慈联举办2019年深圳慈善日、慈善月活动启动仪式,以"慈善,让生活更美好"为主题,组织29家机构举办"美好生活'慈善+'市集",全面启动2019年深圳慈善日、慈善月活动。

6月30日,是"广东扶贫济困日",深圳市志愿服务基金会"玫瑰工坊"专项基金组织近500名深圳义工以团队形式,深入大街小巷,开展扶贫主题劝募和宣导行动,推动社会力量参与扶贫事业。本次活动的义工,大部分都是中小学生,活动筹集善款16.8万元,用于广西河池市巴马瑶族自治县的两所贫困小学的扶贫助学活动,包括援助贫困学生、为两所学校增添图书及体育器材等。

7月

7月1日,为庆祝中国共产党的98岁生日,深圳市慈善会全体职员在今天下午召开了党建兼"6·30"复盘工作会议。全体工作人员在会上分享了2019年"广东扶贫济困日"活动仪式的心得与经验。党的十九大提出了2020年实现全民脱贫的目标,我会响应党的号召,积极开展扶贫济困工作,今年的"广东扶贫济困日"活动,截至2019年6月30日,我市共为广东扶贫济困日认捐及已到账善款超过12.33亿元,除单独向省级捐赠接收机构认捐6亿元外,在市、区两级捐赠接收机构认捐及到账已超过6.33亿元。

7月15日,由深圳市福田区扶贫工作小组指导,福田区慈善会主办,福田区文化艺术培训行业协会承办为期5天的"精准扶贫艺术支教"——全科"音、体、美"教师千人培养工程(支教工程)在河源市和平县广播电视大学与福和小学拉开了序幕。据和平县教育局副局长谢志才介绍,和平县的艺术教育多年来排名全市倒数第二,但在支教工程及各方力量的援助下,现已光荣前进至音体美教育强县行列,提早一年圆满完成任务。在这份优异的成绩单中,既体现了支教团队的辛勤付出,也闪耀着福田作为深圳首善之区的大爱之光。

7月10—16日,光明区慈善会联合区民政局开展2019年"慈善月"爱心回访活动,区民政局主要负责同志以及爱心企业代表组成爱心回访小组,先后上门探望和慰问8名困难居民和外来劳务工,送去党委政府和社会各界的关爱。爱心回访小组冒雨深入社区,逐一去到8名慰问对象家中探望,同时还送上米、油等慰问品和慰问金。回访小组每到一户,便仔细询问他们的生活近况、小孩学习情况,深切表达了政府和社会对他们的关心爱护,并鼓励他们保持良好心态,努力克服眼前的困难,勇敢战胜病魔，乐观生活。此次活动不仅是物质上的资助，更是精神上的激励。受助者还向探访人员表达了心中的感激之情，表示家人对区慈善会的及时帮助非常感动，感谢党和政府以及社会爱心人士的关心。

7月18日，深圳市社会工作者协会与贺州市社会工作者协会签订了《深圳贺州两地社会工作战略合作发展协议》，深贺两地结成了社会工作发展战略合作伙伴关系。

7月18日，国际公益学院公益案例中心正式成立，并联合北京师范大学中国公益研究院推出首批经典案例名单。"公益经典案例"主要是面向成立时间较长、经历过完整生命周期，在内部治理、战略、项目、品牌、筹资和人力资源开发、伙伴关系建设等方面有成功经验的国内外公益机构。国际公益学院成立公益案例中心，旨在通过对系列公益案例的开发和应用、对案例库的建设和推广，完善"理论引导、实践深化、行动至上"的教学模式，培养行动型公益慈善管理人才。成立公益案例中心是国际公益学院在公益慈善人才培养领域的战略性规划，也是国际公益学院在公益慈善领域探索教研结合的新举措。

7月20日，第十一届国际青年能源与气候变化峰会在深圳市青少年活动中心正式拉开帷幕。本届峰会以"Climate Change PLUS 气候行动正向助力"为主题，由青年应对气候变化行动网络主办，生态环境部宣传教育中心、共青团深圳市委员会指导，招商蛇口、招商局慈善基金会战略支持，深圳市青少年发展基金会、中华青年精英项目联合主办，聚焦气候变化与其他社会议题的交叉领域，鼓励青年从多元视角关注气候变化带来的影响，推动各个行业协同参与，通过气候行动正向助力可持续发展。

7月26日，试点一年的"益童乐园"项目正式全面启动。在贵州省民政厅、贵州省委网络安全和信息化委员会办公室的指导支持下，贵州省慈善总会与北京字节跳动科技有限公司、深圳壹基金公益基金会形成战略合作，在贵州全省354个易地扶贫搬迁县城安置区复制推广"益童乐园"品牌项目，集中各方优势资源，更大力度地助力易地扶贫搬迁儿童融入社会，助推脱贫攻坚公益新实践。

7月27—28日，全国无障碍环境建设成果展示应用推广暨第十四届中国信息无障碍论坛在上海市国际康复中心举行。本次活动展示推介了《无障碍环境建设条例》实施7年来，我国无障碍环境建设的丰厚成果近200项。来自全国各地的政府部门、残联组织、高等院校、科研机构、行业社会组织等100余家无障碍专业机构参与了论坛。大会上，中国信息通信研究院和深圳市信息无障碍研究会联合汇编的《中国信息无障碍发展白皮书（2019年）》正式发布，推动了信息无障碍的发展。

7月31日，深圳市慈善事业联合会举办深圳市慈善行业人才发展政策研讨会暨《深圳市慈善行业从业人员发展状况——薪酬调研报告》评审会，并正式发布《深圳市慈善行业从业人员发展状况——薪酬调研报告》，以助力深圳公益慈善人才的培养，进一步推动慈善公益行业人才政策的出台。

8月

8月7日，由深圳国际公益学院、同心俱乐部、深圳市潮汕青年商会主办，宏艺空间、妙音同善会联合主办，深圳市慈善事业联合会作为支持单位的艺术慈善思享音乐会在深圳举行，旅法著名钢琴家、慈善家、联合国教科文组织莫扎特勋章获得者周勤龄教授，携著名钢琴演奏家、星海音乐学院钢琴系教师涂宇亮，香港紫荆艺术团青年演奏员谢雅雯为观众呈现了精彩绝伦的艺术慈善钢琴音乐盛宴，为创新之都深圳带来了国际顶级的音乐视听享受和艺术慈善的创新思路。

8月5—13日，为开阔乡村贫困学生的视野，加强爱国主义教育，共青团和平县上陵镇委员会组织和平县上陵镇12名贫困学生及3名带队老师赴北京参加研学活动。活动通过让表现优异的学生体验北京和高校的物质、文化生活，让学生看到生活更多的可能；通过游学，培养学生的独立能力和提高自我保护能力。

8月7日，光明区慈善会按照光明区对口扶贫工作部署，与广西田林县开展扶贫协作，划拨100万元资助当地三大帮扶项目，分别为教育系统捐资助学项目、医疗系统捐资助医项目、民政系统捐资助残项目。此次捐赠驱动了项目落地实施、发挥成效，预计受益贫困人口约1300人，助力田林县脱贫攻坚。

8月14—15日，信息无障碍研究会邀请争渡读屏、保益读屏、点明读屏、智苏无障碍旅行社，以及视障生活工具的开发者、负责人和代表共同参与"2019第二届信息无障碍研究会参访日"，实地考察研究会和科技企业的无障碍工作，表达最真实的想法和建议。研究会一直在努力探索和丰富与障碍用户交流的方式，以便更好地参与无障碍社会的建设，让无障碍事业在国内的发展真正成为每一个人参与的焦点。

8月22日，由民政部指导、中央广播电视总台举办的大型公益宣传活动——第五届"CCTV慈善之夜"在北京举行颁奖典礼并录制晚会。全国人大常委会副委员长、全国妇联主席沈跃跃，民政部副部长、社会组织管理局局长詹成付等出席晚会并颁奖。深圳这座城市因在脱贫攻坚和慈善领域实现了跨越式发展，获得活动主办方首次设立的"特别奖"。站在改革开放40周年的重要节点，第五届"CCTV慈善之夜"首次设置"特别奖"，向作为改革开放和全国公益慈善事业试验田的深圳致敬。

8月29日，深圳市慈善会联合香港美心集团、深圳天成食品有限公司、深圳市救助管理站和深圳市未成年人保护中心，召开"幸福城市·深善深秋"中秋送温暖活动仪式。本次活动，共捐助了2300盒美心月饼，给深圳外来务工人员、社区孤寡老人、重病贫困家庭、救助站困境儿童等群体送上了节日的关爱，让其感受到了"慈善之城"的温暖。

8月30日，深圳市社会工作者协会召开第五届五次理事会、2019年第一次监事会议，审议了换届选举办法及服务标准体系等内容，选举了111名理事会候选人及监事会候选人。

9月

9月9日，腾讯"99公益日"活动举行。2019年是"99公益日"的第5年，在过去的几年中，腾讯公益积极践行理性公益、科技向善的理念。"99公益日"捐款人次从最初的205万增长到2800万，并在今年实现了参与活动的慈善组织数和企业数双双过万的成绩。

9月20日，在由深圳市慈善会、湖北省慈善总会等联合主办的"健康扶贫——个人求助与慈善募捐"研讨会上，"深圳市慈善会·慈善医疗募捐"项目平台正式上线使用，为大病患者提供了免费、公平、高效、安全的救助平台。

9月20—22日，第六届中国慈展会在深圳会展中心举办。本届慈展会以"聚焦精准扶贫·共创美好生活"为主题，紧紧围绕深度贫困地区和特殊贫困群体脱贫需求，通过展示交流、研讨会议、资源对接等内容设置，引领和带动社会慈善资源向深度贫困地区倾斜，助力打赢深度贫困地区的脱贫攻坚战。

9月22日，深圳市慈善会联合中国人寿保险股份有限公司深圳市分公司在慈展会现场隆重举办自闭症儿童公益保险项目展示暨第九届"国寿小画家"少年儿童绘画大赛（深圳赛区）颁奖典礼，共有 96 幅优秀作品在深圳会展中心场馆展出。

10 月

10 月 1 日，深圳市龙华区民政局联合区慈善会开展"庆国庆·传关爱"——龙华区慈善会余香传爱活动，区慈善会党支部书记房品新、区慈善会副会长何永有及志愿者一行，深入走访慰问了深圳市龙华公安分局机动训练大队、深圳北站执勤中心及沿途环卫工人作业点，看望慰问了坚守在基层一线的公安民警和环卫工人，向他们送上了节日祝福并致以崇高敬意，还为他们送去了八宝粥、王老吉等价值 22 万元的爱心慰问物资。

10 月 12 日，经《深圳晚报》推荐，深慈联成为深圳首批阿里巴巴"正能量合伙人"。

10 月 15 日，光明区慈善会积极响应光明区委、区政府对口扶贫协作（广西田林县）的扶贫规划部署，划拨 250.905 万元资助广西田林县 56 个未脱贫村结对帮扶项目，助力光明区对口扶贫工作，支援田林县脱贫攻坚任务。

10 月 15 日，第 36 个国际盲人节，为了共同努力打造信息平等的社会环境，在全国无障碍环境建设智库、中国盲人协会的指导下，信息无障碍研究会联合微软（中国）、腾讯音乐集团、阿里巴巴、新浪科技等 40 多个品牌共同发声，发起微博话题"国际盲人节，一起建设互联网盲道"，呼吁公众通过感同身受地体验黑暗操作，与视障朋友一起跨越障碍。该微博话题阅读量达 490.4 万。

10 月 17 日，是我国第 6 个扶贫日，也是第 27 个国际消除贫困日。深圳壹基金公益基金会发布了《壹基金参与脱贫攻坚工作报告（2016—2018 年度）》，并发起公益倡导——"打赢脱贫攻坚战，壹家人贡献壹份力"，呼吁更多社会爱心人士关注和参与脱贫攻坚，全力以赴攻坚克难，坚决打赢脱贫攻坚战。

10 月 20 日，由中共四川省邛崃市委与腾讯公益慈善基金会主办的第二届全国"为村"大会在邛崃市大同乡陶坝村召开。本次为村大会以"小乡村里的大世界"为主题，探讨了在党的十九大提出乡村振兴重大战略的背景下，以腾讯为村平台为代表的互联网工具如何在基层实践中成为乡村振兴的数字化助手。

10月21日,深圳市慈善事业联合会通过公开招标流程,承接"《中华人民共和国慈善法》实施背景下深圳慈善事业发展状况、问题和政策建议"课题研究工作。深圳市慈善事业联合会围绕深圳市贯彻落实《中华人民共和国慈善法》的基本情况及慈善事业发展现状,组建课题研究小组,通过查阅资料文献、面向会员及公益慈善组织发放调研问卷、组织专家学者召开内部研讨会,分场次组织政府部门代表、慈善组织代表、专家学者、企业代表等进行一对一深度访谈和焦点小组等方式,分析深圳市慈善事业发展所面临的问题,提出促进深圳市慈善事业健康有序发展的建议,形成《深圳市慈善事业发展现状调研报告》和《深圳经济特区慈善事业发展促进条例(草案)》及说明。

10月28日,深圳市社会工作者协会召开第六届第一次会员大会暨换届选举大会,并开展了"你好社工——深圳社工行业献礼祖国文化展演活动"。

10月31日,福田区社会福利和社会捐助中心主任黄晓燕、副主任陈军携同福田区慈善会秘书长楚天、执行秘书长张冰冰及团队一行参访了龙华区慈善会,得到了龙华区民政局副局长李彦军、社会事务服务中心副主任钟燕和慈善会秘书长刘会峰的热情接待。随后,双方在短短2个小时内开展了一场极具头脑风暴的"慈善会运营新思维座谈会"。会议结束后,楚天秘书长还专门向李彦军副局长及一众慈善同仁展示了福田区慈善会的招牌项目——养老"福星车"。实用、便利的"福星车"得到了李彦军副局长的高度认可,刘会峰秘书长则表示要多多学习借鉴"福星车"的成功经验,让龙华区也能尽快拥有自己的品牌慈善车辆。

11月

11月8日,深圳市慈善会举办"民生幸福标杆中社区基金会的积极作用"主题培训,广邀全市各区慈善会、社区基金会、社区冠名基金的代表及部分公益机构代表,在分享学习中探讨社区基金会的发展。

11月12日,由深圳市慈善会、爱恩慈善基金所举办的"梦飞行2019"活动正式启航。

11月28日,为贯彻落实《中共中央 国务院关于加强和完善城乡社区治理的意见》,引导社会资金投向城乡社区治理领域,完善及促进深圳市社区基金会的社区治理创新模式，继续强化基金会的社区服务功能，推进社区基金（会）培育发展工作，受民政局委托，福彩公益金资助，由深圳市慈善会主办、社工学院承办开展的培训活动，旨在提升社区基金（会）组织能力、培养社区治理人才、激活社区活力、提升社区影响力和可持续的筹资及发展。

12 月

12月初，光明区慈善会顺利开展2019年"曙光"助学行动，共对辖区82名品学兼优的贫困学生进行了资助，其中高中生21名、初中生21名、小学生40名，合共发放助学金26.9万元。活动得到12家爱心企业的大力支持，共募得爱心助学款19.4万元。

12月1日，"温暖龙华，有你有我"北站社区基金关爱行动在龙悦居一期广场正式启动。区民政局领导，民治街道办领导，区慈善会相关人员、北站社区工作站、北站社区党群服务中心、北站社区基金相关领导，以及北站社区义工代表和北站社区居民共计200余人参加了此次活动。此次活动还促成了区慈善会和龙华区残障者就业创业指导中心的战略合作，聚善空间作为社区的慈善阵地，帮助第一批残障朋友在聚善空间实现了就业，解决了社区残障人士的基本生活问题；同时，聚善空间还针对社区的困难群体和志愿者等发放爱心消费卡，以行动关爱社区发展，以爱温暖社区居民。

12月3日，壹基金联合多方爱心力量，共同发起公众倡导活动——"壹基金温暖包，冬天不冷了"，呼吁更多爱心人士加入温暖包公益行动，为困境中的儿童送去冬日温暖，以帮助他们抵御寒冷、助力脱贫攻坚。19日，基金会中心网发布了2019中基透明指数FTI，对当前基金会行业的信息披露情况进行了总体分析和总结，深圳壹基金公益基金会连续8年获得透明度满分。

12月3—4日，深圳无障碍城市宣传促进日暨第28个国际残疾人日系列活动在深圳成功举办。活动中，深圳市信息无障碍研究会上榜"深圳首批无障碍建设红榜榜单"。活动汇聚了来自政府机关、残联组织、社会组织及各界代表等1000多人参加此项活动。2018年11月，深圳市政府出台了《深圳市创建无障碍城市行动方案》，将实现无障碍上升为城市总规划，信息无障碍研究会担任《深圳市信息无障碍标准》的编写制定单位，助推无障碍建设。

12月18日,由港澳台湾慈善基金会爱心奖主办的第14届2019"爱心奖"颁奖典礼在香港举行,国际公益学院院长、北京师范大学中国公益研究院院长王振耀荣获本届"爱心奖",颁奖词为:"托举大国公益,构筑慈善高峰。""爱心奖"旨在选拔无私奉献的爱心楷模,以鼓励善行及匡正社会风气。这是学院第三次摘得爱心奖,2017年第12届爱心奖得主是深圳国际公益学院的董事会主席马蔚华;2018年第13届爱心奖得主是深圳国际公益学院的发起人之一、内蒙古老牛慈善基金会创始人牛根生。

12月26日,深圳市青少年发展基金会联合深圳市青年公益促进会、深圳新闻网主办了"2019年大湾区青年未来计划"活动,主题为"先行示范·筑梦湾区",意在直面青年发展成才、城市融入中的核心问题,为推动少年成长、青年成才提供综合性、系统性的解决建议。活动采用"1+1+4"的板块形式构架:一场主题演讲、一场圆桌论坛、四项奖评选。

12月30日,深圳市慈善事业联合会第二届会员大会暨换届大会顺利召开。深圳市人大常委会常务副主任、党组副书记罗莉,深圳市人民政府副市长、党组成员黄敏,深圳市民政局党组书记、局长廖远飞,党组成员、副局长吴远翔,深圳市慈善事业联合会会长张思民,名誉会长兼执行长李罗力,名誉会长任克雷、李贤义、章必功、许锦光,部分名誉会长代表,以及121名会员代表出席了会议。会上选举产生了第二届理事会、监事会。

12月30日,2019年深圳社工关爱互助基金管理委员会将资助51名困难社工,总金额为368611元。

中国慈善（主要）政策法规、文件列举及搜索指引

一、登记管理

1.《关于在社会组织登记管理工作中加强名称管理有关问题的通知》民办发〔2018〕11号

发布部门：民政部　　　　　发布时间：2018-06-12

http://www.gov.cn/xinwen/2018-06/25/content_5301126.htm

2.《关于加强非军队主管的社会团体涉军事项管理的通知》民发〔2018〕78号

发布部门：民政部　　　　　发布时间：2018-06-19

http://xxgk.mca.gov.cn:8011/gdnps/content.jsp?id=9300

3.《社会组织登记管理条例（草案征求意见稿）》

发布部门：民政部　　　　　发布时间：2018-08-03

http://www.mca.gov.cn/article/xw/tzgg/201808/20180800010466.shtml

4.《关于进一步加强和改进社会服务机构登记管理工作的实施意见》民发〔2018〕129号

发布部门：民政部　　　　　发布时间：2018-10-16

http://xxgk.mca.gov.cn:8011/gdnps/content.jsp?id=9293

5.《慈善组织保值增值投资活动管理暂行办法》民政部令第62号

发布部门：民政部　　　　　发布时间：2018-10-30

http://xxgk.mca.gov.cn:8011/gdnps/content.jsp?id=10842

二、信用信息管理

1.《社会组织信用信息管理办法》民政部令第60号

发布部门：民政部　　　　　发布时间：2018-01-24

http://www.mca.gov.cn/article/gk/fg/shzzgl/201801/20180115007671.shtml

2.《关于报送社会组织活动异常名录和严重违法失信名单信息的通

知》民办函〔2018〕34号

发布部门：民政部　　　　　发布时间：2018-02-09

http://xxgk.mca.gov.cn:8011/gdnps/content.jsp?id=9309

3.《关于推进社会公益事业建设领域政府信息公开的意见》国办发〔2018〕10号

发布部门：国务院办公厅　　　发布时间：2018-02-26

http://www.gov.cn/zhengce/content/2018-02/26/content_5268879.htm

4.《关于对慈善捐赠领域相关主体实施守信联合激励和失信联合惩戒的合作备忘录》发改财金〔2018〕331号

发布部门：国家发展改革委、人民银行、民政部等　　发布时间：2018-02-11

https://www.ndrc.gov.cn/xxgk/zcfb/tz/201803/t20180316_962686.html

5.《关于在办理相关业务中使用统一社会信用代码的通知》发改办财金〔2018〕277号

发布部门：国家发展改革委办公厅　　发布时间：2018-03-01

https://www.ndrc.gov.cn/xxgk/zcfb/tz/201803/t20180308_962677.html

6.《慈善组织信息公开办法》民政部令第61号

发布部门：民政部　　　　　发布时间：2018-08-06

http://xxgk.mca.gov.cn:8011/gdnps/content.jsp?id=9296

三、税收政策

1.《关于非营利组织免税资格认定管理有关问题的通知》财税〔2018〕13号

发布部门：财政部、税务总局　　　发布时间：2018-02-07

http://szs.mof.gov.cn/zhengwuxinxi/zhengcefabu/201802/t20180226_2818200.html

2.《关于公益性捐赠支出企业所得税税前结转扣除有关政策的通知》财税〔2018〕15号

发布部门：财政部、税务总局　　　发布时间：2018-02-11

http://szs.mof.gov.cn/zhengwuxinxi/zhengcefabu/201802/t20180226_2817959.html

3.《关于公益性捐赠税前扣除资格有关问题的补充通知》财税〔2018〕110号

发布部门：财政部、税务总局、民政部　发布时间：2018－09－29

http://xxgk.mca.gov.cn:8011/gdnps/content.jsp?id=9294

4.《关于企业扶贫捐赠所得税税前扣除政策的公告》财政部 税务总局 国务院扶贫办公告2019年第49号

发布部门：财政部、税务总局、国务院扶贫办　发布时间：2019－04－02

http://szs.mof.gov.cn/zhengwuxinxi/zhengcefabu/201904/t20190404_3215541.html

四、慈善募捐

1.《关于遴选第二批慈善组织互联网公开募捐信息平台的通知》民办函〔2018〕2号

发布部门：民政部　　　发布时间：2018－01－04

http://xxgk.mca.gov.cn:8011/gdnps/content.jsp?id=9313

2.《公开募捐违法案件管辖规定（试行）》民发〔2018〕142号

发布部门：民政部　　　发布时间：2018－11－30

http://www.mca.gov.cn/article/xw/tzgg/201812/20181200013683.shtml

五、志愿服务

1.《关于做好志愿服务组织身份标识工作的通知》民办函〔2018〕50号

发布部门：民政部　　　发布时间：2018－03－20

http://xxgk.mca.gov.cn:8011/gdnps/content.jsp?id=9307

2.《关于深入开展脱贫攻坚志愿服务宣传展示活动的通知》民办函〔2018〕85号

发布部门：民政部　　　发布时间：2018－05－10

http://xxgk.mca.gov.cn:8011/gdnps/content.jsp?id=9304

3.《关于行业标准〈志愿服务组织基本规范〉公开征求意见的通知》

发布部门：民政部　　　　　发布时间：2019-07-27

http://www.mca.gov.cn/article/xw/tzgg/201807/20180700010331.shtml

4.《关于行业标准〈志愿服务基本术语〉公开征求意见的通知》

发布部门：民政部　　　　　发布时间：2018-12-13

http://www.mca.gov.cn/article/xw/tzgg/201812/20181200013689.shtml

5.《民政部办公厅关于进一步加强脱贫攻坚志愿服务宣传展示工作的通知》民办函〔2019〕71号

发布部门：民政部　　　　　发布时间：2019-06-05

http://xxgk.mca.gov.cn:8011/gdnps/content.jsp?id=10323

6.《关于国家标准〈志愿服务组织基本规范〉（征求意见稿）公开征求意见的通知》

发布部门：民政部　　　　　发布时间：2019-06-14

http://www.mca.gov.cn/article/xw/tzgg/201906/20190600017752.shtml

7.《民政部关于学习宣传贯彻习近平总书记志愿服务重要指示精神的通知》民函〔2019〕81号

发布部门：民政部　　　　　发布时间：2019-08-02

http://xxgk.mca.gov.cn:8011/gdnps/content.jsp?id=11589

六、慈善奖项

1.《关于印发新修订的〈"中华慈善奖"评选表彰办法〉的通知》民发〔2019〕81号

发布部门：民政部　　　　　发布时间：2019-08-27

http://xxgk.mca.gov.cn:8011/gdnps/content.jsp?id=10322

2.《民政部关于开展第十一届"中华慈善奖"评选表彰活动的通知》民函〔2019〕91号

发布部门：民政部　　　　　发布时间：2019-08-30

http://xxgk.mca.gov.cn:8011/gdnps/content.jsp?id=10321

3.《民政部办公厅关于做好"中华慈善日"标志使用管理工作的通知》民办函〔2019〕110号

发布部门：民政部　　　　　发布时间：2019-09-02

http://xxgk.mca.gov.cn:8011/gdnps/content.jsp?id=11588

七、互联网慈善

1.《关于印发〈"互联网+社会组织（社会工作、志愿服务）"行动方案（2018—2020年）〉的通知》民发〔2018〕115号

发布部门：民政部　　　　发布时间：2018-09-10

http://xxgk.mca.gov.cn:8011/gdnps/content.jsp?id=9295

2.《互联网宗教信息服务管理办法（征求意见稿）》

发布部门：国宗局　　　　发布时间：2018-09-10

http://www.fjnet.com/zfgz/201809/t20180910_269637.htm

八、彩票基金

1.《关于印发〈民政部彩票公益金使用管理办法〉等六个办法的通知》民办发〔2018〕8号

发布部门：民政局　　　　发布时间：2018-05-26

http://xxgk.mca.gov.cn:8011/gdnps/content.jsp?id=10326

2.《关于修改〈彩票管理条例实施细则〉的决定》

发布部门：财政部民政部国家体育总局　　　　发布时间：2018-08-16

http://xxgk.mca.gov.cn:8011/gdnps/content.jsp?id=11204

3.《中央专项彩票公益金支持地方社会公益事业发展资金管理办法》财综〔2019〕21号

发布部门：财政部　　　　发布时间：2019-06-27

http://jx.mof.gov.cn/xxgk/zhengcefagui/201908/t20190828_3375588.htm

九、补助救助

1.《关于加强慈善医疗救助活动监管的通知》民办函〔2018〕148号

发布部门：民政部办公厅　　　　发布时间：2018 10-17

http://www.mca.gov.cn/article/xw/tzgg/201810/20181000012498.shtml

2.《关于解决部分退役士兵社会保险问题中央财政补助资金有关事项的通知》财社〔2019〕81号

发布部门：财政部、退役军人部、人力资源社会保障部、医保局、民政部、税务总局　　　发布时间：2019-07-05

http：//sbs.mof.gov.cn/zhengwuxinxi/zhengcefabu/201907/t20190730_3319084.html

3.《关于修改中央财政困难群众救助等补助资金管理办法的通知》财社〔2019〕114号

发布部门：财政部、民政部、住房城乡建设部、中国残联　发布时间：2019-07-29

http：//sbs.mof.gov.cn/zhengwuxinxi/zhengcefabu/201908/t20190830_3377435.html

十、社会组织发展

1.《民政部办公厅关于印发〈2018年中央财政支持社会组织参与社会服务项目实施方案〉的通知》民办函〔2018〕37号

发布部门：民政部　　　发布时间：2018-02-11

http：//xxgk.mca.gov.cn:8011/gdnps/content.jsp?id=9308

2.《民政部关于印发〈民政部直管社会组织重大事项报告管理暂行办法〉的通知》民发〔2018〕85号

发布部门：民政部　　　发布时间：2018-07-13

http：//xxgk.mca.gov.cn:8011/gdnps/content.jsp?id=9297

3.《民政部办公厅关于印发〈2019年中央财政支持社会组织参与社会服务项目实施方案〉的通知》民办函〔2019〕41号

发布部门：民政部　　　发布时间：2019-04-19

十一、党建工作

1.《关于在社会组织章程增加党的建设和社会主义核心价值观有关内容的通知》民办函〔2018〕82号

发布部门：民政部　　　发布时间：2018-04-28

http：//xxgk.mca.gov.cn:8011/gdnps/content.jsp?id=9306

2.《中国共产党支部工作条例（试行）》

发布部门：中共中央　　　　发布时间：2018 - 10 - 28
http://www.12371.cn/2018/11/25/ARTI1543146320637564.shtml

3. 《2018年度民政部业务主管的社会组织党建述职评议考核工作方案》

发布部门：民政部社会组织服务中心党委　　发布时间：2018 - 12 - 05
http://www.zggyw.org/fuwu/gongkai/content-51-4169-1.html

2018—2019 年中国慈善公益政策法规、文件摘要

一、登记管理

1.《关于在社会组织登记管理工作中加强名称管理有关问题的通知》

2018 年 6 月 12 日，为切实加强和改进社会组织名称管理，进一步做好社会组织登记管理工作，民政部办公厅发布《关于在社会组织登记管理工作中加强名称管理有关问题的通知》。该通知对以下方面做出了详细规定：严格依法依规审核社会组织名称，组织开展社会组织名称管理自查工作，加强对社会组织规范使用名称情况的监督检查，落实工作指导和请示制度，切实加强专项检查和社会监督。

2.《关于加强非军队主管的社会团体涉军事项管理的通知》

2018 年 6 月 19 日，为进一步加强非军队主管的社会团体涉军工作管理，民政部、中央军委政治工作部联合发布《关于加强非军队主管的社会团体涉军事项管理的通知》。该通知的主要内容为：加强对冠以涉军名称的非军队主管社会团体的登记管理，规范非军队主管社会团体开展涉军业务活动管理，严格军队人员和单位参加社会团体及其活动管理。

3.《社会组织登记管理条例（草案征求意见稿）》

2018 年 8 月 3 日，为向社会各界征求社会组织登记管理的相关意见，民政部发布《社会组织登记管理条例（草案征求意见稿）》，该征求意见稿把社会团体、基金会、社会服务机构（民办非企业单位）的登记管理合并在同一框架内，既有一般规定，也有关于不同类型社会组织特点的专节规定。征求意见的期限已于 2018 年 9 月 1 日截止。

4.《关于进一步加强和改进社会服务机构登记管理工作的实施意见》

2018 年 10 月 16 日，为进一步加强和改进社会服务机构登记管理工作，切实提升社会服务机构登记管理质量，引导促进社会服务机构健康有序发展，民政部发布《关于进一步加强和改进社会服务机构登记管理工作的实施意见》发布。该意见明确提出，要强化对社会服务机构的登记审查，严格管理和监督，提升登记管理质量，抓好组织实施。

5.《慈善组织保值增值投资活动管理暂行办法》

2018年10月30日,民政部公布于2018年10月25日由民政部部务会议通过的《慈善组织保值增值投资活动管理暂行办法》,目的是规范慈善组织的投资活动,防范慈善财产运用风险,促进慈善组织持续健康发展。该办法对慈善组织保值增值投资活动的宗旨、原则、情形、方式等做了说明,并于2019年1月1日起开始实施。

二、信用信息管理

1.《社会组织信用信息管理办法》

2018年1月24日,为加强社会组织信用信息管理,推进社会组织信用体系建设,促进社会组织健康有序发展,民政部公布于2018年1月12日由民政部部务会议通过的《社会组织信用信息管理办法》,自公布之日起施行。该办法主要对社会组织信息管理对象、内容、处理方式等做了详细说明。

2.《关于报送社会组织活动异常名录和严重违法失信名单信息的通知》

2018年2月9日,民政部发布《关于报送社会组织活动异常名录和严重违法失信名单信息的通知》,目的是做好《社会组织信用信息管理办法》的施行工作,该通知指出,民政部拟在中国社会组织网（www.chinanpo.gov.cn）建立专门查询栏目,公开社会组织活动异常名录、严重违法失信名单信息,并向"信用中国"进行推送,并将推送的相关数据做了说明。

3.《关于推进社会公益事业建设领域政府信息公开的意见》

2018年2月26日,为进一步推动社会公益事业建设领域政府信息公开工作,推进国家治理体系和治理能力现代化,国务院办公厅发布《关于推进社会公益事业建设领域政府信息公开的意见》。该意见明确了社会高度关注、公益色彩浓厚的七个社会公益事业建设领域为公开重点,包括脱贫攻坚领域、社会救助和社会福利领域、教育领域、基本医疗卫生领域、环境保护领域、灾害事故救援领域和公共文化体育领域;并强调各地区各部门要充分认识推进社会公益事业建设领域政府信息公开的重要性,抓好组织实施,开展考核评估,强化监督问责,确保各项任务落到实处。

4.《关于对慈善捐赠领域相关主体实施守信联合激励和失信联合惩戒的合作备忘录》

2018年2月11日,为落实国家相关文件对"褒扬诚信、惩戒失信"的总体要求,着眼于弘扬和践行社会主义核心价值观,国家发改委、中国人民银行、民政部等40个部门联合印发《关于对慈善捐赠领域相关主体实施守信联合激励和失信联合惩戒的合作备忘录》。该备忘录的主要内容包括:信息共享与联合激励、联合惩戒的实施方式;守信联合激励的对象和措施;失信联合惩戒的对象和措施;并要求各部门、各领域内相关法律、法规、规章及规范性文件进行修改或调整,与该备忘录不一致的,以修改后的法律、法规、规章及规范性文件为准。

5.《关于在办理相关业务中使用统一社会信用代码的通知》

2018年3月1日,为深入学习贯彻习近平新时代中国特色社会主义思想和党的十九大精神,落实《国务院关于批转发展改革委等部门法人和其他组织统一社会信用代码制度建设总体方案的通知》(国发〔2015〕33号)要求,为法人和非法人组织办理相关业务提供便利,国家发改委办公厅发布《关于在办理相关业务中使用统一社会信用代码的通知》。该通知提出,自2018年6月30日起,机关事业单位、社会团体、基金会、民办非企业单位、基层群众性自治组织、工会等组织机构代码证和未加载统一社会信用代码的登记证照停止使用,改为使用由相关登记管理部门(或批准单位、归口管理单位)制发的加载统一社会信用代码的登记证照。

6.《慈善组织信息公开办法》

2018年8月6日,民政部公布于2018年7月27日由民政部部务会议通过的《慈善组织信息公开办法》,目的是规范慈善组织的信息公开行为,保护捐赠人、志愿者、受益人等慈善活动参与者的合法权益,维护社会公众的知情权,促进慈善事业发展。该办法对慈善组织应公开的信息内容、时间等做了详细规定。

三、税收政策

1.《关于非营利组织免税资格认定管理有关问题的通知》

2018年2月7日,财政部、税务总局发布《关于非营利组织免税资格认定管理有关问题的通知》。该通知对符合免税资格的非营利组织必须满足的八个条件、申请享受免税资格的非营利组织报送的材料、非营利组织免税优惠资格的有效期、提出申请的部门与方式、违规情况等做了详细说明。

2.《关于公益性捐赠支出企业所得税税前结转扣除有关政策的通知》

2018年2月11日,财政部、税务总局发布《关于公益性捐赠支出企业所得税税前结转扣除有关政策的通知》。该通知指出,企业通过公益性社会组织或者县级(含县级)以上人民政府及其组成部门和直属机构,用于慈善活动、公益事业的捐赠支出,在年度利润总额12%以内的部分,准予在计算应纳税所得额时扣除;超过年度利润总额12%的部分,准予结转以后3年内在计算应纳税所得额时扣除;企业当年发生及以前年度结转的公益性捐赠支出,准予在当年税前扣除的部分,不能超过企业当年年度利润总额的12%。

3.《关于公益性捐赠税前扣除资格有关问题的补充通知》

2018年9月29日,财政部、税务总局、民政部联合发布《关于公益性捐赠税前扣除资格有关问题的补充通知》,对《财政部国家税务总局民政部关于公益性捐赠税前扣除有关问题的通知》(财税〔2008〕160号)和《财政部国家税务总局关于通过公益性群众团体的公益性捐赠税前扣除有关问题的通知》(财税〔2009〕124号)中的"行政处罚",是指税务机关和登记管理机关给予的行政处罚(警告或单次1万元以下罚款除外)这项规定做了补充说明。

4.《关于企业扶贫捐赠所得税税前扣除政策的公告》

2019年4月2日,为支持脱贫攻坚,切实做好企业捐赠的相关工作,财政部、税务总局、国务院扶贫办发布《关于企业扶贫捐赠所得税税前扣除政策的公告》,规定自2019年1月1日至2022年12月31日,企业通过公益性社会组织或者县级(含县级)以上人民政府及其组成部门和直属机构,用于目标脱贫地区的扶贫捐赠支出,准予在计算企业所得税应纳税所得额时据实扣除。

四、慈善募捐

1.《关于遴选第二批慈善组织互联网公开募捐信息平台的通知》

2018年1月4日,为推进"互联网+"在公益慈善领域的广泛运用和规范运行,支持慈善组织在更大范围依法开展互联网募捐信息发布,民政部发布《关于遴选第二批慈善组织互联网公开募捐信息平台的通知》,该通知指出以"统筹规划、循序渐进、公开透明、自愿申请、依法依规、优中选优"为原则,对由境内企事业单位、社会组织开办运营,有意愿、有能力、有条件为慈善组织提供互联网公开募捐信息发布服务的网络平台进行遴选。

2.《公开募捐违法案件管辖规定（试行）》

2018年11月30日,为明确公开募捐违法案件的管辖,及时查处相关违法行为,维护慈善募捐管理秩序,民政部发布关于印发《公开募捐违法案件管辖规定（试行）》的通知。该规定对公开募捐违法案件类型、违法行为的管辖方式等做了详细说明。

五、志愿服务

1.《关于做好志愿服务组织身份标识工作的通知》

2018年3月20日,为加强对志愿服务组织的指导,规范志愿服务行为,支持志愿服务组织发展,方便社会公众参与志愿服务、获得志愿服务,促进志愿服务事业健康发展,民政部办公厅发布《关于做好志愿服务组织身份标识工作的通知》,要求对于符合条件的志愿服务组织,民政部门应当按本通知要求在社会组织登记管理信息系统（代码系统）对其进行标识并向社会公告。

2.《关于深入开展脱贫攻坚志愿服务宣传展示活动的通知》

2018年5月10日,为鼓励引导广大志愿服务组织和志愿者积极投身脱贫攻坚,民政部决定在全国深入开展脱贫攻坚志愿服务宣传展示活动,并发布《关于深入开展脱贫攻坚志愿服务宣传展示活动的通知》,该通知对开展脱贫攻坚志愿服务相关的活动目标、活动重点、活动安排和工作要求做了详细规定。

3.《关于行业标准〈志愿服务组织基本规范〉公开征求意见的通知》

2018年7月27日,民政部发布了《关于行业标准〈志愿服务组织基本规范〉公开征求意见的通知》。《志愿服务组织基本规范（征求意见稿）》规定了志愿服务组织的基本要求、服务、管理、隐私与保护、安全与应急、评估与改进等。该意见反馈期限已于2018年8月26日结束。

4.《关于行业标准〈志愿服务基本术语〉公开征求意见的通知》

2018年12月13日,民政部发布了《关于行业标准〈志愿服务基本术语〉公开征求意见的通知》,针对《志愿服务基本术语》公开征求意见。意见反馈期限已于2019年1月12日结束。

5.《民政部办公厅关于进一步加强脱贫攻坚志愿服务宣传展示工作的通知》

2019年6月5日,为全面贯彻落实党中央关于打赢脱贫攻坚战的一系列重大决策部署,多角度、全方位、立体化展示脱贫攻坚志愿服务的生动实践,动员引导更多志愿服务力量参与精准扶贫、精准脱贫,积极为助力脱贫攻坚、全面建成小康社会贡献力量,民政部发布《民政部办公厅关于进一步加强脱贫攻坚志愿服务宣传展示工作的通知》,该通知对聚焦脱贫攻坚、突出宣传展示重点,精心策划安排、统筹开展宣传展示,加强组织领导、提高宣传展示成效这三方面做了详细规定。

6.《关于国家标准〈志愿服务组织基本规范〉(征求意见稿)公开征求意见的通知》

2019年6月14日,民政部发布了《关于国家标准〈志愿服务组织基本规范〉(征求意见稿)公开征求意见的通知》,面向社会公开征求意见。意见反馈期限已于2019年7月20日结束。

7.《民政部关于学习宣传贯彻习近平总书记志愿服务重要指示精神的通知》

2019年8月2日,为有力推进各级民政部门深入学习宣传贯彻习近平总书记的重要指示精神,民政部发布《民政部关于学习宣传贯彻习近平总书记志愿服务重要指示精神的通知》,其主要内容包括:深刻学习领会习近平总书记关于志愿服务重要指示精神的丰富内涵和核心要义、迅速兴起学习宣传贯彻习近平总书记重要指示精神的热潮、切实担负起推进新时代志愿服务工作的职责使命。

六、慈善奖项

1.《关于印发新修订的〈"中华慈善奖"评选表彰办法〉的通知》

2019年8月27日,为更好地做好"中华慈善奖"评选表彰工作,鼓励更多的自然人、法人和其他组织参与慈善事业,弘扬慈善文化,民政部印发新修订的《"中华慈善奖"评选表彰办法》，同时，2017年8月29日印发的《"中华慈善奖"评选表彰办法》废止。新办法内容主要对评选奖项设置、评选对象、评选标准、评选流程、表彰时间、处罚情况等做了详细规定。

2.《民政部关于开展第十一届"中华慈善奖"评选表彰活动的通知》

2019年8月30日，为弘扬社会主义核心价值观和中华民族传统美德，表彰社会各2界奉献爱心、回报社会的慈行善举，鼓励、带动更多社会力量参与脱贫攻坚，民政部发布《民政部关于开展第十一届"中华慈善奖"评选表彰活动的通知》，对评选对象、奖项设置、组织机构、推荐要求、评选程序、评选基本标注和程序、表彰方式、有关安排和要求做了详细说明。

3.《民政部办公厅关于做好"中华慈善日"标志使用管理工作的通知》

2019年9月2日，为加强慈善宣传，民政部确定了"中华慈善日"标志，制作了该标志的宣传视频，制定了《"中华慈善日"标志使用管理办法》，并发布了工作通知，该通知的主要内容包括：充分认识推广使用标志的重要意义、积极推动标志使用、严格规范标志使用等。

七、互联网慈善

1.《关于印发〈"互联网+社会组织（社会工作、志愿服务）"行动方案（2018—2020年）〉的通知》

2018年9月10日，民政部《关于印发〈"互联网+社会组织（社会工作、志愿服务）"行动方案（2018—2020年）〉的通知》发布。该方案中包括基本原则、推动"互联网+社会组织治理"、推动"互联网+专业社会工作"、推动"互联网+志愿服务"、推动"互联网+慈善募捐"、加强上下同步行动共六大内容。

2.《互联网宗教信息服务管理办法（征求意见稿）》

2018年9月10日，国家宗教事务局在中国政府法制信息网上发布了《互联网宗教信息管理办法（征求意见稿）》，面向社会公开征求意见。该征求意见稿对办法适用范围、互联网宗教信息服务审批、互联网宗教信息服务管理、相关法律责任等进行了详细说明。征求意见期限已于2018年10月9日结束。

八、彩票基金

1.《关于印发〈民政部彩票公益金使用管理办法〉等六个办法的通知》

2018年5月26日,民政部办公厅印发《民政部彩票公益金使用管理办法》《民政部彩票公益金民政部项目立项和评审办法》《民政部彩票公益金项目督查办法》《民政部彩票公益金使用管理信息公开办法》《民政部彩票公益金服务和其他类项目管理办法》《民政部彩票公益金培训项目管理办法》六个办法。《民政部本级彩票公益金使用管理办法》(民办发〔2016〕7号)、《民政部彩票公益金本级项目立项和评审办法》(民办发〔2016〕18号)、《民政部彩票公益金项目督查办法(试行)》(民办函〔2017〕173号)、《民政部彩票公益金使用管理信息公开办法(试行)》(民办函〔2017〕172号)、《民政部彩票公益金本级服务和其他类项目管理办法(试行)》(民办发〔2017〕23号)、《民政部彩票公益金本级培训项目管理办法(试行)》(民办发〔2017〕24号)同时废止。

2.《关于修改〈彩票管理条例实施细则〉的决定》

2018年8月16日,为贯彻落实党中央、国务院推进简政放权、放管结合、优化服务改革部署,加强彩票监督管理责任追究,经财政部、民政部、国家体育总局审议决定,发布《关于修改〈彩票管理条例实施细则〉的决定》,对《彩票管理条例实施细则》的第五条、第七条、第九条、第十二条、第十九条、第二十条、第六十二条的相关修改做了说明。

3.《中央专项彩票公益金支持地方社会公益事业发展资金管理办法》

2019年6月27日,为进一步规范和加强中央专项彩票公益金支持地方社会公益事业发展资金管理,根据《中华人民共和国预算法》《彩票管理条例》《彩票管理条例实施细则》等有关规定,财政部公布了《中央专项彩票公益金支持地方社会公益事业发展资金管理办法》,对社会公益事业资金的定义、用途、使用方法、分配元素、部门职责等做了详细说明。该办法自公布之日起施行,有效期至2020年12月31日。

九、补助救助

1.《关于加强慈善医疗救助活动监管的通知》

2018年10月17日,为加强慈善医疗救助活动监管,切实保障人民群众的合法权益，民政部办公厅发布《关于加强慈善医疗救助活动监管的通知》，该通知的内容包括：全面排查慈善医疗救助活动，依法查处以慈善医疗救助名义开展的非法营利活动，严格规范慈善医疗救助活动，切实加强对相同相似问题的研判和监管。

2.《关于解决部分退役士兵社会保险问题中央财政补助资金有关事项的通知》

2019年7月5日，为妥善解决部分退役士兵基本养老保险和基本医疗保险未参保和中断缴费问题，规范中央财政补助资金使用管理，财政部、人力资源和社会保障部、民政部等印发《关于解决部分退役士兵社会保险问题中央财政补助资金有关事项的通知》，内容包括政府补助范围、中央财政补助范围及标准、中央财政补助资金预拨和结算、补助资金使用管理、监督检查和有关工作要求。

3.《关于修改中央财政困难群众救助等补助资金管理办法的通知》

2019年7月29日，为进一步加强中央财政困难群众救助、农村危房改造、残疾人事业发展等补助资金管理，明确资金实施期限和分配因素权重，强化预算绩效管理，财政部、民政部、住房和城乡建设部、中国残疾人联合会印发《关于修改中央财政困难群众救助等补助资金管理办法的通知》，对《财政部　民政部关于印发〈中央财政困难群众救助补助资金管理办法〉的通知》（财社〔2017〕58号）、《财政部　住房城乡建设部关于印发〈中央财政农村危房改造补助资金管理办法〉的通知》（财社〔2016〕216号）、《财政部　中国残联关于印发〈中央财政残疾人事业发展补助资金管理办法〉的通知》（财社〔2016〕114号）有关规定进行修改，并于2019年9月1日开始实施。

十、社会组织发展

1.《民政部办公厅关于印发〈2018年中央财政支持社会组织参与社会服务项目实施方案〉的通知》

2018年2月11日，为做好中央财政支持社会组织参与社会服务项目管理工作，规范项目评审及运作，加强资金监管，提高项目效益，民政部印发《2018年中央财政支持社会组织参与社会服务项目实施方案》，要求各省级民政部门应当对照项目实施方案的要求，广泛宣传动员，认真组织项目申报；项目确定立项后，应当尽快组织立项单位对纸质申报材料的汇总和报送，及时召开培训会议，切实做好指导管理，确保项目质量效益。

2.《民政部关于印发〈民政部直管社会组织重大事项报告管理暂行办法〉的通知》

2018年7月13日，为进一步加强对民政部直管社会组织（以下简称"直管社会组织"）重大事项报告的管理，规范直管社会组织行为，发挥直管社会组织的示范引领作用，促进直管社会组织健康有序发展，民政部印发了《民政部直管社会组织重大事项报告管理暂行办法》。该暂行办法对社会组织的报批类事项、报备类事项、管理要求、处理措施等做了详细说明。

3.《民政部办公厅关于印发〈2019年中央财政支持社会组织参与社会服务项目实施方案〉的通知》

2019年4月19日，民政部办公厅发布《民政部办公厅关于印发〈2019年中央财政支持社会组织参与社会服务项目实施方案〉的通知》，印发《2019年中央财政支持社会组织参与社会服务项目实施方案》，目的是做好中央财政支持社会组织参与社会服务项目管理工作，规范项目评审及运作，加强资金监管，提高项目效益。该方案对资金性质和分配、资助类型、资助范围及重点、资助条件、项目申报和材料报送、项目评审和立项、项目管理等方面做了说明。

十一、党建工作

1.《关于在社会组织章程增加党的建设和社会主义核心价值观有关内容的通知》

2018年4月28日，为从源头上确保社会组织管理的正确政治方向和鲜明价值导向，民政部发布《关于在社会组织章程增加党的建设和社会主义核心价值观有关内容的通知》，要求各地民政部门要指导社会组织在社会组织章程中增加党的建设和社会主义核心价值观有关内容，并对社会组织党的建设有关内容、社会主义核心价值观有关内容等做了说明。

2.《中国共产党支部工作条例（试行）》

2018年10月28日，中共中央发布了《中国共产党支部工作条例（试行）》，并要求各地区各部门认真遵照执行。该条例规定企业、农村、机关、学校、科研院所、社区、社会组织、人民解放军和武警部队连（中）队以及其他基层单位，凡是有正式党员3人以上的，都应当成立党支部。并对党支部的组织设置、基本任务、工作机制、组织生活、党支部委员会建设、领导和保障等方面做了详细规定。

3.《2018年度民政部业务主管的社会组织党建述职评议考核工作方案》

2018年12月5日，为促进民政部业务主管的社会组织党建工作全面进步、全面过硬，民政部社会组织服务中心党委发布《2018年度民政部业务主管的社会组织党建述职评议考核工作方案》，并将在部管社会组织中全面开展党建述职评议考核工作，该方案对社会组织党建的述职范围、述职内容、述职形式、工作步骤、结果运用等做了详细说明。

深圳 5A 级慈善公益组织名单

表 1　深圳市级 5A 级慈善公益组织名单

机构名称	获评年份	所属区域
深圳市阳光家庭综合服务中心	2015	深圳市
深圳市公益救援志愿者联合会	2015	深圳市
深圳市信息无障碍研究会	2017	深圳市
深圳市蓝色海洋环境保护协会	2017	深圳市
深圳市信实公益服务发展中心	2017	深圳市
深圳市社联社工服务中心	2017	深圳市
深圳市志远社会工作服务社	2017	深圳市
深圳壹基金公益基金会	2017	深圳市
深圳市国际交流合作基金会	2017	深圳市
深圳市妇女社会组织促进会	2017	深圳市
深圳市慈善会	2018	深圳市
深圳市社会工作者协会	2018	深圳市
深圳市守望心智障碍者家庭关爱协会	2018	深圳市
深圳慈善公益网	2018	深圳市
深圳市慈卫公益事业发展中心	2018	深圳市
深圳市协康残疾人康复服务中心	2018	深圳市
深圳市温馨社工服务中心	2018	深圳市
深圳市恩派非营利组织发展中心	2018	深圳市
深圳市升阳升社会工作服务社	2018	深圳市
深圳市东西方社工服务社	2018	深圳市
深圳市任达爱心护理院	2018	深圳市
深圳市日月社会工作服务社	2018	深圳市

续表1

机构名称	获评年份	所属区域
深圳市桃花源生态保护基金会	2018	深圳市
深圳市关爱行动公益基金会	2019	深圳市
深圳市新现代社工服务中心	2019	深圳市
深圳市马洪经济研究发展基金会	2019	深圳市
深圳市德义爱心促进会	2019	深圳市
深圳市慈善事业联合会	2019	深圳市
深圳市现代公益组织研究与评估中心	2019	深圳市

表2 深圳区级5A级慈善公益组织名单

机构名称	获评年份	所属区域
深圳市福田区社会医疗机构行业协会	2015	福田区
深圳市福田区社会工作协会	2015	福田区
深圳市福田区维德法律服务中心	2015	福田区
深圳市福田区福安居家养老服务中心	2015	福田区
深圳市福田区企创非营利组织发展中心	2016	福田区
深圳市福田区慈善会	2017	福田区
深圳市福田区启航公益服务中心	2017	福田区
深圳市福田现代社工事务所	2019	福田区
深圳市罗湖区慈善会	2016	罗湖区
深圳市罗湖区晴晴言语康复服务中心	2016	罗湖区
深圳市罗湖区懿贝斯女性社会组织服务中心	2017	罗湖区
深圳市罗湖区德福居家养老服务中心	2017	罗湖区
深圳市罗湖区德福社工服务中心	2017	罗湖区
深圳市罗湖区社会工作者协会	2018	罗湖区
深圳市罗湖区雅博儿童康复服务中心	2018	罗湖区
深圳市罗湖区仁爱康复服务中心	2018	罗湖区

续表2

机构名称	获评年份	所属区域
深圳市盐田区火玫瑰社工服务中心	2018	盐田区
深圳市盐田区习学书院	2018	盐田区
深圳市南山区关爱特殊儿童中心	2015	南山区
深圳市南山区社会工作协会	2015	南山区
深圳市南山区南风社会工作服务社	2015	南山区
深圳市南山区社会组织总会	2016	南山区
深圳市南山区万家福居家养老社	2016	南山区
深圳市南山区惠民综合服务社	2017	南山区
深圳市南山区绿野社工服务中心	2019	南山区
深圳市南山区义工联合会	2019	南山区
深圳市宝安区慈善会	2017	宝安区
深圳市龙岗区中南社工服务社	2015	龙岗区
深圳市龙岗区龙祥青少年发展中心	2017	龙岗区
深圳市龙岗区华翼长者综合服务中心	2017	龙岗区
深圳市龙岗区龙祥社工服务中心	2018	龙岗区
深圳市龙岗区彩虹社会工作服务中心	2018	龙岗区
深圳市龙岗区春暖社工服务中心	2018	龙岗区
深圳市龙岗区正阳社会工作服务中心	2018	龙岗区
深圳市龙岗区百合社会事务服务中心	2018	龙岗区
深圳市龙岗区至诚社会工作服务中心	2018	龙岗区
深圳市龙岗区智康特殊儿童康复中心	2018	龙岗区
深圳市龙华区厚德居家养老服务中心	2018	龙华区
深圳市龙华区党务工作者协会	2019	龙华区
深圳市龙华区壹家亲社工服务中心	2019	龙华区

深圳慈善公益组织 FTI 指数满分名录（2019年）

2019年深圳慈善公益组织 FTI 指数满分名录见表1。

表1　深圳慈善公益组织 FTI 指数满分名录（2019年）

机构名称	成立时间	基金会类型
深圳市爱阅公益基金会	2010-11-17	非公募
深圳市慈缘慈善基金会	2014-04-04	非公募
深圳市关爱行动公益基金会	2011-03-29	公募
深圳市红树林湿地保护基金会	2012-07-11	公募
深圳市华基金生态环保基金会	2012-12-29	非公募
深圳市建辉慈善基金会	2016-08-29	非公募
深圳市龙越慈善基金会	2011-11-17	公募
深圳市铭基金公益基金会	2017-09-07	非公募
深圳市社会公益基金会	1991-07-18	公募
深圳市桃花源生态保护基金会	2015-07-20	非公募
深圳壹基金公益基金会	2010-12-03	公募

深圳市第四届鹏城慈善奖获奖榜单

第四届鹏城慈善奖于2018年4月启动申报,该活动得到了社会各界的积极响应。经评选委员会对相关数据和事迹进行初步筛选,共有301个有效申报主体参选。

2018年8月28日,经由指导单位、主办单位代表以及深圳市党代表、深圳市人大代表、深圳市政协委员和行业专家、媒体代表等15人组成的独立评审团评审,以无记名投票方式产生了第四届鹏城慈善奖获奖名单,共107个机构、个人和项目。具体获奖名单如下所示。

一、鹏城慈善捐赠个人奖

1. 鹏城慈善捐赠个人金奖

序号	姓名	2016—2017年捐赠总额(万元)
1	叶澄海	14994.000
2	刘水	7350.000
3	李贤义	5331.629
4	陈红天	4655.000
5	刘松波	3500.000
6	马少福	1888.000
7	游忠惠	1530.000
8	彭君云	1355.900
9	曾少强	1320.000
10	朱保国	1235.130

2. 鹏城慈善捐赠个人银奖

序号	姓名	2016—2017年捐赠总额（万元）
11	关炜楠	806.314
12	邓绍光	625.330
13	曾云枢	452.060
14	刘海云	419.290
15	李瑞杰	398.705
16	林国芳	353.570
17	林荣生	340.000
18	陈灵梅	320.000
19	林填发	230.000
20	陈劲松	200.000

3. 鹏城慈善捐赠个人铜奖

序号	姓名	2016—2017年捐赠总额（万元）
21	徐源宝	193.410
22	区绮文	160.500
23	黄镜芳	130.000
24	李新华	122.980
25	赵文发	118.740
26	田王星	107.000
27	黄雅敏	100.000
28	叶洪孝	100.000
29	叶志雄	100.000
30	吴京	100.000
31	彭泽健	100.000

二、鹏城慈善捐赠企业奖

1. 鹏城慈善捐赠企业金奖

序号	企业	2016—2017年捐赠总额（万元）
1	腾讯公司	137000.000
2	万科企业股份有限公司	22413.680
3	龙光集团控股有限公司	18473.270
4	深圳明德控股发展有限公司	13200.000
5	深圳市荣超房地产开发有限公司	10479.370
6	深圳市华强集团有限公司	9599.000
7	招商局集团有限公司	6767.000
8	可口可乐中国	6722.829
9	深圳海王集团股份有限公司	6683.410
10	百度时代网络技术（北京）有限公司	5300.000

2. 鹏城慈善捐赠企业银奖

序号	企业	2016—2017年捐赠总额（万元）
11	富士康科技集团	5150.000
12	深圳信立泰药业股份有限公司	4555.950
13	卓越置业集团有限公司	4372.000
14	招商局蛇口工业区控股股份有限公司	3990.000
15	深圳市宝能投资集团有限公司	2776.500
16	深圳市粤美特实业集团有限公司	2630.800
17	深圳市中意集团有限公司	2296.900
18	中国外运长航集团有限公司	2183.000
19	腾邦集团有限公司	2032.570
20	招商证券股份有限公司	2000.000

3. 鹏城慈善捐赠企业铜奖

序号	企业	2016—2017年捐赠总额（万元）
21	招商局公路网科技控股股份有限公司	1923.000
22	深圳市金活医药有限公司	1856.399
23	深圳市立业集团有限公司	1188.320
24	深港产学研创业投资有限公司	1034.000
25	深圳市中幼国际教育科技有限公司	1000.000
26	深圳市万润实业有限公司	1000.000
27	招商局能源运输股份有限公司	979.000
28	深圳市毅德投资管理有限公司	820.000
29	深圳市松禾资本管理有限公司	755.000
30	深圳市能源环保有限公司	700.000

三、鹏城慈善感动人物

（1）黄创就、黄锦添（李三好火锅店创始人）。

（2）黄南美（深圳红荔慈善基金会创始人）。

（3）姚晓明（临床医学博士、深圳华厦眼科医院首席专家）。

（4）张洪华（深圳市宝安区慈善会会长）。

（5）牛连杰（V+众创公寓创始人）。

（6）伍雪玲（深圳市晴晴言语康复服务中心创始人）。

（7）刘勇（残友集团副董事长、党委副书记）。

（8）区绮文（玛莎集团有限公司总裁）。

（9）王金云（深圳市阳光下之家社会帮教服务中心理事长）。

（10）陈行甲（深圳市恒晖儿童公益基金会创始人）。

四、鹏城慈善典范项目

（1）关爱环卫工人·爱心待餐（美丽深圳公益基金会）。

（2）智慧居家养老项目（深圳市华龄老年服务中心）。

（3）阅芽计划（深圳市爱阅公益基金会）。

（4）大鹏半岛生态文明建设慈善信托（深圳市大鹏新区管理委员会、深圳市社会公益基金会）。

（5）福田红树林生态公园委托管理（福田区人民政府、深圳市红树林湿地保护基金会）。

（6）2017创想学堂公益A计划（深圳市创想公益基金会）。

（7）爱心鞋项目（深圳市花样盛年慈善基金会）。

（8）"护蕾行动"深圳市宝安区中小学校园欺凌减除计划（深圳市宝安区慈善会、深圳市阳光家庭综合服务中心）。

（9）统一战线"同心助学行"资助广西百色家庭经济困难大学新生（深圳光彩事业促进会）。

（10）"福顺"Vcare空间（深圳市弘法寺慈善功德基金会、深圳市关爱行动公益基金会）。

（11）壹基金儿童平安训练营（深圳壹基金公益基金会、深圳市罗湖区和粤公益发展中心）。

（12）I CAN"我能"工作室项目（深圳市南山区惠民综合服务社）。

（13）捐一元·献爱心·送营养［百胜餐饮（深圳）有限公司］。

（14）得趣书吧（深圳市关爱行动公益基金会）。

（15）顺丰莲花助学（顺丰公益基金会）。

（16）悦读童年（深圳市幸福慈善基金会、深圳市龙岗区爱子乐阅读馆）。

（17）星星童画梦·慈绘蓝天下——自闭症艺术社区支持计划（深圳市宝安区心星园训练中心）。

（18）城市因您而美——向美丽深圳"城市美容师"致敬（深圳市美丽深圳公益基金会）。

（19）联爱工程（深圳市恒晖儿童公益基金会、北京新阳光慈善基金会）。

（20）深圳市视障儿童康复教育基地视障班（深圳市特殊需要儿童早期干预中心）。

五、鹏城慈善典范机构

（1）深圳市智家喜憨儿成长关爱中心。

（2）深圳市美丽深圳公益基金会。
（3）顺丰公益基金会。
（4）深圳市龙华区慈善会。
（5）深圳市曾少强慈善基金会。
（6）万科公益基金会。
（7）深圳市守望心智障碍者家庭关爱协会。
（8）深圳市创想公益基金会。
（9）深圳市龙岗区龙祥社工服务中心。
（10）深圳市慈善会。

六、鹏城慈善推动者

（1）印顺（全国政协委员、深圳弘法寺方丈）。
（2）马蔚华（深圳壹基金公益基金会理事长）。
（3）卢德之（华民慈善基金会理事长、深圳市中国慈展会发展中心理事长）。
（4）王振耀（深圳国际公益学院院长）。
（5）房涛（深圳市慈善会执行副会长兼秘书长）。

七、鹏城慈善典范区

宝安区。

结　语

本书由深圳市慈善事业联合会负责编写，目的在于总结深圳市2018—2019年慈善事业发展现状，展示深圳市2018—2019年慈善事业发展成果，展望深圳慈善事业发展趋势。

本书由总报告、领域报告、专题报告以及附录组成，全面展示了深圳2018—2019年各慈善事业领域发展的现状及成果。本书的顺利圆满完成，首先得益于深圳市委、市政府和深圳市民政局的关心与指导，也要感谢编委会和项目团队的努力执行。在收集素材和组稿、编写期间，黄浩明、周如南等慈善事业研究领域的专家给予了悉心指导，提出了宝贵意见，在此一并诚挚致谢！

本书根据一手材料及集结各编委会成员的智慧结晶编撰而成，力求翔实可靠，全面系统。但由于报告中所涉内容范围较广且编撰时间较为仓促，参编人员研究水平有限，不足之处希望读者不吝批评指正，以便后续的修订和完善。

本书编委会

2020年8月